"问道·强国之路"丛书

沈雅琴——著

建设金融强国

中国青年出版社

"问道·强国之路"丛书

出版说明

为中国人民谋幸福、为中华民族谋复兴，是中国共产党的初心使命。

中国共产党登上历史舞台之时，面对着国家蒙辱、人民蒙难、文明蒙尘的历史困局，面临着争取民族独立、人民解放和实现国家富强、人民富裕的历史任务。

"蒙辱""蒙难""蒙尘"，根源在于近代中国与工业文明和西方列强相比，落伍、落后、孱弱了，处处陷入被动挨打。

跳出历史困局，最宏伟的目标、最彻底的办法，就是要找到正确道路，实现现代化，让国家繁荣富强起来、民族振兴强盛起来、人民富裕强健起来。

"强起来"，是中国共产党初心使命的根本指向，是近代以来全体中华儿女内心深处最强烈的渴望、最光辉的梦想。

建设　金融─────→强国

　　从1921年红船扬帆启航，经过新民主主义革命、社会主义革命和建设、改革开放和社会主义现代化建设新时期、中国特色社会主义新时代的百年远征，中国共产党持续推进马克思主义基本原理同中国具体实际相结合、同中华优秀传统文化相结合，在马克思主义中国化理论成果指引下，团结带领全国各族人民走出了一条救国、建国、富国、强国的正确道路，成功推进和拓展了中国式现代化，推动中华民族迎来了从站起来、富起来到强起来的伟大飞跃。

　　百年以来，从推翻"三座大山"、为开展国家现代化建设创造根本社会条件，在革命时期就提出新民主主义工业化思想，到新中国成立以后开展轰轰烈烈的社会主义工业化实践、提出"四个现代化"宏伟目标，改革开放以来提出"三步走"发展战略、"两个一百年"奋斗目标……中国共产党人对建设社会主义现代化强国的孜孜追求一刻也没有停歇。

　　新思想领航新征程，新时代铸就新伟业。

　　党的十八大以来，中国特色社会主义进入新时代，全面"强起来"的时代呼唤愈加热切。习近平新时代中国特色社会主义思想立足实现中华民族伟大复兴战略全局和世界百年未有之大变局，深刻回答了新时代建设什么样的社会主义现代化强国、怎样建设社会主义现代化强国等重大时代课题，擘画了建设社会主义现代化强国的宏伟蓝图和光明前景。

　　党的十九大报告、党的二十大报告，对推进建设制造强国、质量强国、航天强国、交通强国、网络强国、农业强国、海洋强国、贸易强国、教育强国、科技强国、人才强国、文化强国、体育强国，以及数字中国、法治中国、健康中国、美丽中国、平安中国等作了重要部署。伴随各领域强国建设按下快进键、迎来新高潮，"强起来"，已经从历史深处的呼唤发展成为我们这个时代的最高昂旋律；"强国建设"，就是我们这个时代的最突出使命。

"问题是时代的声音，回答并指导解决问题是理论的根本任务。"为回应时代关切，我社发起并组织策划出版大型通俗理论读物——"问道·强国之路"丛书，紧扣新时代新征程的中心任务，围绕"强国建设"主题，系统集中进行梳理、诠释、展望，帮助引导大众特别是广大青年学习贯彻习近平新时代中国特色社会主义思想，踊跃投身社会主义现代化强国建设伟大实践，谱写壮美新时代之歌。

"问道·强国之路"丛书目前共19册，分别围绕党的十九大报告、党的二十大报告提出的前述19个强国目标展开。

丛书以习近平新时代中国特色社会主义思想为指导，聚焦新时代建设什么样的社会主义现代化强国、怎样建设社会主义现代化强国，结合各领域实际，总结历史实践，借鉴国际经验，展现伟大成就，描绘光明前景，提出对策建议，具有重要的理论价值、宣传价值、出版价值和实践参考价值。

丛书突出通俗理论读物定位，注重政治性、理论性、宣传性、专业性、通俗性的统一。

丛书各分册编写团队阵容权威齐整、组织有力，既有来自部委相关部门的政策制定者、推动者和一线研究团队，也有来自高校、研究机构的权威专家学者；既有建树卓著的资深理论工作者，也有实力雄厚的中青年专家。他们以高度的责任、热情和专业水准，不辞辛劳，只争朝夕，潜心创作，反复打磨，奉献出精品力作。

在共青团中央及有关部门的指导和支持下，经过各方共同努力，丛书前17册在喜迎党的二十大之际正式出版发行，之后又根据党的二十大精神迅速作了修订，并筹划出版《建设农业强国》。呈现在读者面前的《建设金融强国》是2023年10月30日至31日中央金融工作会议召开之后策划编辑出版的。

在此，向所有对本丛书给予关心、予以指导、参与创作和编辑出版的领导、专家和同志们诚挚致谢！

让我们深入学习贯彻习近平新时代中国特色社会主义思想，全面贯彻党的二十大部署，牢记初心使命，盯紧强国目标，奋发勇毅前行，用新的奋斗创造新的伟业，为夺取全面建设社会主义现代化国家新胜利、以中国式现代化全面推进中华民族伟大复兴贡献力量！

中国青年出版社

2024年7月8日

"问道·强国之路"丛书总序：

——以中国式现代化自信自强走向社会主义现代化强国

实现中华民族伟大复兴，就是中华民族近代以来最伟大的梦想。党的二十大提出："从现在起，中国共产党的中心任务就是团结带领全国各族人民全面建成社会主义现代化强国、实现第二个百年奋斗目标，以中国式现代化全面推进中华民族伟大复兴。"全面建成社会主义现代化强国，总的战略安排是分两步走：从2020年到2035年基本实现社会主义现代化；从2035年到本世纪中叶把我国建成富强民主文明和谐美丽的社会主义现代化强国。在中国这样一个十几亿人口的农业国家如何实现现代化、建成现代化强国，这是一项人类历史上前所未有的伟大事业，也是世界历史上从来没有遇到过的难题，中国共产党团结带领伟大的中国人民正在谱写着人类历史上的宏伟史诗。习近平总书记在庆祝改革开放40周年大会上指出："建成社会主义现代化强国，实现中华民族伟大复兴，是一场接力跑，我们要一棒接着一棒跑下去，每一代人都要为下一代人跑出一个好成绩。"只有回看走过的路、比较别人的路、远眺前行的路，我们才能够弄清楚我们为什么要出发、我们在哪里、我们要往哪里去，我们也才不会迷失远航的方向和道路。"他山之石，可以攻玉。"在建设社会主义现代化强国的历史进程中，我们理性分析借鉴曾经世界强国的历史经验教训，清醒认识我们的历史方位和既有条件的利弊之辩，问道强国之路，从而尊道贵德，才能让中华民族伟大复兴的中国式现代化越走越宽广。

一、历经革命、建设、改革，我们坚持走自己的路，开辟了一条走向伟大复兴的中国式现代化道路，吹响了走向社会主义现代化强国的时代号角。

在新中国成立特别是改革开放以来长期探索和实践基础上，经过党的十八大以来在理论和实践上的创新突破，我们党成功推进和拓展了中国式现代化。改革开放之初，我们党发出了走自己的路、建设中国特色社会主义的伟大号召，我们坚持以经济建设为中心，坚持四项基本原则，坚持改革开放，坚持独立自主、自力更生，坚持道不变、志不改，既不走封闭僵化的老路，也不走改旗易帜的邪路，坚持把国家和民族发展放在自己力量的基点上，坚持把中国发展进步的命运牢牢掌握在自己手中。40多年来，我们党团结带领全国各族人民不懈奋斗，推动我国经济实力、科技实力、国防实力、综合国力进入世界前列，推动我国国际地位实现前所未有的提升，党的面貌、国家的面貌、人民的面貌、军队的面貌、中华民族的面貌发生了前所未有的变化，中华民族正以崭新姿态屹立于世界的东方。中国特色社会主义所取得的辉煌成就，为中华民族伟大复兴奠定了坚实的基础，中国特色社会主义进入了新时代。这意味着中国特色社会主义道路、理论、制度、文化不断发展，拓展了发展中国家走向现代化的途径，给世界上那些既希望加快发展又希望保持自身独立性的国家和民族提供了全新选择，为解决人类问题贡献了中国智慧和中国方案，同时也昭示着中华民族伟大复兴的美好前景。

新中国成立七十多年来，我们党领导人民创造了世所罕见的经济快速发展奇迹和社会长期稳定奇迹，以无可辩驳的事实宣示了中国式现代化具有独特优势，是实现伟大梦想的光明大道。习近平总书记在《关于〈中共中央关于制定国民经济和社会发展第十四个五年规划和二〇三五年远景目标的建议〉的说明》中指出："我国有独特的政治优势、制度优势、发展优势和机遇优势，经济社会发展依然有诸多有利条件，我们完全有信心、有底气、有能力谱写'两大奇迹'新篇章。"但是，中华民族伟大复兴绝不是轻轻松松、敲锣打鼓就能实现的，全党必须准备付出更为艰巨、更为艰苦的努力。

过去成功并不意味着未来一定成功。如果我们不能找到中国式现代化成功背后的"所以然"，那么，即使我们实践上确实取得了巨大成就，这个成功也可能会是偶然的。怎么保证这个成功是必然的，持续下去走向未来？关键在于能够发现背后的必然性，即找到规律性，也就是在纷繁复杂的现象背后找到中国式现代化的成功之"道"。只有"问道"，方能"悟道"，而后"明道"，也才能够从心所欲不逾矩而"行道"。只有找到了中国式现代化和中国方案背后的中国智慧，我们才能够明白哪些是根本的因素必须坚持，哪些是偶然的因素可以变通，这样我们才能够确保中国式现代化走得更宽更远，取得更大的成就，其他国家和民族的现代化道路才可以从中国式现代化中获得智慧和启示。唯有如此，中国式现代化才具有普遍意义和世界意义。

二、世界历史沧桑巨变，照抄照搬资本主义实现强国是没有出路的，我们必须走出中国式现代化道路。

党的二十大报告指出："中国人民和中华民族从近代以后的深重苦难走向伟大复兴的光明前景，从来就没有教科书，更没有现成答案。党的百年奋斗成功道路是党领导人民独立自主探索开辟出来的，马克思主义的中国篇章是中国共产党人依靠自身力量实践出来的，贯穿其中的一个基本点就是中国的问题必须从中国基本国情出发，由中国人自己来解答。"

现代化是18世纪以来的世界潮流，体现了社会发展和人类文明的深刻变化。但是，正如马克思早就向我们揭示的，资本主义自我调整和扩张的过程不仅是各种矛盾和困境丛生的过程，也是逐渐丧失其生命力的过程。肇始于西方的、资本主导下的工业化和现代化在创造了丰富的物质财富的同时，也拉大了贫富差距，引发了环境问题，失落了精神家园。而纵观当今世界，资本主义主导的国际政治经济体系弊端丛生，中国之治与西方乱象形成鲜明对比。照抄照搬西方道路，不仅在道义上是和全人类共同价值相悖的，而且在现实上是根本走不通的邪路。

社会主义是作为对资本主义的超越而存在的，其得以成立和得以存在的价值和理由，就是要在解放和发展生产力的基础上，消灭剥削，消除两极分化，最终实现共同富裕。中国共产党领导的社会主义现代化，始终把维护好、发展好人民的根本利益作为一切工作的出发点，让人民共享现代化成果。事实雄辩地证明，社会主义现代化建设不仅造福全体中国人民，而且对促进地区繁荣、增进各国人民福祉将发挥积极的推动作用。历史和实践充分证明，中国特色社会主义不仅引领世界社会主义走出了苏东剧变导致的低谷，而且重塑了社会主义与资本主义的关系，创新和发展了科学社会主义理论，用实践证明了马克思主义并没有过时，依然显示出科学思想的伟力，对世界社会主义发展具有深远历史意义。

从现代化道路的生成规律来看，虽然不同的民族和国家在谋求现代化的进程中存在着共性的一面，但由于各个民族和国家存在着诸多差异，从而在道路选择上也必定存在诸多差异。习近平总书记指出："世界上没有放之四海而皆准的具体发展模式，也没有一成不变的发展道路。历史条件的多样性，决定了各国选择发展道路的多样性。"中国式现代化的成功向世界表明，人类的现代化道路是多元的而不是一元的，它拓展了人类现代化的道路，极大地激发了广大发展中国家"走自己道路"的信心。

正如党的二十大报告所指出的："改革开放和社会主义现代化建设深入推进，书写了经济快速发展和社会长期稳定两大奇迹新篇章，我国发展具备了更为坚实的物质基础、更为完善的制度保证，实现中华民族伟大复兴进入了不可逆转的历史进程。科学社会主义在21世纪的中国焕发出新的蓬勃生机，中国式现代化为人类实现现代化提供了新的选择，中国共产党和中国人民为解决人类面临的共同问题提供更多更好的中国智慧、中国方案、中国力量，为人类和平与发展崇高事业作出新的更大的贡献！"

三、中国式现代化遵循发展的规律性，蕴含着发展的实践辩证法，是全面发展的现代化。

党的二十大报告指出："中国式现代化，是中国共产党领导的社会主义现代化，既有各国现代化的共同特征，更有基于自己国情的中国特色。"中国式现代化所遵循的发展理念，在总结发展的历史经验、批判吸收传统发展理论的基础上，对"什么是发展"问题进行了本质追问，从真理维度深刻揭示了发展的规律性。发展本质上是指前进的变化，即事物从一种旧质态转变为新质态，从低级到高级、从无序到有序、从简单到复杂的上升运动。在发展理论中，"发展"本质上是指一个国家或地区由相对落后的不发达状态向相对先进的发达状态的过渡和转变，或者由发达状态向更加发达状态的过渡和转变，其内容包括经济、政治、社会、科技、文化、教育以及人自身等多方面的发展，是一个动态的、全面的社会转型和进步过程。发展不是一个简单的增长过程，而是一个在遵循自然规律、经济规律基础上，通过结构优化实现的质的飞跃。

发展问题表现形式多种多样，例如人与自然关系的紧张、贫富差距过大、经济社会发展失衡、社会政治动荡等，但就其实质而言都是人类不断增长的需要与现实资源的稀缺性之间的矛盾的外化。我们解决发展问题，不可能通过片面地压抑和控制人类的需要这样的方式来实现，而只能通过不断创造和提供新的资源以满足不断增长的人类需要的路径来实现，这种解决发展问题的根本途径就是创新。改革开放四十多年来，我们正是因为遵循经济发展规律，实施创新驱动发展战略，积极转变发展方式、优化经济结构、转换增长动力，积极扩大内需，实施区域协调发展战略，实施乡村振兴战略，坚决打好防范化解重大风险、精准脱贫、污染防治的攻坚战，才不断推动中国经济更高质量、更有效率、更加公平、更可持续地发展。

发展本质上是一个遵循社会规律、不断优化结构、实现协调发展的过程。协调既是发展手段又是发展目标，同时还是评价发展的标准和尺度，是发展两点论和重点论的统一，是发展平衡和不平衡的统一，是发展短板和潜力的统一。坚持协调发展，学会"弹钢琴"，增强发展的整体性、协调性，这是我国经济社会发展必须要遵循的基本原则和基本规律。改革开放四十多年来，正是因为我们遵循社会发展规律，推动经济、政治、文化、社会、生态协调发展，促进区域、城乡、各个群体共同进步，才能着力解决人民群众所需所急所盼，让人民共享经济、政治、文化、社会、生态等各方面发展成果，有更多、更直接、更实在的获得感、幸福感、安全感，不断促进人的全面发展、全体人民共同富裕。

人类社会发展活动必须尊重自然、顺应自然、保护自然，遵循自然发展规律，否则就会遭到大自然的报复。生态环境没有替代品，用之不觉，失之难存。环境就是民生，青山就是美丽，蓝天也是幸福，绿水青山就是金山银山；保护环境就是保护生产力，改善环境就是发展生产力。正是遵循自然规律，我们始终坚持保护环境和节约资源，坚持推进生态文明建设，生态文明制度体系加快形成，主体功能区制度逐步健全，节能减排取得重大进展，重大生态保护和修复工程进展顺利，生态环境治理明显加强，积极参与和引导应对气候变化国际合作，中国人民生于斯、长于斯的家园更加美丽宜人。

正是基于对发展规律的遵循，中国人民沿着中国式现代化不断推动科学发展，创造了辉煌的中国奇迹。正如习近平总书记在庆祝改革开放40周年大会上的讲话中所指出的："40年春风化雨、春华秋实，改革开放极大改变了中国的面貌、中华民族的面貌、中国人民的面貌、中国共产党的面貌。中华民族迎来了从站起来、富起来到强起来的伟大飞跃！中国特色社会主义迎来了从创立、发展到完善的伟大飞跃！中国人民迎来了从温饱不足到小康富裕的伟大飞跃！中华民族正以崭新姿态屹立于世界的东方！"

有人曾经认为，西方文明是世界上最好的文明，西方的现代化道路是唯一可行的发展"范式"，西方的民主制度是唯一科学的政治模式。但是，经济持续快速发展、人民生活水平不断提高、综合国力大幅提升的中国式现代化道路，充分揭开了这些违背唯物辩证法"独断论"的迷雾。正如习近平总书记在庆祝改革开放40周年大会上的讲话中所指出的："在中国这样一个有着5000多年文明史、13亿多人口的大国推进改革发展，没有可以奉为金科玉律的教科书，也没有可以对中国人民颐指气使的教师爷。鲁迅先生说过：'什么是路？就是从没路的地方践踏出来的，从只有荆棘的地方开辟出来的。'"我们正是因为始终坚持解放思想、实事求是、与时俱进、求真务实，坚持马克思主义指导地位不动摇，坚持科学社会主义基本原则不动摇，勇敢推进理论创新、实践创新、制度创新、文化创新以及各方面创新，才不断赋予中国特色社会主义以鲜明的实践特色、理论特色、民族特色、时代特色，形成了中国特色社会主义道路、理论、制度、文化，以不可辩驳的事实彰显了科学社会主义的鲜活生命力，社会主义的伟大旗帜始终在中国大地上高高飘扬！

四、中国式现代化是根植于中国文化传统的现代化，从根本上反对国强必霸的逻辑，向人类展示了中国智慧的世界历史意义。

党的二十大报告指出："只有把马克思主义基本原理同中国具体实际相结合、同中华优秀传统文化相结合，坚持运用辩证唯物主义和历史唯物主义，才能正确回答时代和实践提出的重大问题，才能始终保持马克思主义的蓬勃生机和旺盛活力。"

《周易》有言："形而上者谓之道，形而下者谓之器。"每一个国家和民族的历史文化传统不同，面临的形势和任务不同，人民的需要和要求不同，他们谋求发展造福人民的具体路径当然可以不同，也必然不同。中国式现代化道路的开辟充分汲取了中国传统文化的智慧，给世界提供了中国气派和中国风格的思维方式。

中国传统文化主张求同存异的和谐发展理念，认为万物相辅相成、相生相克、和实生物。《周易》有言："生生之谓易"。正是在阴阳对立和转化的过程中，世界上的万事万物才能够生生不息。《国语·郑语》中史伯说："夫和实生物，同则不继。以他平他谓之和，故能丰长而物归之；若以同裨同，尽乃弃矣。"《黄帝内经素问集注》指出："故发长也，按阴阳之道。孤阳不生，独阴不长。阴中有阳，阳中有阴。"二程（程颢和程颐）认为，对立之间存在着此消彼长的关系，对立双方是相互影响的。"万物莫不有对，一阴一阳，一善一恶，阳长而阴消，善增而恶减。"他们认为"消长相因，天之理也"；"理必有对待，生生之本也"。正是在相互对立的两个方面相生相克、此消彼长的交互作用中，万事万物得以生成和毁灭，不断地生长和变化。这些思维理念在中国式现代化中也得到了充分的体现。中国式现代化主张合作共赢，共同发展才是真的发展，中国在发展过程中始终坚持互惠互利的原则，欢迎其他国家搭乘中国发展的"便车"。中国式现代化主张文明交流，一花独放不是春，世界正是因多彩而美丽，中国在国际舞台上坚持文明平等交流互鉴，反对"文明冲突"，提倡和而不同、兼收并蓄的理念，致力于世界不同文明之间的沟通对话。

中国传统文化主张世界大同的和谐理念，主张建设各美其美的和谐世界。为世界谋大同，深深植根于中华民族优秀传统文化之中，凝聚了几千年来中华民族追求大同社会的理想。不同的历史时期，人们都从不同的意义上对大同社会的理想图景进行过描绘。从《礼记》提出"天下为公，选贤与能，讲信修睦。故人不独亲其亲，不独子其子。使老有所终，壮有所用，幼有所长，鳏寡孤独废疾者皆有所养"的社会大同之梦，到陶渊明在《桃花源记》中描述的"黄发垂髫，并怡然自乐"的平静自得的生活场景，再到康有为《大同书》中提出的"大同"理想，以及孙中山发出的"天下为公"的呐喊。一代又一代的中国人，不管社会如何进步，文化如何发展，骨子里永恒不变的就是对大同世界的追求。习近平总书记强调："世界大同，和合共生，这些都是中国几千年文明一直秉持的理念。"这一论述充分体现了中华传统文化中的"天下情怀"。"天下情怀"一方面体现为"以和为贵"，中国自古就崇尚和平、反对战争，主张各国家、各民族和睦共处，在尊重文明多样性的基础上推动文明交流互鉴。另一方面则体现为合作共赢，中国从不主张非此即彼的零和博弈思维，始终倡导兼容并蓄的理念，我们希望世界各国能够携起手来共同应对全球挑战，希望通过汇聚大家的力量为解决全球性问题作出更多积极的贡献。

中国有世界观，世界也有中国观。一个拥有5000多年璀璨文明的东方古国，沿着社会主义道路一路前行，这注定是一场改变历史、创造未来的非凡历程。以历史的长时段看，中国的发展是一项属于全人类的进步事业，也终将为更多人所理解与支持。世界好，中国才能好；中国好，世界才更好。中国共产党是为中国人民谋幸福的党，也是为人类进步事业而奋斗的党，我们所做的一切就是为中国人民谋幸福、为中华民族谋复兴、为人类谋和平与发展。中国共产党的初心和使命，不仅是为中国人民谋幸福，为中华民族谋复兴，而且还包含为世界人民谋大同。为世界人民谋大同是为中国人民谋幸福和为中华民族谋复兴的逻辑必然，既体现了中国共产党关注世界发展和人类事业进步的天下情怀，也体现了中国共产党致力于实现"全人类解放"的崇高的共产主义远大理想，以及立志于推动构建"人类命运共同体"的使命担当和博大胸襟。

中华民族拥有在5000多年历史演进中形成的灿烂文明，中国共产党拥有百年奋斗实践和七十多年执政兴国经验，我们积极学习借鉴人类文明的一切有益成果，欢迎一切有益的建议和善意的批评，但我们绝不接受"教师爷"般颐指气使的说教！揭示中国式现代化的成功密码，就是问"道"中国式现代化，也就是挖掘中国式现代化之中蕴含的中国智慧。吸收借鉴其他现代化强国的兴衰成败的经验教训，也就是问"道"强国之路的一般规律和基本原则。这个"道"不是一个具体的手段、具体的方法和具体的方略，而是可以为每个国家和民族选择"行道"之"器"提供必须要坚守的价值和基本原则。这个"道"是具有共通性的普遍智慧，可以启发其他国家和民族据此选择适合自己的发展道路，因而它具有世界意义。

"路漫漫其修远兮，吾将上下而求索。""为天地立心，为生民立命，为往圣继绝学，为万世开太平"，一切有理想、有抱负的哲学社会科学工作者都应该担负起历史赋予的光荣使命。问道强国之路，为实现社会主义现代化强国提供智慧指引，是党的理论工作者义不容辞的社会责任。我们组织编写"问道·强国之路"丛书，是希望在强国路上能够为中华民族的伟大复兴奉献绵薄之力。我们坚信，中国共产党和中国人民将在自己选择的道路上昂首阔步走下去，始终会把中国发展进步的命运牢牢掌握在自己手中！

董振华

2022年11月

第1章 建设金融强国是新时代国家的战略选择

一、加快建设金融强国是新时代国家的战略选择……003

二、金融是国民经济运行的血脉……009

三、建设金融强国是实现中国式现代化的必然要求……018

四、建设金融强国是实现中华民族复兴伟业的有力支撑……026

第2章 世界金融强国的兴起与变迁

一、现代金融体系的开拓者——荷兰……035

二、"日不落帝国"——英国的金融强国之路……043

三、以纽约华尔街为中心的现代金融强国的确立……049

四、他山之石，可以攻玉——世界主要金融强国的发展经验……060

第3章 我国金融业发展历程

一、红色金融体系的萌芽阶段（1921—1949年）……071

二、非市场化金融体系的过渡阶段（1949—1978年）……075

三、基本金融组织的恢复与发展阶段（1978—1992年）……079

四、现代化金融体系的形成阶段（1993—2012年）……083

五、党的十八大以来全面深化金融体制改革阶段（2012年至今）……086

六、金融大国的基础与金融强国面临的挑战……090

第4章　金融高质量发展助推金融强国建设

一、深化金融供给侧结构性改革是推动金融高质量发展的主线……103

二、营造良好的货币金融环境……110

三、围绕做好"五篇大文章"优化金融服务……120

第5章　加快构建中国特色现代金融体系

一、构建中国特色现代金融体系是金融高质量发展的内在要求……151

二、建立健全分工协作的金融机构体系……153

三、建立结构合理的金融市场体系……162

四、构建多样化、专业性金融产品和服务体系……176

五、建立自主高效安全可控的基础设施体系，为经济高质量发展架桥铺路……180

第6章　全面加强金融监管

一、建立健全现代金融监管体系……195

二、有效增强金融与经济之间的适配性……209

三、加快金融法治化建设步伐……217

第7章　有效防范和化解金融风险

一、有效防范和化解金融风险是当前金融工作的根本性任务……227

二、建立长效机制以有效化解地方政府债务风险……235

三、稳妥化解房地产风险和守住不发生系统性风险底线……250

四、及时处置中小金融机构风险……261

第8章　统筹推进金融开放与安全

一、稳慎推进人民币国际化……271

二、金融开放助推高质量发展……287

三、提高参与国际金融治理能力……304

第9章 加强党的领导是建设金融强国的组织保障

一、坚持党中央的集中统一领导是建设金融强国的根本保证……313

二、完善党领导金融工作的体制机制……320

三、发挥好中央与地方金融委员会、金融工作委员会的作用……326

四、建立高素质专业化金融干部队伍……332

参考文献……345

后　记……359

第 1 章

建设金融强国是新时代国家的战略选择

金融是"国之大者",关系中国式现代化建设全局。

——习近平总书记在中央金融工作会议上的重要讲话（2023年10月30日）

第 ① 章 → 建设金融强国是新时代国家的战略选择

当前，世界百年未有之大变局加速演进，国际政治经济形势复杂严峻。随着经济和金融全球化广度与深度的不断提升，世界各国的战略均发生根本性转变，国际竞争已不仅体现在资源、产业方面，更趋向于金融领域的竞争，包括国际货币的发行权、货币资本的配置权、资源的定价权等在内的全球金融控制权已成为大国博弈的战略重点。面对国内外经济金融环境的急剧变化，2023年中央金融工作会议首次提出"加快建设金融强国"的目标，为新时代金融工作的发展指明了方向。贯彻落实中央金融工作会议精神，深刻理解"金融强国"内涵，走中国特色金融发展之路，加快建设金融强国，是新时代国家的战略选择。

一、加快建设金融强国是新时代国家的战略选择

2023年中央金融工作会议是继2017年全国金融工作会议后最高级别的金融工作会议，会议首次提出了"金融强国"的概念。从"全国金融工作会议"到"中央金融工作会议"，体现了党对金融工作的全面与集中统一领导，表明金融工作在国家整体战略中的地位进一步提升。

（一）从"全国金融工作会议"到"中央金融工作会议"

迄今为止，我国共召开过六次全国金融工作会议（如表1-1所示），1997年第一次全国金融工作会议强调"化解金融风险、加快商业银行改革"；2002年第二次全国金融工作会议强调"继续推动国有银行改革，扩大金融对外开放"；2007

表 1-1 历次全国金融工作会议主线回顾

全国金融工作会议	金融服务实体经济	防范和化解金融风险	金融发展与改革
第一次全国金融工作会议（1997年11月）	金融系统要更好地为经济改革发展服务，端正经营思想，提高金融服务质量。国有商业银行在重点支持国有大中型企业的同时，要积极支持有市场、有效益的其他企业	防范和化解金融风险，保证金融安全、高效、稳健运行，是中国经济工作面临的一项重要和紧迫的任务	深化和加快金融改革，进一步整顿和规范金融秩序，切实加强金融法治和金融监督，大力运用现代信息技术管理手段，建立健全符合中国国情的现代金融体系和金融制度，引导金融业健康发展
第二次全国金融工作会议（2002年2月）	充分发挥货币政策在宏观调控中的作用，进一步加大金融发展和经济结构调整和优化信贷结构，继续加大对国债项目配套贷款和重点行业、骨干企业技术改造的信贷支持，增加农业信贷投入，积极为中小企业和非公有制企业提供信贷服务，特别是支持科技型中小企业发展	加强金融监管，防范金融风险，保持金融稳定，是顺利推进金融改革和发展的基础，是贯彻执行国家宏观调控政策的必要条件，是维护国家经济安全的重要保证	必须把银行办成现代金融企业，推进国有独资商业银行改革是整个金融改革的重点。农村信用社改革按因地制宜、分类指导，不搞"一刀切"，加快国有独资保险公司股份制改革步伐
第三次全国金融工作会议（2007年1月）	全面发挥金融的服务和调控功能，促进经济社会协调发展。进一步提高金融调控的预见性、科学性和有效性，合理调控货币信贷总量，优化信贷结构，促进经济平稳较快发展。加大对金融的支持	在农村金融服务方面，加强和改进监管，防范业改革发展，进一步推进保险业改革发展，拓宽保险服务领域，提高保险服务水平，增强防范风险意识和能力	中国金融改革发展面临新的形势，金融业处在一个重要转折期和发展期。一是继续深化国有银行改革，加快建设现代银行制度。二是加快农村金融改革，完善农村金融体系。三是大力发展资本市场和保险市场，构建多层次金融市场体系。四是稳步推进利率市场化改革

004

续表

全国金融工作会议	金融服务实体经济	防范和化解金融风险	金融发展与改革
第四次全国金融工作会议（2012年1月）	中小企业、自主创新、社会事业和欠发达地区坚持金融服务实体经济的本质要求，牢牢把握发展实体经济这一坚实基础，从多方面采取措施，确保金融资金投向实体经济，有效解决实体经济融资难、融资贵问题	坚持把防范化解金融风险作为金融工作的生命线。加强和改进金融监管，切实做好防范系统性金融风险。防范化解地方政府债务风险	坚持市场配置金融资源的改革导向。坚持与监管相协调的发展理念。创新与监管相协调的发展理念。深化金融机构改革。加强资本市场和保险市场建设，推动金融市场协调发展。加强金融基础建设，改善金融发展环境
第五次全国金融工作会议（2017年7月）	金融是实体经济的血脉。金融委把为实体经济服务作为出发点和落脚点，全面提升服务效率和水平，把更多金融资源配置到经济社会发展的重点领域和薄弱环节，更好满足人民群众和实体经济多样化的金融需求	防止发生系统性金融风险是金融工作的永恒主题。强化金融监管，提高防范化解金融风险能力。设立国务院金融稳定发展委员会，强化中国人民银行宏观审慎管理和系统性风险防范职责。地方政府要在坚持金融管理主要是中央事权的前提下，按照中央统一规则，强化属地风险处置责任	坚定深化金融改革。优化金融机构体系，完善国有金融资本管理，完善外汇市场体制机制，扩大金融对外开放。深化人民币汇率形成机制改革，稳步推进人民币国际化，稳步实现资本项目可兑换。从国情出发推进金融监管体制改革，增强金融监管协调权威性和有效性，强化金融监管专业性统一性穿透性，将所有金融业务纳入监管，及时有效识别和化解风险

*资料来源：中国政府网、中国银河证券研究院

年第三次全国金融工作会议强调"全面深化金融体制改革";2012年第四次全国金融工作会议突出"创新发展与化解风险相协调";2017年第五次全国金融工作会议则聚焦"稳发展、强监管、防风险",并初步形成"金融是国家重要的核心竞争力,金融安全是国家安全的重要组成部分,金融制度是经济社会发展中重要的基础性制度"的战略定位;直到2023年中央金融工作会议提出"加快建设金融强国"战略构想。

(二)金融强国的基本内涵和主要特征

金融强国是指一个国家在金融领域具有强大的实力和影响力,不但能够为国家的经济发展提供有力支撑,还能够抵御外部的金融风险和挑战,在全球范围内能够发挥重要的经济资源配置作用,拥有重要的国际地位和话语权。事实上,金融强国是一个综合性的概念,包括金融市场、金融机构、金融监管与金融创新等诸多方面内容。

综观世界上的金融强国,通常有以下几方面特征:金融强国必然是经济强国,特别是有实体经济作为支撑;本国货币成为国际储备货币,其货币政策影响全球;拥有发达的金融基础设施;具有国际竞争力的跨国金融集团与国际金融中心;金融市场发育程度高,参与甚至决定全球金融资产配置能力强,能够参与制定国际金融规则和标准;拥有先进的金融科技和金融创新能力;在全球金融治理中具有足够的话语权;具有全球化视野、与金融强国相适应的高端金融人才。

事实上,自金融诞生以来,世界强国的兴衰史就是一部金融发展史。一个国家只有拥有了强大的金融体系,才具备成就强国地位的能力，无论是从17世纪的荷兰到18世纪的英国，还是到20世纪的美国。金融强国不但掌握着世界经济金融领域的主动权和话语权，而且能强有力地维护本国在全球竞争格局中的利益。

我们加快建设金融强国，推动金融高质量发展，主要服务于国内实体经济，为我国争取一个与其经济和金融实力相匹配的国际地位，为全面推进中国式现代化、全面推进民族复兴伟业提供有力支撑，并促进全球经济和金融的稳定发展，这和一些国家谋求世界金融霸权形成鲜明对比。因此，我们建设金融强国的内涵不仅指金融业的稳定健康发展，还包括金融风险的预防和化解、金融服务的普惠与高效、金融市场的国际化、金融监管的有效性、金融科技的创新应用以及中国在国际金融市场上的强国地位等多方面的内容。

（三）建设金融强国的核心路径

中国作为发展中国家，发展道路和发展模式与欧美等发达国家和地区截然不同，我们建立的金融强国与其也有明显的区别。建设金融强国需要综合考虑我国的发展阶段与基本国情，中国特色的社会主义市场经济决定了我们的金融强国建设之路是基于中国特色的金融发展道路。即我们的金融强国建设，要遵循全球金融强国发展的一般规律，更要走中国特色金融发展之路。

2023年中央金融工作会议上，习近平总书记站在党和国家事业发展全局高度，擘画了建设金融强国的宏伟蓝图和实现路径，概括为"坚定一条道路，强调八个坚持；明确一个主题，围绕一条主线，突出一个重点；把握三个着力，做好五篇大文章，建设三大工程"。

1.坚定一条道路，强调八个坚持

"一条道路"就是坚定不移地走中国特色金融发展之路，这是加快建设金融强国的根本遵循。"中国特色"则表现在很多方面，均集中体现在中央金融工作会议要求的"八个坚持"中：坚持党中央对金融工作的集中统一领导；坚持以人民为中心的价值取向；坚持把金融服务实体经济作为根本宗旨；坚持把防控风险作为金融工作永恒主题；坚持在市场化法治化轨道上推进金融创新发展；坚持深化金融供给侧结构性改革；坚持统筹金融开放和安全；坚持稳中求进的工作总基调。金融高质量发展是在坚持走中国特色金融之路前提下的发展。

2.明确一个主题，围绕一条主线，突出一个重点

加快建设金融强国，要以金融高质量发展为主题，以金融供给侧结构性改革为主线，同时要突出全面加强监管、防范化解风险这个重点。

3.把握三个着力，做好五篇大文章，建设三大工程

加快建设金融强国，为经济社会发展提供高质量的金融服务，要把握"三个着力"，这是推动金融高质量发展的行动路径。一是着力营造良好的货币金融环境，切实加强对重大战略、重点领域和薄弱环节的优质金融服务。要更好发挥货币政策工具的总量和结构双重功能，做好跨周期和逆周期调节的有机结合。二是着力打造现代金融机构和市场体系，疏通资金进入实体经济的渠道。加快建设现代金融体系，包括加快建设现代金融机构体系和现代金融市场体系。三是着力推进金融高水平开放，确保国家金融和经济安全。推进金融高水平开放是金融业

发展的必由之路。推进高水平开放、积极参与国际竞争对提高我国金融体系运行效率和提高国家话语权具有积极意义。

做好"五篇大文章"指要做好科技金融、绿色金融、普惠金融、养老金融、数字金融"五篇大文章"。这是未来我国经济结构优化与高质量发展的重点领域，也是金融政策、金融服务与金融创新的重要发力点，是我国经济高质量发展的方向。

建设"三大工程"指保障性住房规划建设、城中村改造、"平急两用"公共基础设施建设工程。这是构建房地产发展新模式的关键环节，对于促进金融与房地产良性循环，保持房地产持续健康发展具有重要意义。

蓝图已绘就，实干赢得未来。

可以预见，在百年未有之大变局与复杂国际国内环境交织的大背景下，从以量见长的金融大国建设转变为以质取胜的金融强国，任重而道远。在建设金融强国的过程中，我们将会在未来很长时间内与其他金融强国并行，亟须我们统筹好安全和发展，在此基础上对国内外的金融规则进行重构：尊重世界共同金融规则的同时，努力形成具有中国特色的金融标准。

二、金融是国民经济运行的血脉

为何要加快建设金融强国？因为金融是经济社会的基础，是国民经济的血脉，在很大程度上决定着现代经济的成败。金融在世界历史发展中起着基础性的作用。毫不夸张地讲，金融诞生以来的世界历史既是世界视野中的金融史，也是金融视角下的世界史。

（一）金融的前世今生

金融在人们眼中专业而深奥。其实，金融与我们的工作和社会活动息息相关，就像人间烟火一样陪伴我们左右。金融贯穿人类文明演变的始终，非常有趣的是，人类最早的书写行为就是因记录金融契约而发明的——据记载，公元前25世纪至前24世纪，在西亚地区，人们将贷款合约印刻在陶片上，这是人类最早书写的证明。翻开世界历史，我们可以清楚地看到金融的缘起和发展，了解金融的前世和今生。

1.金融的内涵

"金融"一词产生于明治维新（1868年）之后的日本，是"金钱融通"的缩略语，指资金在社会上的流通，后来意义得到扩展，表示与货币、信用有关的交易和经济活动。黄达等早期主编的《中国金融百科全书》（1990年版）认为，金融是"货币流通和信用活动以及与之相关的经济活动的总称，亦可以概括为货币资金和货币信用的融通"[1]。随着商品经济的发展，现代金融则涵盖了从储蓄、投资到消费的全部过程。所谓金融，指货币的发行、流通和回笼，贷款的发放和收回，存款的存入和提取，汇兑的往来等经济活动。按照此定义，从更广义的范围理解，政府、个人、组织等所有市场主体通过募集、配置与使用资金而产生的所有资本流动都可称为金融。因此，对资金的筹集使用、从事金融投资以及融资的经济行为都可以看成金融。金融的本质是一种工具，是连接资金需求端和供给端的桥梁。

1.黄达等：《中国金融百科全书》，经济管理出版社，1990年版。

第①章 → 建设金融强国是新时代国家的战略选择

谈金融，就要说货币。货币是用来交换的工具，在古代的物物交换中，人们为方便，就使用贝壳、金属、铜钱等作为等价物进行交换，后出现了纸币——世界上最早的纸币是中国北宋时期四川成都的"交子"。纸币便于携带，可在较大范围内使用，利于商品流通，促进了商品经济的发展。纸币的出现是货币史上的一大进步，也是人类文明的进步。直到后来的石油、黄金，再到现代意义上的纸币，货币均作为金融活动的载体充当一般等价物。可见，金融活动是货币融通的过程，而这个过程需要几个要素才能完成。

| 知识链接 |

世界上最早的纸币——北宋"交子"

1024年，宋仁宗天圣年间，四川地区商业经济繁荣，需大量的货币交易。铜币和铁钱是北宋的法定货币，但当时中央政权禁止四川使用除铁钱以外的其他货币。铁钱小而重，对于带着货物和钱到处奔波的商人来说，携带不便且成本较高，这直接给四川地区的市场贸易带来诸多不便，影响社会效率。人们渴望一种携带方便能代替铁钱的支付手段，于是交子就应运而生了，这是世界上最早的纸币。

交子是一种印制在由楮树皮制成的纸张上的交易凭证，这种凭证印制复杂，有花纹和暗记，不易被仿制。当时，四川富商联合发行交子并成立了经营现金保管业务的交子铺户。商人将铁钱等货币交给当地"交子铺"，铺户把存款数额填写在交子上，进行密押再交还商人，并收取一定保管费。商人拿着交子到其他交易地再换回铁钱或金银用于交易，免去了携带巨额现金的麻烦。

因为恪守信用，兑换方便，交子逐渐成为市场主流。随着交子使用频率和适用范围不断扩展，不法商人开始仿制交子，有的铺子收钱兑换后跑路。1004—1007年，益州知州张咏整顿交子铺，专门指定信用高的16户富商经营，交子开始由民间印制变成官方印制。交子最初实际上只是一种替代性货币，需兑换成金属货币流通，相当于活期存款凭证和现金支票，与现代意义上的信用纸币有着很大的不同。

2.金融的构成要素

金融主要由金融对象、金融方式、金融机构和金融场所，以及对金融活动进行监督和调控的制度与调控机制等组成。金融对象指货币（资金），由货币制度所规范的货币流通具有垫支性、周转性和增值性特点；金融方式以借贷为主的信用方式为代表，如信用关系的书面证明、债权债务的契约文书等；金融机构通常指银行和非银行金融机构；金融场所指金融市场，包括资本市场、货币市场、外汇市场、保险市场、衍生性金融工具市场等。具有这几方面要素才能完成一个货币的融通过程。

3.金融的功能和本质

金融主要有如下功能：一是清算和支付功能，即金融体系提供了便利商品、劳务和资产交易的清算支付手段；二是融通资金和股权细化功能，即金融体系通过提供各种机制，汇聚资金并导向大规模的无法分割的投资项目；三是为在时空上实现经济资源转移提供渠道，即金融体系提供了促使经济资源跨时间、地域和产业转移的方法和机制；四是风险管理功能，即金融体系提供了应对不测和控制风险的手段及途径；五是信息提供功能，即金融体系通过提供价格信号，帮助协调不同经济部门的非集中化决策；六是解决激励问题，即金融体系解决了在金融交易双方拥有不对称信息及委托代理行为中的激励问题。其中，金融的关键在于超越了时间、空间的价值交换，一些有关的价值资产或者收入在不同阶段、不同空间内进行分配的交易都属于金融交易。

4.金融业的缘起

据记载，公元前2000年的巴比伦寺庙、公元前6世纪的希腊寺庙，已出现了从事货币保管和收取利息的放款活动。公元前5世纪在雅典和罗马先后出现了银钱商和类似银行的商业机构。早在欧洲工业革命之前，就从货币兑换业和金匠业中发展出现代银行。最早出现的银行是意大利威尼斯银行（1580年）。1694年英国建立了第一家股份制银行——英格兰银行，这为现代金融业的发展确立了最基本的组织形式。此后，各资本主义国家的金融业迅速发展，极大地推动了资本的积聚和生产的集中。19世纪末20世纪初，主要资本主义国家进入垄断资本主义阶段，而以信用活动为中心的银行垄断与工业垄断资本相互渗透，形成金融资本，控制了资本主义经济的命脉。

中国金融业的缘起可追溯到公元前1000年，《周礼》中就记载了被称为"泉府"的办理赊贷业务的机构。战国时期，民间借贷更是发达，南北朝时出现了以收取实物作抵押进行放款的机构质库，也就是后来人们所讲的当铺，最初由寺院经营，至唐代改由贵族垄断，宋代时出现了民营质库。明朝末期钱庄（北方称银号）曾是金融业的主体，后来又陆续出现了票号、官银钱号等其他金融机构。由于长期封建统治，现代银行在中国出现较晚。

鸦片战争后，外国银行开始进入中国，最早的是英国丽如银行（1845年）。中国人自己创办的第一家银行是1897年成立的中国通商银行。辛亥革命以后，特别是第一次世界大战开始后，中国的银行业有较快的发展，银行逐步成为金融业的主体。金融业经过长时间的历史演变，从古代社会比较单一的形式，逐步发展成现代多种门类的金融机构体系。中国银行业早期的发展基本上是与民族资本主义商业的发展互为推进的。这表明了金融业与工商业之间的紧密联系，及其对国民经济的重要影响。

（二）金融是现代经济的核心

金融是人类社会商品货币关系发展的必然产物。现代经济是市场经济，其本质上是一种发达的货币信贷经济或金融经济。现代经济社会中，几乎所有的经济活动都离不开货币和资本的流动，离不开货币和信用等金融活动，从社会资源配置、财富分配、货币发行到提高就业、价格水平、个人收入，无一不是通过金融来实现的。货币资金作为一种重要的经济资源和财富，已成为沟通整个社会经济生活的命脉和媒介。

1.金融和经济的关系

1991年初，邓小平同志在上海视察听取上海市负责同志的工作汇报时，针对浦东新区"金融先行"的做法，明确指出：

"金融很重要，是现代经济的核心。金融搞好了，一着棋活，全盘皆活。"习近平总书记指出，"金融活，经济活；金融稳，经济稳""经济兴，金融兴；经济强，金融强""经济是肌体，金融是血脉，两者共生共荣"。经济和金融的关系常被比作肌体和血液：肌体存活需血液支撑，其健康运行又需依靠心脏和血管构成的血液循环系统不断循环周转。金融业是国民经济发展的血脉，"血液循环系统"即由中央银行、金融机构和金融市场构成的金融体系，源源不断给经济造血、输血，促进经济的持续发展。但"皮之不存，毛将焉附"，没有肌体，血液也就成了"无源之水，无本之木"。金融与经济发展是紧密联系、相互融合、辩证统一的。经济发展离不开金融的支持和推动，金融又是为经济服务的。

2.金融在现代经济生活中的核心地位，是由其自身的特殊性和作用决定的

金融之所以是"现代经济的核心"，是由其功能决定的，其在配置资源过程中发挥着枢纽和核心的作用，是现代经济中调节宏观经济的重要杠杆。现代经济是由市场机制对资源配置起基础性作用的经济，其显著特征之一就是宏观调控的间接化。金融业是联结国民经济各方面的纽带，能较深入、全面地反映企事业单位的经济活动，而利率、汇率、信贷、结算等金融手段又对微观经济主体有着直接的影响，国家可以根据宏观经济政策的需求，通过中央银行制定货币政策，运用各种金融调控手段，适时地调控货币供应的数量、结构和利率，进而调节经济发展的规模、速度和结构，在稳定物价的基础上，促进经济发展。

3.金融是经济发展的第一动力

马克思在《资本论》第二卷中专门论述了货币资本的作用，认为"在考察单个资本的周转时，货币资本显示出两个方面：第一，它是每个单个资本登上舞台，作为资本开始它的过程的形式，因此表现为发动整个过程的第一推动力；第二，能够不断执行生产资本职能的那部分处于过程中的资本价值，总是受必须不断以货币形式与生产资本同时存在的那部分预付资本价值的限制……"即货币资本既是微观意义上的单个企业的推动力，又是整个社会宏观意义上社会再生产的推动力。货币体系直接和社会生产关联，银行通过货币闸门调节货币流通，货币资金启动社会生产，控制了货币资金就可以牵制社会生产，因此货币资金的投放是保持金融系统稳定和金融业健康发展，进而推动经济持续健康发展的动力与重要手段。

（三）金融的本质和宗旨是服务实体经济

习近平总书记指出："金融是实体经济的血脉，为实体经济服务是金融的天职，是金融的宗旨，也是防范金融风险的根本举措。"实体兴则经济兴，实体强则经济强。

1.实体经济是人类社会赖以生存和发展的基础

实体经济（Substantial Economy）是经济增长的基石。实体经济主要指提供现实的具有价值的产品或服务为基础的经济活动，包括农业、工业、交通通信业、商业服务业、建筑业、文化产业等物质生产和服务部门，涉及产品制造、贸易流通、基础设施建设和公共服务等领域，是一个基于实际生产与交易实物商品和服务的实体经济系统。实体经济是国民经济的基础和核心，一个国家的经济增长主要源于实体经济的发展。实体经济的繁荣发展对于增加就业、提高居民收入、促进科技创新与提高国家竞争力至关重要。党的十八大以来，我们不断深化对金融本质和规律的认识，突出强调服务实体经济这个宗旨，积极稳妥推进重要领域和关键环节金融改革，不断提升对实体经济的投资与资金配置，有力支撑了经济社会的发展大局。历史经验表明，要提高国家竞争力必须依靠实体经济的繁荣发展。

2.实体经济是相对于虚拟经济而言的

虚拟经济（Fictitious Economy）是经济虚拟化的必然产物。虚拟经济的起源可以追溯到私人间的借贷行为。如张三想购买某商品，手头资金不够，李四正好有一笔闲钱，张三便向李四借钱，承诺在一定时期内还本付息。张三手中的借据就是虚拟资本的一种雏形，它是通过借款与还款的循环活动而形成的。现代意义的虚拟经济主要指以虚拟资本的持有与交易活动为核心的经济活动，它不直接从事物质生产、流通和服务活动就能获得利润，也就是人们说的直接以钱生钱的经济活动。经济行为的本质是通过创造价值和财富满足人们的生活需要；反之，则不属于实体经济范畴。实体经济与虚拟经济最本质的区别就在于资本在循环运动中是否创造了新的使用价值或价值。

3.金融服务实体经济不能脱实向虚

金融服务实体经济也是防控金融风险的根本举措，防控金融风险是发挥金融服务实体经济作用的前提。2023年4月10日，习近平总书记在广东考察时指出，"从大国到强国，实体经济发展至关重要，任何时候都不能脱实向虚"。资金的脱实向虚，是指大量资金在经济运行中跳过实体产业，在虚拟经济内部空转，从而引发金融市场资产价格泡沫化和实体经济的流动性紧张。这种脱实向虚的发展过程所形成的泡沫终将破裂，积累的风险终会爆发。西方国家一再爆发的金融危机，充分暴露了金融脱离实体经济、虚拟资本过度运行所产生的严重危害。所以，在实体经济发展过程中，金融不能缺位，更不能越位。当实体经济进入快速发展阶段时，金融也会随之繁荣发展；当实体经济出现萧条和衰退时，金融也难独善其身。

我们看到，金融因人们朴素的需求而生，也反映了最真实复杂的人性。金融改变人类社会的同时，我们不得不直面资本"一旦有利可图就大胆了起来"的逐利本性。马克思在《资本论》里早就预言：如果有10%的利润，资本就保证到处被使用；如果有20%的利润，资本就能活跃起来；如果有50%的利润，资本就会铤而走险；如果有100%的利润，资本就敢践踏一切人间法律；如果有300%的利润，资本就敢犯任何罪行，甚至去冒绞首的危险。

加快建设金融强国既要把服务实体经济作为金融发展的出发点和落脚点，也要恰当处理实体经济与虚拟经济之间的关系，充分发挥金融的造血、输血、净血功能，为实体经济的繁荣健康发展注入"源头活水"，为强国建设服务。

三、建设金融强国是实现中国式现代化的必然要求

"中国式现代化"是习近平总书记在庆祝中国共产党成立

100周年大会上提出的重要论断。中国式现代化是从历史中走来的，是中国共产党团结带领中国人民经过百年探索创造的伟大成果。中国式现代化的目标是建设社会主义现代化强国。没有坚实的物质技术基础，没有强大的金融体系作支撑，社会主义现代化强国目标就不可能实现。实现中国式现代化，金融不能缺位。

（一）中国式现代化的历史演进、内涵及特点

1. 从现代化到中国式现代化

"现代化"一词最早产生于18世纪的欧洲，是指工业革命以来，人类社会在经济、政治、文明等方面由传统向现代转变的过程，这种转变在当时只能通过资本主义道路实现。直到20世纪初发生的十月革命改变了整个世界历史发展的方向，现代化才有了区别于资本主义的社会主义现代化道路。

1954年，在一届全国人大一次会议上，毛泽东同志提出，准备在几个五年计划之内，将我们现在这样一个经济上文化上落后的国家，建设成为一个工业化的具有高度现代文化程度的伟大的国家。

1964年，周恩来同志在三届全国人大一次会议上明确提出实现"四个现代化"的历史性任务，指出"要在不太长的历史时期内，把我国建设成为一个具有现代农业、现代工业、现代国防和现代科学技术的社会主义强国，赶上和超过世界先进水平"。

1975年，周恩来同志在四届全国人大一次会议上重申了"四个现代化"目标和"两步走"的设想。我们党自新中国成立

后就逐步走上了社会主义制度基础上的现代化道路。

1978年，党的十一届三中全会作出把党和国家工作中心转移到经济建设上来、实行改革开放的历史性决策，要求全党全军全国各族人民同心同德，为把中国建设成为社会主义现代化强国而进行新的长征。邓小平同志指出："我们搞的现代化，是中国式的现代化。我们建设的社会主义，是有中国特色的社会主义。"

2013年11月，中共十八届三中全会通过的《中共中央关于全面深化改革若干重大问题的决定》明确，全面深化改革的总目标是完善和发展中国特色社会主义制度，推进国家治理体系和治理能力现代化。首次提出"国家治理体系和治理能力现代化"的重大命题。

党的十八大以来，中国特色社会主义进入新时代。坚持和加强党的全面领导，统筹推进"五位一体"总体布局，协调推进"四个全面"战略布局，坚持和完善中国特色社会主义制度，推进国家治理体系和治理能力的现代化，实现了第一个百年奋斗目标。2021年7月1日，习近平总书记在庆祝中国共产党成立100周年大会上的重要讲话指出，"我们坚持和发展中国特色社会主义，推动物质文明、政治文明、精神文明、社会文明、生态文明协调发展，创造了中国式现代化新道路，创造了人类文明新形态"，中国式现代化呼之欲出。

2.中国式现代化的内涵特点

2022年10月，党的二十大总结了社会主义现代化建设的实践经验，创造性地概括了中国式现代化的特点，明确指出：中国式现代化是人口规模巨大的现代化，是全体人民共同富裕的现代化，是物质文明和精神文明相协调的现代化，是人与自然和谐共生的现代化，是走和平发展道路的现代化。这五个特点深刻揭示了中国式现代化的科学内涵。习近平总书记指出，"中国式现代化既有各国现代化的共同特征，更有基于自己国情的鲜明特色"，中国式现代化的本质属性是社会主义的现代化，社会主义是中国式现代化最鲜明、最重要的底色。

（二）建设金融强国是中国式现代化的内在要求

1.中国式现代化包含金融现代化

透过中国式现代化的历史演进过程，我们看到，现代化是一个多维度的概念，通常指社会经济、政治、文化等方面的现代化进程，包括了工业化、城市化、信息化与全球化等多方面内容，同时还涉及人的自由、平等、尊严等基本权利的保障。金融具有二重性，作为经济的血脉，必须满足经济社会发展的合理融资需求；同时，金融业作为国民经济的一大支柱产业，本身就是支持经济稳定增长的重要力量。现代金融是在现代化进程中产生的，对现代化发展产生了深远影响。金融服务加速了中国工业化、城市化、全球化等的进程。在全面建设社会主义现代化国家的新征程中，无论是建设现代产业体系，还是推动科技进步、经济发展、政治民主与文化繁荣，抑或解决发展不平衡不充分问题，不断提高人民生活水平，实现共同富裕，最终实现中国式现代化，都要求把建立中国特色现代金融体系，推动金融高质量发展，实现金融的现代化作为强有力支撑。金融现代化是中国式现代化的组成部分与内生需求，加快建设金融强国，围绕经济社会发展提供高质量的服务是金融工作的本质。

2.中国式现代化要求加快建设金融强国，提高金融和经济适配性

建设金融强国的主旨在于打造富有国际竞争力、与我国国际地位相匹配的现代金融体系，这是强国建设在金融领域的重要体现。改革开放以来，我国已建立起比较完备的金融体系。作为国家核心竞争力的重要组成部分，我国金融资产数量庞大，拥有全球最大的银行市场、第二大保险市场和资本市场，金融业增加值占GDP比重已达到8%左右，与美国等金融业较发达的国家基本持平，金融体系已初步完成了"从小到大"的转变。但我国金融体系仍存在着行业结构不均衡、基础设施建设有待完善、市场机制不够成熟等"大而不强"的问题。这与我国经济发展阶段及世界第二大经济体的国际地位不匹配，影响了新发展格局下金融系统功能的有效性，难以满足经济高质量发展和中国式现代化的需要。建设金融强国，打造符合我国国情的现代金融体系，提升金融和经济发展的适配性，以金融强国战略支撑中国式现代化，以中国式现代化引领金融强国建设是新时代的必然选择。

3.中国式现代化要求实现金融治理能力和治理体系的现代化

党的十九届四中全会通过的《中共中央关于坚持和完善中国特色社会主义制度　推进国家治理体系和治理能力现代化若干重大问题的决定》指出，中国特色社会主义制度和国家治理体系是"能够持续推动拥有近十四亿人口大国进步和发展、确保拥有五千多年文明史的中华民族实现'两个一百年'奋斗目标进而实现伟大复兴的制度和治理体系"。

实现中国式现代化，建设富强民主文明和谐美丽的社会主

义现代化强国必须实现国家治理体系与治理能力的现代化，国家治理体系现代化是推进中国式现代化的制度保障。金融治理是国家治理与政府治理在金融领域的具体表现，在社会主义市场经济体制改革中占有重要地位。金融治理体系和治理能力现代化是金融治理制度、体制的现代化以及治理主体、工具的多元化，是国家治理体系和治理能力现代化的重要内容和重要支撑。提升金融治理水平，是金融由高速增长转向高质量发展的必然要求，也是推动我国由金融大国到金融强国的必要前提。这事关如何应对百年未有之大变局，更关系到中国在国际竞争格局与全球治理体系中的地位和作用。

（三）加快建设金融强国为中国式现代化提供强大动能和支撑

新时代高质量发展是全面建设社会主义现代化国家的首要任务，而建设现代产业体系又是高质量发展的关键。没有强大的金融体系助推，现代产业体系难以形成，也难以实现从科技大国到科技强国、制造大国到制造强国的宏伟目标。

1.建设金融强国助力现代产业体系建设

产业是发展的根基，实现中国式现代化，加快形成新的生产力必须建设现代产业体系。现代产业体系由现代化工业、现代化农业、现代化服务业与现代化基础设施等多个产业组成，这些产业相互联系、相互支撑、相互促进，形成完整的产业链和产业体系。现代产业体系的高效运转、循环畅通，需要各个产业、各个环节有序连接、协调配合。金融不但影响着生产要素供给的效率，同时影响着产业发展的质量，金融畅通才能助推产业循环畅通，实现金融资源与实体经济的良性互动。党的二十大报告指出了关于建设现代产业体系的重点方向（如图1-1所示），概括地讲，我国现代产业体系建设一要推进传统产业升级，二要完成新型产业培育两大核心任务。相应地，金融服务现代产业体系建设，既要推动产业升级，促进原有产业焕发新活力，又要促进产业创新，大力培育新兴产业。中国式现代化建设贯穿社会全产业链体系，金融对于促进产业链、资金链、人才链、创新链融合发展具有重要意义，实现实体经济、科技创新、现代金融协同发展是现代产业体系建设的迫切要求。

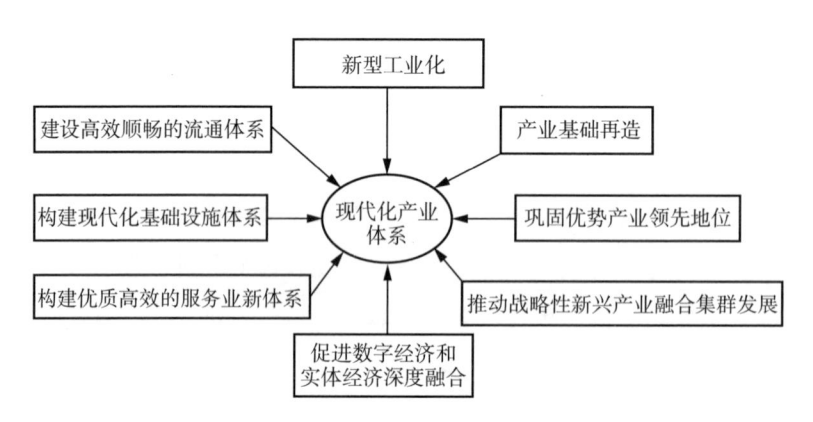

* 图1-1　党的二十大报告中关于建设现代产业体系的重点方向
资料来源：《金融在行动：完善多元化服务　助力现代产业体系建设》，《金融时报》，2023年6月19日。

2. 建设金融强国助力传统制造业转型升级，由"中国制造"迈向"中国智造"

纵观世界历史，现代经济强国均是从制造业起步。制造业是实体经济的重要组成部分，是立国之本、强国之基。制造业在现代产业体系中处于主导地位，引领和支撑现代经济体系的建立和发展，是实现国家工业现代化的关键产业。高端制造业高质量发展更是我国建设现代产业体系，实现经济高质量发展的重中之重。当前，我国处于新旧动能转换的关键节点，制造业价值链长、关联性强、带动力大，无论是传统制造业转型升级，还是战略性新兴产业快速成长，抑或高端制造业快速发展都需要大规模、长周期的资金支持，以实现从"制造大国"向"制造强国"的跨越。从制造到智造、从制造到创造，亟须金融赋能，进一步优化资金供给结构，丰富金融工具，加快产品创新，加强对新科技、新赛道与新市场的先进制造业企业的金融支持力度，引导更多资源向高端制造业发展的关键领域与薄弱环节汇聚，为制造业注入强大动力，大力支持制造业高质量发展，为建设社会主义现代化强国奠定经济基础。

3.建设金融强国以推动科技创新，撬动科技创新"第一动力"

历史经验证明，科技创新是一个国家与民族发展进步的永久动力，是走向繁荣的法宝，是在国际竞争中制胜的利器。党的十八大以来，我国强调创新是引领发展的第一动力，将科技自立自强作为国家发展的战略支撑。现代产业体系是以先进的科技和生产方式为基础，以提高生产效率、降低成本、提升产品质量为目标，通过创新和变革实现产业升级的产业形态。现代产业体系最重要的基础和核心就是技术创新。科技创新可以带动产业发展，基于科技进步的产业迭代更是未来中国进入现代化的先导力量。金融作为社会资源配置的枢纽，在推动产业迭代中不但发挥着"输血"功能，还发挥着从新技术到新产业不确定性的风险分散功能。这需要金融进行创新发展和结构性调整，建设金融强国，以加快新技术和新产业的转化速度，提高资源配置效率。金融强国，首先体现为金融支撑科技强国建设的能力强，从而撬动科技创新"第一动力"，促进金融、科技与产业的良性循环互动是实现创新驱动和构建新发展格局的关键。

四、建设金融强国是实现中华民族复兴伟业的有力支撑

习近平总书记在党的二十大报告中郑重提出："从现在起，中国共产党的中心任务就是团结带领全国各族人民全面建成社会主义现代化强国、实现第二个百年奋斗目标，以中国式现代化全面推进中华民族伟大复兴。"中华民族伟大复兴进入了不可逆转的历史进程。

（一）建设金融强国是民族复兴的重要组成部分
1. 民族复兴的中国梦

民族复兴是指一个国家、民族或文化在经历苦难衰落之后重新崛起，再次从兴盛走向辉煌的历史过程。早在工业革命前的长达2000多年的时间里，中国经济、科技、文化、思想甚至制度一直走在人类文明发展的前列。1840年始，中华民族历经两次鸦片战争、中法战争、中日甲午战争、八国联军侵占北京等，被迫签订了一系列丧权辱国的不平等条约，逐渐沦为半殖民地半封建社会。国家从此蒙辱、人民从此蒙难、文明从此蒙尘。

实现中华民族伟大复兴，是近代以来中国人民最伟大的梦想。1921年中国共产党一经成立，就义无反顾肩负起实现中华

第 ① 章　→ 建设金融强国是新时代国家的战略选择

民族伟大复兴的历史使命，团结带领全体人民进行了艰苦卓绝的斗争，谱写了气吞山河的壮丽史诗。中华民族的历史发展进程便在中国共产党领导下逐步展开并一步步走向伟大复兴。

| 知识链接 |

《复兴之路》政论片

为迎接中共十七大，中央电视台制作了该大型历史政论片。这是第一部全面、系统地梳理中国近代历史的系列节目，以鸦片战争以来一百多年的重大事件为主线，应用生动详细的历史资料，向我们展示一幅幅奋发图强的全景画面。《复兴之路》于2007年10月5日在中央电视台一套黄金时间播出，包括《千年巨变》《峥嵘岁月》《中国新生》《伟大转折》《世纪跨越》《继往开来》六集。2007年10月，以《复兴之路》为名的大型主题展览在中国人民革命军事博物馆展出。2007年，与纪录片同名的系列图书同步出版。

2012年11月29日，党的十八大之后，习近平总书记到国家博物馆参观《复兴之路》展览，并发表了重要讲话，指出："现在，大家都在讨论中国梦，我以为，实现中华民族伟大复兴，就是中华民族近代以来最伟大的梦想。这个梦想，凝聚了几代中国人的夙愿，体现了中华民族和中国人民的整体利益，是每一个中华儿女的共同期盼。"同时，习近平总书记用"雄关漫道真如铁""人间正道是沧桑""长风破浪会有时"三句话，深刻地概括了中华民族的昨天、今天和明天。

中华民族伟大复兴是我们通过和平发展的方式，再次走在世界前列，是包括物质文明、政治文明、精神文明在内的全面复兴。而以中国式现代化推进民族复兴是新时代的要求。

2.金融强国是强国梦的重要组成部分

全面建成社会主义现代化强国，总的战略安排是分两步走：从二〇二〇年到二〇三五年基本实现社会主义现代化；从二〇三五年到二十一世纪中叶把我国建成富强民主文明和谐美丽的社会主义现代化强国。"现代化强国"的"强国"支撑，包括制造强国、质量强国、航天强国、交通强国、网络强国、农业强国、海洋强国、贸易强国、教育强国、科技强国、人才强国、文化强国、体育强国等，基本覆盖了社会主义现代化建设的各个领域。强国建设是全面建成社会主义现代化强国的实施举措、战略部署和实践要求，也是中华民族伟大复兴的重要标志与必由之路。金融业作为国家发展的重要产业部门，是国民经济的血脉，贯穿社会生产、流通、分配、消费的各个环节，是强国梦的重要组成部分，建设金融强国是全面推进现代化强国建设的前提。

（二）推动金融高质量发展，助力强国建设

党的十八大以来，中国金融业积极践行创新、协调、绿色、开放、共享新发展理念，聚焦服务实体经济、防控金融风险与深化金融改革三项任务，实现了自身的跨越式发展，也为助力经济高质量发展奠定了坚实基础。高质量发展的本质是实现公平、高效、可持续的发展。加快建设金融强国，坚定不移走中国特色金融发展之路，推动我国金融高质量发展，才能为以中国式现代化全面推进强国建设、民族复兴伟业提供有力支撑。

1.金融高质量发展是推动强国建设的基础

党的二十大报告提出"高质量发展是全面建设社会主义现代化国家的首要任务",金融高质量发展是推进中国式现代化的内在要求,也是优化金融体系结构,探索中国特色金融发展道路的根本遵循。金融高质量发展就是要建立现代化的金融体系,提高对实体经济服务的深度和广度,提升金融服务实体经济的质效,保证经济的循环畅通,助力强国战略实施,为全面建设社会主义现代化强国、推进民族复兴伟业提供支撑。

2.金融高质量发展要坚持以人民为中心的价值取向

当前,我国社会主要矛盾已经转化为人民日益增长的美好生活需要和不平衡不充分的发展之间的矛盾。高质量发展是坚持以经济建设为中心、以人民为中心、贯彻新发展理念的发展,金融高质量发展是解决我国社会主要矛盾的重要途径。金融高质量发展要坚持以人民为中心的价值取向,兼顾效率和公平,以维护人民根本利益,增进民生福祉,推进共同富裕为目的,把让现代化建设成果更多惠及全体人民作为重点,助力社会主义现代化强国建设。

3.金融高质量发展需以全面贯彻新发展理念为导向

习近平总书记指出:"坚持创新发展、协调发展、绿色发展、开放发展、共享发展,是关系我国发展全局的一场深刻变革。"2023年中央金融工作会议提出的做好科技金融、绿色金融、普惠金融、养老金融、数字金融"五篇大文章",是深入贯彻新发展理念,推动金融高质量发展的具体体现。金融高质量发展必须在坚持贯彻新发展理念,秉承创新是第一动力、协调是内在要求、绿色是经济发展的底色、开放是必由之路、共享是发展的本质要求的基础上谋创新、求突破。

(三)建设金融强国为民族复兴提供安全保障

当前,我国经济已由高速增长阶段转向了高质量发展阶段,经济发展面临着需求收缩、供给冲击、预期转弱的三重压力,金融领域存在着较多的风险隐患,随着大数据、云计算与人工智能等技术的广泛应用,传统金融风险的表现形式、传染路径发生深刻改变,风险的突发性、隐蔽性和破坏力增强,数据安全等非传统风险日益突出。经济全球化又一定程度上造成金融风险在全球的蔓延,均冲击着我国金融系统的安全与稳定。提高监管和治理能力,维护金融稳定与安全是金融高质量发展的生命线,是建设金融强国的重要保障。

1. 坚持总体国家安全观

国家安全是安邦定国的重要基石,是全国人民的根本利益所在。实现中华民族伟大复兴的中国梦,保证人民安居乐业,国家安全是头等大事。习近平总书记在党的二十大报告中指出:"国家安全是民族复兴的根基,社会稳定是国家强盛的前提。必须坚定不移贯彻总体国家安全观,把维护国家安全贯穿党和国家工作各方面全过程,确保国家安全和社会稳定。"金融安全是国家安全的重要组成部分,是经济稳定健康发展的基础。维护金融安全,是关系我国经济社会发展全局的一件具有战略性、根本性的大事。

2. 构建风险全覆盖的金融监管体系,增强金融监管有效性

金融具有鲜明的风险外部性特征,加强和完善现代金融监管体制机制,做到对风险的全覆盖,是当前金融领域的一项重

要任务。党的十八大以来,我国金融监管体制经历了一系列的系统性改革。党的十九大提出要健全金融监管体系。2023年以来,我国加大了金融监管体制改革步伐。2023年5月18日,国家金融监督管理总局正式揭牌成立;2023年7月20日,国家金融监督管理总局31家省级监管局和5家计划单列市监管局以及306家地市监管分局统一挂牌。2023年10月,中央金融工作会议明确提出,"切实提高金融监管有效性,依法将所有金融活动全部纳入监管,全面强化机构监管、行为监管、功能监管、穿透式监管、持续监管,消除监管空白和盲区",为构建全覆盖无死角的金融监管体系,提高监管有效性奠定了基础。金融监管框架变化如图1-2所示。

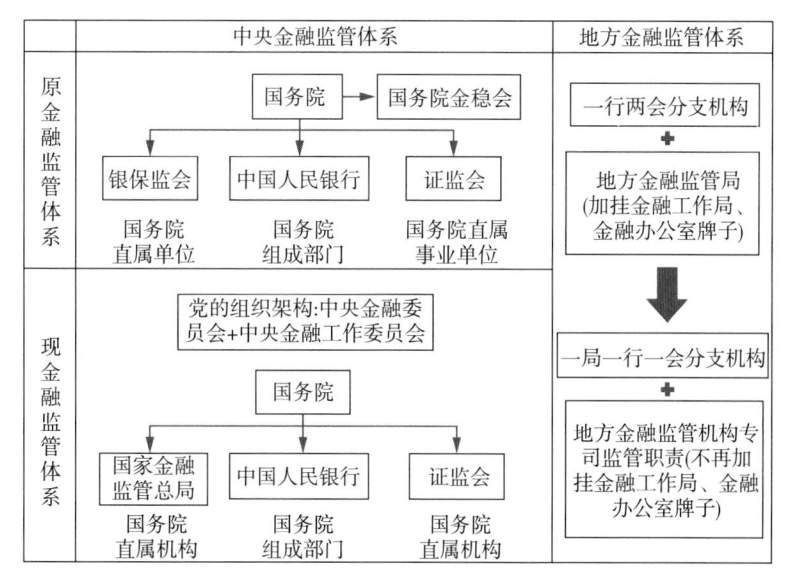

	中央金融监管体系			地方金融监管体系
原金融监管体系	国务院 → 国务院金稳会 银保监会 国务院直属单位	中国人民银行 国务院组成部门	证监会 国务院直属事业单位	一行两会分支机构 + 地方金融监管局 (加挂金融工作局、金融办公室牌子) ⇓
现金融监管体系	党的组织架构:中央金融委员会+中央金融工作委员会 国务院 国家金融监管总局 国务院直属机构	中国人民银行 国务院组成部门	证监会 国务院直属机构	一局一行一会分支机构 地方金融监管机构专司监管职责(不再加挂金融工作局、金融办公室牌子)

* 图1-2 金融监管框架变化
资料来源:民生证券研究院

3.维护市场稳健运行,牢牢守住不发生系统性金融风险的底线

防范化解金融风险是金融工作永恒的主题。从理论上说,系统性风险主要由宏观经济变化所引致,如政策风险、经济周期风险、汇率风险等。金融体系的系统性风险主要来源于宏观经济的变化对金融体系产生的系统性冲击;金融体系自身内部不断积累的风险以及外部风险的溢出,这些风险一般不会孤立存在,极易相互叠加产生共振效应,引发更大规模的系统性金融风险。历史经验证明,严重的系统性金融风险和金融危机会导致经济长期衰退,也会使多年的经济社会发展成果毁于一旦。维护金融稳定、守住不发生系统性风险的底线是实现金融高质量发展的基本前提。

第 2 章

世界金融强国的兴起与变迁

中国特色金融发展之路既遵循现代金融发展的客观规律，更具有适合我国国情的鲜明特色，与西方金融模式有本质区别。我们要坚定自信，在实践中继续探索完善，使这条路越走越宽广。

——习近平总书记在省部级主要领导干部推动金融高质量发展专题研讨班开班式上的重要讲话（2024年1月16日）

第②章　→ 世界金融强国的兴起与变迁

建设具有中国特色的金融强国，实现金融由"大"到"强"的发展，是一条前人从未走过的道路，没有固定的模板。这不仅需要我们不懈地努力，也需要借鉴世界金融强国的发展经验。回望全球经济金融发展史，世界经济中心几经变迁，每个不同时期的经济强国在崛起的过程中，都离不开金融的创新发展与推动。历史经验表明，建设金融强国是一个大国发展到一定阶段之后的必然选择。荷兰、英国与美国作为不同历史时期的金融强国，在金融体系建设、本国货币发展、金融监管与金融支持科技创新等方面积累了丰富经验。

一、现代金融体系的开拓者——荷兰

荷兰是现代金融体系的开拓者，作为欧洲重要的金融中心，其金融发展可以追溯到16世纪。优越的地理位置和造船技术造就了荷兰运输与贸易的繁荣。17世纪，阿姆斯特丹成为国际金融中心，荷兰也因其飞速发展的国际贸易与高效健全的金融体系，迅速称霸世界。

（一）海上贸易和造船业成就金融帝国的崛起

荷兰在日耳曼语中叫尼德兰，意为"低地之国"，因其国土有一半以上低于或几乎水平于海平面而得名。荷兰地理位置优越，面临北海和大西洋，处于北海、波罗的海至地中海商业要道。欧洲大河均通过荷兰注入大海，这为荷兰提供了优良的港口。

历史上，荷兰的海上贸易繁荣是其建立金融帝国的关键。

建设 金融 ⎯⎯⎯→ 强国

地理大发现后，随着新航路的开辟，世界贸易中心从地中海沿岸向大西洋沿岸转移，这使得荷兰成为欧洲和其他大陆之间的贸易枢纽。荷兰与西欧、北欧之间的贸易往来变得空前繁盛，使荷兰的工商业在原来的基础上获得了长足发展，南部的安特卫普成为殖民国家西班牙和葡萄牙货物转运的港口中心。

由于荷兰人继承了早期葡萄牙的航海技术，通过大规模的航海探险，他们发现了大量的贸易机会，将目光投向了亚洲和东印度群岛。荷兰人从亚洲获取珍贵的香料、丝绸和茶叶等商品，并在东印度群岛和南美洲建立了殖民地，参与当地的种植、采矿等经济活动，通过建立殖民地来掌控产业链，实现对商品的直接控制和垄断。此外，荷兰经济的繁荣也得益于荷兰无与伦比的商业创新精神。荷兰拥有一流造船技术，不断创新，在首都阿姆斯特丹就有上百家造船厂。17世纪末期，沙皇彼得大帝曾假扮成下士到荷兰学习造船技术。17世纪上半叶，荷兰拥有的轮船数量占欧洲轮船总量的3/4，几乎垄断了海上贸易。荷兰人以其庞大的船队航行于大西洋、太平洋、印度洋以及地中海、波罗的海和北海。利用这些天然的优势条件，荷兰政府积极发展转口贸易，从中获取了巨额的利润。荷兰的贸易企业遍布世界各地，荷兰人凭借其不断创新的商业头脑迅速占据海上霸主的位置，被称为"海上马车夫"。位于北大西洋航路和欧洲大陆出海通道的交界处，背靠欧洲大陆腹地的阿姆斯特丹也借此成为欧洲的经济中心和贸易中心，为荷兰成为金融大国奠定了基础。

1600年，荷兰已经控制了波罗的海地区3/4的运输业。因香料交易能牟取暴利，引起荷兰各大公司的激烈竞争。但香料运输的成本十分昂贵，加之从亚洲到欧洲航途遥远，还伴随着船毁人亡的危险。鉴于当时大多数公司规模小，难以抵抗远洋贸易的风险，1602年3月20日，为了更好地管理殖民地，垄断东方贸易，荷兰建立了具有国家职能的东印度公司。东印度公司的成立标志着荷兰金融的崛起。该公司成为世界上第一个股份有限公司，可以自组织佣兵、发行货币，并被获准与其他国家签订正式条约，东印度公司对该地区实行殖民与统治，拥有21年的远洋贸易垄断权，通过国际贸易和殖民地经营而积累了巨大财富。东印度公司成立的同时，马上向荷兰居民发售股票。由于公司十年分红一次，等不及分红的股东们便转售手中的股票，于是世界上第一个股票交易所——阿姆斯特丹证券交易所应运而生。1609年，阿姆斯特丹证券交易所和阿姆斯特丹银行成立，也成为现代金融和商业体系的开端。

（二）现代金融体系的建立与世界金融中心的发展

荷兰在17世纪创造了多个金融第一，阿姆斯特丹也在17世纪成为全球的金融中心，这主要得益于荷兰东印度公司的创立和阿姆斯特丹证券交易所的建立。1609年荷兰创立了世界上第一家中央银行——阿姆斯特丹银行，以吸收公众存款为主要业务范围，该银行创造"银行票据"与对方当事人交易。阿姆斯特丹银行得到政府担保以应对可能出现的危机，这使得该银行成为荷兰财政危机中最有价值的金融机构，对于促进荷兰对外商业发展起到重要作用。在法律保护下，当时西班牙舰队尽管在海洋上与荷兰作战，但西班牙依然可以与荷兰银行进行白银借贷往来。阿姆斯特丹银行以其特有的经营手段，与各地交易中心保持直接连接，在阿姆斯特丹购买的汇票几乎在世界各地都能兑现。阿姆斯特丹银行的建立与发展是荷兰银行业走向繁荣的集中体现。后来于1669年成立的瑞典中央银行成为世界上第二家中央银行，英格兰银行则在1694年创立，这些中央银行的成立都曾受到阿姆斯特丹银行的启发。

1609年，荷兰成立了阿姆斯特丹证券交易所，这是世界上第一个较为完善的以金融股票为主的证券交易所，标志着现代金融市场的正式形成，也成为现代金融和商业体系的开端。该交易所交易数额巨大且交易方式多样，具有公开性、流动性和投机性，特别是开启的做空机制交割差额或通过股份的涨跌可以创造一夜暴富的神话。阿姆斯特丹股票交易所有1000多名股票经纪人和代理人，成为当时整个欧洲最活跃的资本市场，也是荷兰东印度公司股票交易的中心。证券交易所和银行的设立使荷兰的金融业得到空前发展。依靠发达的证券市场，荷兰很快积累了资本优势，取代西班牙和葡萄牙，成为海上霸主。

从16世纪末开始，阿姆斯特丹就凭借其优良的地理位置、繁荣的国际贸易以及荷兰强大的经济基础，逐步取代佛罗伦萨和热那亚在欧洲的经济地位。阿姆斯特丹银行的有效运营促使其迅速成长为欧洲储蓄和兑换中心。到1660年，阿姆斯特丹成为多边支付体系的核心角色。银行和股票交易所的设立与发展，再加上荷兰当时在国际贸易中的主导地位，荷兰盾成为国际贸易结算货币，阿姆斯特丹迅速成为国际金融中心。

同时，荷兰借鉴威尼斯等城市发展的经验，进一步完善了国债市场。1648年5月15日，荷兰乌特勒支水务委员会发行了年利率为5%的永久债券，至今仍在支付利息。这是迄今为止世界上最古老的市政债券。在社会保障体系建设方面，荷兰也进行了积极的探索，阿姆斯特丹建立了世界上最早且完善的社会保障体系和年金市场，1535年就将60%的财政开支用于支付年金债权。强大的金融体系推动荷兰贸易和经济扩张，使17世纪成为"荷兰世纪"，迎来了荷兰的黄金时代。荷兰通过国内银行业、证券业和股份制公司等发展成为当时世界上最大经济强国之一，成就金融帝国雏形。阿姆斯特丹不仅是商业中心，也是世界金融中心。到18世纪初，阿姆斯特丹控制着整个世界的国际结算，其国际贸易融资和国际贷款发行高度繁荣，国际证券业务也十分发达。严格来说，阿姆斯特丹才是世界上第一个具有现代意义的国际金融中心。马克思曾经说过，1648年的荷兰已经达到商业繁荣的顶点。作为一个欧洲小国，荷兰能成为17世纪世界的中心，是一个奇迹。

荷兰的经济繁荣主要依靠对外转口贸易和商业，发达的金融业成就了其大国地位。但过度发展金融资本提高了荷兰国内生产成本，也使其在商业上处于不利地位。到18世纪末，"郁金香泡沫"破坏了阿姆斯特丹证券市场的运行，1795年拿破仑大军的入侵，更使阿姆斯特丹的金融基础设施遭到严重破坏，其金融中心地位开始削弱。

（三）疯狂的郁金香

郁金香是荷兰的国花，但其原产地不在荷兰，最初生长在帕米尔高原的山坡上，因其花型独特典雅、色彩明艳，根茎挺拔修长，因而备受突厥人喜爱。11世纪，突厥人灭波斯，建立塞尔柱帝国，定都伊斯法罕，将郁金香搬进自己的庭院欣赏，开启了人类种植郁金香的历史。后突厥人建立奥斯曼帝国。由于奥斯曼帝国的苏丹非常喜欢郁金香，郁金香一时间变成奥斯曼帝国的象征物。

1554年，奥地利驻君士坦丁堡的大使将郁金香种子寄回维也纳给好朋友——著名的植物学家克卢修斯。经过克卢修斯的悉心培育，郁金香盛开，很快就风靡整个欧洲。1593年，克卢修斯到荷兰莱顿大学任教，郁金香也被他携带到了荷兰。翌年，第一批本土郁金香绽放，在荷兰引起轰动。当时郁金香的繁殖条件极高，数量稀少，花期短，一时成为宫廷奢侈品，被达官显贵到处炫耀，以至于上流社会的沙龙必须摆上一瓶郁金香。郁金香尤其受到靠航海发家的富豪们的追捧，成为身份和财富的象征。作为"时尚宠儿"、稀缺品种的郁金香价格一路飙升。

随着17世纪荷兰海上贸易的繁荣，郁金香种植业给荷兰带来了商业价值。到了1630年，荷兰的每个城镇上都出现了专业的郁金香种植者。距离阿姆斯特丹以西20公里的城市哈勒姆成为荷兰郁金香的种植中心。郁金香交易刚开始都是现货交易，有鲜花和球茎两种，进行球茎的买卖都是专业的种植者。1634年后，非专业种植者看到郁金香的利益也涌入郁金香市场进行投资。1634年底，荷兰郁金香商人们组成了行会组织，创造了远期交易市场。根据花期每年6—9月进行现货交易；每年9月到次年6月进行远期交易。远期交易一般在酒馆进行，当时荷兰的酒馆成了郁金香远期交易的中心，由买家先向卖家付一个他们称为"买酒钱"的意向金，然后签订合约，这大大降低了交易成本，但却未制定明确的规则，对买卖双方都毫无具体约束力，使商人们有可能在期货市场上翻云覆雨，买空卖空。郁金香期货交易看起来似乎很随性，品酒闲谈中一桩生意就达成了。

苏格兰历史学家查尔斯·麦凯在1841年出版的《非同寻常的大众幻想与群众性癫狂》中，对这次郁金香狂热作了非常生动的描写："谁都相信，郁金香热将永远持续下去，世界各地的有钱人都会向荷兰发出订单，无论什么样的价格都会有人付账。欧洲的财富正在向地中海岸集中，在受到如此恩惠的荷兰，贫困将会一去不复返。无论是贵族、市民、农民，还是工匠、船夫、随从、伙计，甚至扫烟囱的工人和旧衣服店里的老妇，都加入了郁金香的投机。无论处在哪个阶层的人都将财产变换成现金，投资于这种花卉。在没有交易所的小镇，大一点的酒吧就是进行郁金香交易的'拍卖场'。酒吧既提供晚餐，同时也替客人确认交易。这样的晚餐会，有时会有二三百人出席。为了增加顾客满足感，餐桌或者餐具柜上往往整齐地摆放着一排排大花瓶，里面插满了盛开的郁金香。"

1635－1636年，荷兰郁金香的价格上涨了5900%。1637年初，一株所谓郁金香之王，名为"永远的奥古斯都"的郁金香球茎被炒到了6700荷兰盾。荷兰人当时的平均年收入也只有159荷兰盾。1635年，黑死病在荷兰暴发，人们疯狂投机转卖郁金香合同，一份郁金香合同一天之内可被转手多次。然而，戏剧性的一幕出现了。1637年2月4日，价格高得离谱的郁金香突然卖不出去了，有经纪人开始喊低报价，人们对市场失去信心，疯狂抛售郁金香，当天球茎价格暴跌，一周后，郁金香价格一落千丈，市场陷入极度恐慌，美丽的郁金香泡沫被戳破了，许多投资者陷入债务和财务困境，造成严重的金融危机。

关于1637年郁金香的崩盘，有不同的说法。根据《布莱恩维尔游记》中的描写，1636年，一位对荷兰郁金香狂热毫不知情的英国年轻水手，将一个昂贵的郁金香球茎错当洋葱头吃了。船主发现后勃然大怒，把水手告上了法庭。在法庭上，水手拿不出巨额赔款，但外形与洋葱酷似的郁金香球茎的价值却引起人们广泛讨论。郁金香球茎的价值第一次受到了质疑。随着事件的扩散，人们对郁金香的价值开始产生怀疑。另一个是"康斯坦丁郁金香大量到货说"。1637年2月中旬，突然有一种传言——"大量的郁金香正从康斯坦丁运来，不日抵达"，造成了郁金香价格的直线下跌。有人对导致郁金香泡沫破裂的说法进行了多方考证。事实上，当时荷兰阿姆斯特丹郁金香市场的期货市值已远远超过了荷兰产值，实物很少，多是无法兑现的"期货单据"，就是把"康斯坦丁"全境内所有的郁金香运到荷兰，也远不能填补郁金香期货交易中未来实物交割时的不足部分。郁金香热已成为投机活动，到了极度狂热的地步，泡沫则是一触即发，到了吹弹可破的边缘。为了缓解市场恐慌，荷兰政府劝告市民停止抛售，可惜于事无补。1637年4月27日，荷兰政府宣布终止所有郁金香合同。

郁金香泡沫的破灭，对荷兰的经济造成了重创，使之陷入了长期的经济萧条。17世纪后半期，荷兰在欧洲的地位受到英国有力的挑战，世界的经济和金融中心也开始从荷兰向英国转移。郁金香泡沫的破灭被认为是世界上第一次金融危机，在金融史上被称为"郁金香狂热"或"郁金香泡沫"。

二、"日不落帝国"——英国的金融强国之路

英国是世界上老牌的资本主义国家,19世纪英国的殖民地遍布全球,成为历史上领土面积最大的国家,被称为"日不落帝国"。促进英国经济发展和成为金融强国的核心动力一是工业革命,二是以伦敦为代表的金融业发展。19世纪中叶,随着英国金融革命的脚步、伦敦世界金融中心地位的确立,继荷兰之后的又一个金融大国诞生了。

(一)工业革命奠定了英国金融强国的基础

18世纪60年代,以"珍妮纺织机"的发明为标志,英国的工业革命开启了,大机器生产开始取代工厂手工业,生产力得到飞速发展,英国成为世界主要的制造业和工业中心,成为18世纪的经济强国。工业革命从纺织业的一系列创新开始,然后扩展到其他生产领域。蒸汽机的改进奠定了现代化生产和铁路技术发展的基础,英国几乎垄断了欧洲大陆所有蒸汽机的制造,在世界生产中占有绝对优势地位,迅速发展成为世界上主要工业产品生产国和世界上大多数地区商品供应者,同时也成为世界上最大原料、能源消耗者和需求者,使得其他资源丰富地区成为原料、能源供应基地。1840年前后,英国率先完成第一次工业革命,成为世界上最主要的制造业和工业中心及经济强国。当时英国人口占世界总人口的2%,但其现代工业生产能力占世界工业生产能力的40%,成为名副其实的"世界工厂"。

工业革命为英国打开了一扇引领世界的大门。随着工业革命的推进，发达的自由贸易使英国在世界市场上占据了主动。通过在世界范围内进行商品买卖，并凭借其军事实力与经济实力在各国和殖民地获取原料及所需资源与产品，然后倾销廉价工业品，英国贸易优势地位明显，英镑坚挺。作为"世界工厂"，英国不仅给本国，还给其他国家和地区带来发展机遇，并促进了世界经济发展。19世纪上半叶，随着英国煤、铁、机器和棉纱输出的增加，为世界其他国家工业技术发展创造了条件，引领其他国家技术创新和变革。工业革命使英国从农业国走向工业国，加快了城市化进程；贸易使英镑得到广泛使用，促进了英国经济的发展。工业革命后，英国成为主要资本输出国，占世界资本输出的50%左右，是世界上最大的债权国，为英国成为金融大国奠定了基础。

工业革命时期也是英国经济和金融体系发生深刻变革的时期。随着工业化的兴起，英国金融业也得到了进一步发展，金融体系通过不断创新奠定了现代金融体系的基础，为其经济的进一步增长和全球金融中心的确立创造了条件。而在工业革命之前，金融革命就已在酝酿生长。

16世纪初，随着资本主义生产方式的确定，英国手工业迅速发展，促使其开拓海外市场。1588年，英国打败西班牙的无敌舰队，成为海上霸主，开始在海外扩张殖民地。16世纪末，英国占领殖民地后，掠夺原料、黄金和奴隶，倾销商品。以1600年东印度公司的成立为标志，英国的海外贸易开始得到迅猛发展，金融革命随之而来，为工业革命的到来创造了有利的经济金融环境。

（二）金融革命与英格兰银行的演变

英国金融革命发生于17世纪末，主要表现为1694年英国中央银行英格兰银行的建立、公债体系的诞生及发展、股份制的发展、税收制度的变革以及伦敦金融城的形成等。其中，英格兰银行的建立揭开了英国金融革命序幕。

1688年光荣革命之后，随着《权利法案》的诞生，君主立宪制度建立起来。同年，英国加入了由荷兰、奥地利等国共同组成的反法同盟。战争使英国政府负债累累，财政系统濒临崩溃边缘，亟须建立一个健康的金融市场以获取长期稳定的战争借款来源。1691年，一名叫作威廉·帕特森的苏格兰商人在目睹了荷兰人的银行之后写了一本名为《英格兰银行简述》的小册子。他在书中描绘了建立英格兰银行的构想，最终在辉格党政治家查尔斯·蒙塔克的协助下，议会通过相关法案，英格兰银行得以于1694年正式成立[1]。

英格兰银行是一家由王室特许成立的股份制银行，主要通过王室给予其贸易垄断和商业特权为英法战争筹措军费。成立之初，英格兰银行就为政府募集了120万英镑，极大支持了英国在欧洲大陆的军事活动。英格兰银行直接向政府提供贷款，负责筹集并管理政府国债，还逐渐掌握了绝大多数政府部门的银行账户。1697年，英格兰银行的资本金增加到100万英镑。由于建立之初就与政府保持着特殊的关系，这使得英格兰银行在伦敦的金融市场上获得了独一无二的地位，其发行的银行券也成为伦敦金融市场的硬通货。英格兰银行的实力和声誉迅速

1.曹瑞臣：《论"金融革命"与18世纪英国社会转型》，《财政科学》，2016年第8期。

超越了其他银行。1711年"南海泡沫"后英格兰银行的中央银行地位进一步提升。1844年，英国议会通过《通货与钞票法》，使英格兰银行在发行钞票方面享有许多特权。自此，英格兰银行逐渐退出一般性的商业银行业务，专注于货币发行，并开始承担维护英国金融市场稳定和监督其他商业银行的职能。

（三）伦敦金融中心地位的确立

在银行业发展的同时，英国的证券业也日新月异。1695年，股份制公司如雨后春笋般涌现，它们发行大量的股票和债券，吸收社会各阶层的闲散资金，并投放到海外贸易之中。随着证券交易类型的不断创新，金融衍生品与日俱增，远期、期权、经纪人制度纷纷确立。伦敦证券交易市场的发展与现代证券交易制度的建立，为英国快速迈向金融强国奠定了坚实的基础。与荷兰有着异曲同工的是，英国最初证券交易的场所是咖啡馆。1698年，由约翰·卡斯塔因倡导的英国第一家股票交易所就诞生于伦敦柴思的乔纳森咖啡馆内。以此为基础，早期有组织的证券交易活动在伦敦开始出现，而乔纳森咖啡馆即成为伦敦证券交易所的前身。谁都不会想到咖啡馆内的交易最终发展成全球性的股票、期货及商品交易市场。很快，急遽膨胀的金融市场由于法制与规范的缺失，最终上演了与荷兰"郁金香泡沫"如出一辙的南海泡沫危机。

| 知识链接 |

南海泡沫

1711年，为解决战争债务问题，以及打破西班牙对南美洲贸易的垄断，英国议会通过法案成立了南海公司，授权南海公司从事奴隶贸易的特权，并对该公司经营的酒、醋、烟草等商品实行永久性退税政策。英国政府还允许投资者用政府债券购买南海公司的股票，加上当时英国与南美之间的贸易往来几乎没有了障碍，公众对南海公司前景抱有很高预期，认为其可复制东印度公司的盛况。连英国王室也认购了南海公司股票。1719年，英国政府总额约3100万英镑的债务转换项目（债转股）让南海公司看到了发财的良机，因为承担更多债务不但意味着可从政府那里获得更多利息，也是向市场发布利好信号、增发股票、哄抬股价的好机会。1720年1月28日，政府接受南海公司的国债转化方案，导致南海公司的股价一路狂飙，从1720年1月的每股128英镑蹿升至8月的每股1000英镑。短期的上涨，吸引了大量目光。越来越多的贵族、富豪参与进来，其中也包括物理学家牛顿。

南海公司效应使英国所有股份制公司的股票均成为商界投机对象。良莠不齐的股份公司纷纷涌现，人们被投机狂潮裹挟，股票市场的"繁华泡沫"几乎淹没了整个英格兰。为阻止资金流入其他公司，巩固其垄断地位，南海公司对国会施压并通过《泡沫法案》，规定了严格的股份公司成立条件，强制解散泡沫股份公司。随着一些股份制公司的解散，投资者开始对南海公司的收益能否提供高额回报产生怀疑，于是乘高大量抛售南海公司股票，其股价一泻千里。到1720年12月跌至124英镑，大量投资者血本无归，一夜之间破产。由股市引起的恐慌情绪蔓延至当时英帝国的各个角落。就连深受其害的牛顿也曾痛苦地说:"我能够计算出天体运行的轨迹,却无法想象人类的疯狂。"

南海泡沫是一个转折点,带来了英国金融业的改革发展。一是英格兰银行成为受益者,其地位在南海公司事件后得到进一步提升。二是英国政府的国债成为证券市场的主导,其稳定的利息支付和较强的流动性吸引了大量的国内外投资者持有。三是证券经纪人逐渐专业化。1801年,伦敦证券交易所正式挂牌成立,证券交易制度日益健全。四是金本位制度和现代会计制度也逐步在英国建立起来。1816年,英国通过了《金本位制度法案》,开始实行真正的金本位制度。稳健的货币制度使得英国免遭通货膨胀威胁,长期债券和抵押贷款稳步增长,为英国金融市场的健康发展提供了重要保障。英镑逐渐成为国际货币。五是确立了现代审计制度。为重拾政府诚信,英国国会启动了对南海公司的调查程序,率先委托民间第三方独立会计师查尔斯·斯奈尔展开对南海公司的调查程序,开创了现代内部审计的先河。1853年,世界上第一个会计职业团体——爱丁堡特许会计师协会成立。现代审计制度在英国逐步确立,为英国金融行业的有序发展提供了强有力的支撑。

英国凭借其经济、军事和金融优势,促成了国际金本位体系在19世纪70年代最终形成,并从此确立了英国世界大国地位。各大股份制银行和海外银行纷纷将总部建在伦敦,或是在伦敦设立代办处。世界各地的保险公司,信托公司,跨国公司总部,贵金属、大宗商品交易商等也纷纷云集于此。一时间,伦敦已构建起面向国际市场，具有很强的专业化、协作化特征的金融网络。1874—1914年，伦敦成为国际金融的中枢，外向性程度不断提高，逐渐摆脱了对英国经济发展的依赖，发展成为全球性金融中心。他们不但为英国的铁路筹集资金，而且能为世界上几乎每个国家的铁路、银行和公用事业筹集资金。

1914年第一次世界大战爆发后，英国金融市场的国际性基本丧失。1929年10月全球经济危机爆发，英国经济再次受到重创，英镑危机导致英国金本位制度崩溃，极大程度上动摇了伦敦金融中心的根基。1944年布雷顿森林体系的诞生确立了以美元为中心的世界货币体系，从而使纽约取代伦敦成为全球金融中心。从此，国际金融中心开始从欧洲向美洲转移，英国的金融霸主地位被美国取代。

三、以纽约华尔街为中心的现代金融强国的确立

（一）美元作为储备货币是美国成为世界金融强国的基础

美国称霸世界以美元在国际货币体系中的作用为基础。1900年，美国通过金本位法案，迈出了美元走向世界的第一步。第一次世界大战期间，美国的国民生产总值超过英国成为世界上头号经济强国。由于英国此前积累了雄厚的工业基础，再加上有海外殖民地的依靠，对外贸易仍稳居世界第一，国力依然强大，美元影响力短期内无法撼动以英镑为主导的世界货币体系。20世纪四五十年代，美国经济快速发展，抢占了英国海外大部分据点，对外贸易占世界贸易总额的1/3，黄金储备占世界储备总量的3/4。"二战"后，美国凭借其在"二战"

中累积的实力，使美元取得了等同于黄金的地位。1944年7月，44个同盟国的300多位代表出席在美国新罕布什尔州布雷顿森林市召开的"联合国货币金融会议"，商讨重建国际货币制度。在这次会议上产生的国际货币体系被称为布雷顿森林体系。布雷顿森林体系是以美元为中心的货币体系。美元最终取代英镑成为世界货币体系的基石。

美元霸权主导了世界政治经济格局。美元在世界货币体系中的主导地位为美国发展创造了便利条件，20世纪60年代，美元被迫宣布黄金市场与官方黄金交割脱钩，但70年代，美国通过与主要产油国达成了仅以美元进行石油交易的协议，将美元与石油这种现代工业不可或缺的原料进行绑定，重新实现了美元的超然地位。美国政府通过美元在全球金融体系和贸易体系中的首要储备货币地位，不断引导和塑造一系列有利于其领导和支配全球的制度安排。一些发展中国家拥有巨额外汇储备之后，往往将持有的美元直接投资于美国金融市场以期获取利息。投资商将美元投入美国金融市场，美国市场上出现金融剩余，这种国际金融剩余又会给美国经济发展带来便利。作为重要的国际储备货币，美元长期超发以购买国外商品并不会对美国经济造成伤害，反而在缩减债务规模与征收广义的通货膨胀税上使美国经济受益良多。这些优势成为美国经济持续高速发展的主要原因，至今仍在左右美国经济的走向和发展。而作为占全球外汇储备近60%的世界基础货币的供应源头，美国联邦储备银行已成为事实上的、唯一的全球"中央银行"。美国政府可以根据本国外贸情况和经济发展灵活地制定有利的货币政策，以调节国内经济政策，而不必过分关注其他世界主要经济体的货币政策与经济发展，因而时常产生如墨西哥金融危机和东亚货币危机等由于美国货币政策变动产生利率利差导致的区域性乃至全球性的金融危机，其金融业对世界影响之深可见一斑。

（二）金融支持科技创新推动美国经济高速发展

一国的信用货币要成为储备货币的首要条件是该国要有强大的经济实力，在国际经济领域中占有重要的统治地位。美元霸权地位的获得同样植根于美国强大的经济实力。科学技术是第一生产力，美国经济在"二战"后的几十年内获得持续高增长，并成为经济强国，离不开科技事业的创新发展。科技创新对美国经济发展起到了重要的支撑作用。从第一次世界大战开始到第二次世界大战结束，正是由于美国注重科技创新，紧跟两次工业革命步伐，国民生产总值超过英国成为世界上头号经济强国，才使得美元逐渐取代英镑成为世界货币。

第二次世界大战是美国科技发展的"黄金时代"。大战初期两年时间内，与欧洲战局隔海相望，离亚洲战场尚远的美国并未积极参战，而是利用这段宝贵的时间全面动员和组织科技力量进行备战。及早动员国家科技力量备战是决定战争损失大小乃至胜负的要素之一。这是美国在"二战"中极有利的一个关键条件[1]。"二战"开始时，英法等国都希望美国加入，罗斯福回应英国，目前不是加入战局的时机，但可以向英国出售武器，没有钱可以"赊账"。于是美国向英国和德国大量倾销工业产品，英法等国用黄金从美国购买军火、物资，并从美国贷款筹集军费。美国同时

---

1. 吴必康：《二战与美国科技"黄金时代"》，《中国社会科学报》，2015年10月19日。

吸纳逃避欧洲战火的顶级科技人才加入，其中就包括向罗斯福提出研制原子弹建议的爱因斯坦，并积极引入国外先进科技成果。通过罗斯福斡旋，财力耗尽的英国被迫以原子弹研制技术、雷达技术与青霉素技术等交换美国军援，大量财富涌入美国。这使美国有雄厚的实力在科技发展上快速投入巨资。据记载，美国研究与开发经费在1940年为7000万美元，1945年达到15.9亿美元，5年内增加20多倍。庞大的开支带来美国战时科技的飞速发展。原子弹和第一台电子计算机的问世，就是美国战前长期奠定的科技、教育和工业基础的强大实力的最好证明。

"二战"后，美国又凭借资本与技术优势引领了以原子能利用、电子计算机和空间技术发展与运用为代表的第三次科技革命，占据了此次科技革命制高点。美国通过加大科研投入，积极推动技术进步，始终保持在国际竞争中的领先地位，吸引了全球优秀的科学技术人才。"冷战"期间，苏联航天技术的发展极大刺激了美国，为对抗苏联技术威胁，美国成立国家航空航天局（NASA），科研投入大幅增加；颁布《国防教育法》（NDEA）等法案，以促进新一代科学家和工程师的培养。从美国国家科学基金会（NSF）的预算资金来看，1957年开始，NSF的预算资金大幅增加，在1958财年，NSF的拨款达到4000万美元；到1959财年，达到1.34亿美元；到1968年，预算接近5亿美元[1]。这帮助美国创造了一个又一个科技领域的参天巨兽。科技创新优势极大地促进了美国经济发展。

---

1. 高瑞东：《美国科技霸权的三板斧："技术—金融—市场"》，光大证券研究所，2022年7月17日。

经过战后30年的经济快速发展，20世纪70年代美国陷入"经济滞胀"。通过华尔街资本市场与高科技的有效结合，美国的高科技产业在全球范围内占领了各个制高点。风险投资、私募股权投资基金和资本市场共同推动了包括个人电脑、通信、互联网与生物制药等四大新兴产业的出现，实现了又一轮的增长，并颁布了一系列政策支持科技创新发展（如图2-1所示），带动美国在20世纪80年代走出低谷。至今，美国通过吸收人才，重视科技创新，掌控技术关键环节，实行技术出口管制获取技术链权力；借助投资科技企业、把控融资渠道、发起投资审查实现金融控制，采用限制进入、联合盟友施压手段完成市场压缩；利用"技术—金融—市场"维持其科技霸主地位，成为当今世界上的头号科技强国。

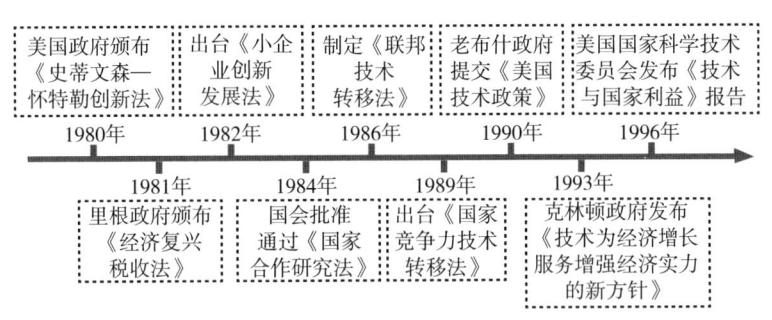

* 图2-1　美国科技行业相关政策时间轴
资料来源：王丽霞等：《战后美国科技政策调整脉络及对我国的启示》，《科技进步与对策》，2013年第21期。

（三）华尔街投资银行兴起与纽约国际金融中心地位的确立

华尔街起源于17世纪。1626年，荷属美洲总督花了大约24美元的珠宝和饰物从印第安人手里买下了曼哈顿岛，取名新阿姆斯特丹。1653年，新阿姆斯特丹改名纽约。为阻挡印第安人与防御英国人的侵略，新移民沿着新阿姆斯特丹的南端界修建了堡垒和城墙，1685年英国人把这条街命名为"华尔街"（Wall Street），英文单词"Wall"是"墙"的意思。

在美国经济强国与金融强国的发展历程中，华尔街代表的资本力量不容小觑。华尔街是全球最核心的金融区之一。华尔街的故事充满了传奇、繁荣、危机与创新，它不仅是美国金融体系的核心，也是全球金融业的重要象征。翻开尘封的历史，我们可以看到，一部华尔街的历史就是美国金融发展的历史、美国资本市场发展的历史。

美国独立战争后，华盛顿就任第一任总统时就将华尔街确定为美国政治和金融中心。1789年亚历山大·汉密尔顿任美国的首任财政部部长，他上任的第一件事情就是解决战争给美国带来的债务问题，提出以美国政府的信用为担保，统一发行新的国债来偿还各种旧债的方案。1790年，美国政府发行大量国债带来了纽约金融市场的繁荣，但也因从事证券销售的经纪人的无序竞争而陷入混乱。作为回应，1792年5月17日，纽约的24名经纪人在华尔街68号门外的一棵梧桐树下达成《梧桐树协议》（Buttonwood Agreement）[1]，订立了一套股票交易的规则和制度，并约定在出售每一手证券时，不能收取低于证券面值的2.5‰的佣金。《梧桐树协议》被认为是美国证券市场的

1.《梧桐树协议》的三个核心内容包括设置准入门槛、佣金标准和交易优先权。这棵当时就有百年历史的巨大梧桐树在1865年的一次暴风雨中被刮倒，但"梧桐树"所代称的协议则持续下来。时至今日，《经济学人》的金融专栏仍名为"梧桐树专栏"。

奠基石，标志着股票交易正式开始。债券市场的发展为新生的美国提供了强大的资金支持；经济得到快速发展，反过来又推动了资本市场的空前活跃。1817年，纽约证券交易所在华尔街成立，这标志着华尔街成为美国的金融中心。从事股票经纪的第一代"投资银行家"也开始形成。

随着美国经济增长，基础设施建设快速发展，美国进入了大基建时代。伊利运河与铁路建设产生了巨大的融资需求，华尔街也迎来了发展的春天。而面对公众的筹资和股份公司登上历史舞台，现代意义上的投资银行业拉开帷幕。早期的投资银行家通过承销有价证券，将投资者手中的财富集聚起来，为实业家提供项目融资，将其投入美国的铁路建设中。银行和保险公司也纷纷设立分支机构。大量资本从欧洲漂洋过海来到美国投资，华尔街因此而繁荣。

1861年到1865年的南北战争，更是凸显了华尔街的融资能力。当时，北方政府依托于华尔街发行战争债券，举全国的金融资源和民众之力。到战争末期，发行国债的速度已远远超过了军费开支；南方则是通过开动机器大量印钞筹集军费，导致通货膨胀率上涨了90倍，经济处于崩溃的境地。南北战争结束后，在重建时期，华尔街的投资银行开始崛起。这些公司通过发行债券和股票来为企业筹集资金，并为投资者提供交易和咨询服务。

华尔街还为美国大规模工业化提供了大量资本。1835年在交易所挂牌的只有3只铁路股票，10年后，挂牌股票已有38只。1878年，纽约股票交易所里还没有一家企业以制造业为主，到了1900年，工业股票成为华尔街的市场主体。美国钢铁产业也从零开始，经过短短几十年时间产量就超过了欧洲的总和。1900年美国取代英国,成为世界第一经济强国。

华尔街诞生于美国独立战争之后,崛起于美国内战时期,但其真正彻底超越英国伦敦成为世界头号金融之都,是在第一次世界大战期间。在战争中,摩根银行为协约国筹措了战争所需的大笔款项,美国政府也向协约国提供直接贷款,华尔街对协约国的胜利发挥了重要作用。华尔街以超低价买下了英国在海外几乎所有的重资产,并在战后重建中向其他国家进行投资。"二战"后,美国不仅在实业上,而且在金融上成为世界上最强大的国家,华尔街功不可没。

从国债发行支持战争债务重组,到运河与铁路股票上市促进经济一体化和农牧业规模化生产,均能看到华尔街在其中扮演重要角色的身影。马克思在《资本论》中有一段著名论述:"假如依靠单个资本积累到能够修建铁路的程度,估计直到今天世界上还没有铁路。通过股份公司集中资金,转瞬间就把这件事完成了。"

20世纪初,华尔街的发展进入了黄金时代。摩根大通和高盛等大型投资银行开始崭露头角,并成为世界上最强大的金融机构之一。华尔街的股票交易所成为全球股市的重要指标。1929年华尔街股市崩盘后,美国陷入极为严重的经济与社会危机中。危难时刻,1933年富兰克林·罗斯福当选总统,他采取国家干预手段,提出了一系列缓解危机的经济与社会改革措施,史称罗斯福新政。有趣的是,1932年罗斯福提名为民主党总统候选人时,他的竞选口号是:投民主党一票,踢走经济萧条。罗斯福新政重要目标之一就是重塑华尔街。他在任总统期间,美国颁布了《证券法》《证券交易法》《投资公司法》《投资

第 ② 章 → 世界金融强国的兴起与变迁

顾问法》等法律，成立了美国证监会，构筑了现代资本市场的基本监管和法律框架，试图寻求政府与市场的平衡点。"二战"后，随着共同基金行业的快速发展，价值投资理念的逐步形成，美国市场的投机气氛降温，华尔街走上了相对健康的发展道路。

20世纪50年代至80年代，是美国金融业快速发展的时期。证券市场进一步完善，金融工具不断创新，股票经纪商、投资银行和基金管理公司纷纷涌现，推动了美国金融业的国际化。美国投行以辅助企业在欧洲市场融资为起点，开始拓展海外业务。经过近半个世纪的发展，美国大型投行海外业务收入占比持续上升。20世纪末到21世纪初，华尔街再次成为全球关注的焦点。2007年次贷危机爆发，全球金融市场陷入混乱。这场危机不仅影响了全球经济，也让各国开始重新审视金融市场的监管和运作机制。直到今天，华尔街仍是全球金融体系的中枢，日新月异的科技发展使华尔街的金融交易迅捷高效，同时也带来了新的挑战。

在很大程度上，华尔街推动了美国从一个原始、单一的经济体成长为一个强大而复杂的经济体。从美国的西部开发到伊利运河的修建，从铁路的兴起到南北战争，从19世纪后期开始的美国工业化进程到两次世界大战，一直到近年美国经济体高科技产业的兴起，在美国经济发展的每一个阶段中，以华尔街为代表的美国资本市场都扮演着非常重要的角色。华尔街为美国经济的发展提供源源不断的资金，实现社会资源的优化配置，而华尔街本身也伴随着美国经济的发展成长为美国及全球金融中心。

华尔街投资银行与英国商人银行、德意志全能银行一起，构成了20世纪初世界上最主要的金融机构。它们成为推动美国产业结构调整和企业重组中前所未见的巨大力量。华尔街投资银行兴起，意味着市场导向现代金融体系出现了新角色，极大地影响金融与社会关系。

（四）美国金融体制的建立与汉密尔顿的贡献

回溯美国的发展之路，我们不得不提一个在美国历史上非常重要的人物，那就是被誉为美国金融大厦的总设计师、美国第一任财政部部长亚历山大·汉密尔顿（1789—1795）。从美国建国到实现经济强国以至成为金融强国的历史进程中，在美国国家政体的构建、强国战略的提出、强国道路的选择与财政金融制度的建设等最为重要的方面，汉密尔顿均作出了杰出而根本性的贡献，对美国货币金融体系的发展具有深远的影响。同时，汉密尔顿还是美国的开国元勋之一，是1787年《美国宪法》起草者之一、美国政党制度的创建者。

1789年，亚历山大·汉密尔顿出任美国的首任财政部部长，从1789年到1795年，汉密尔顿共向国会提交了《关于公共信用的报告》《关于国家银行的报告》《关于铸币厂的报告》，以及《关于制造业的报告》四份报告。报告中主要分别提出了"重建美国公共信用、建立税收制度、成立全国性银行、发展制造业，工业立国"等思想。汉密尔顿提交的四份报告描绘了他要构建的财政金融体系，在这个体系中，国债、税收、美元、银行、制造业环环相扣、相辅相成。事实上，汉密尔顿这四份重要报告为美国勾画出了信用、银行和制造业三位一体的治国蓝图。

首先，汉密尔顿以构建美国政府的公共信用为目标，先通过发行国债融资来支付战争债务，树立联邦政府信用，然后通过征税法案，支持国债还本付息。因为税收收入有限，所以通过建立中央银行，发行金银复本位美元，建立了统一的法定货币，为国债融资，为市场提供流动性。而税收和黄金又都依赖于制造业与出口创汇，这样，制造业就成为国债和美元的重要支撑，是整个国家信用体系最底层的基石。

1790年1月提交的《关于公共信用的报告》被国会批准后，汉密尔顿就提出关于税收改革的办法。国会通过开征酒税的当天，汉密尔顿就提出了《关于国家银行的报告》。1791年，汉密尔顿的《关于国家银行的报告》中提出建立银行的计划主要参照了英国的英格兰银行。在汉密尔顿的主导下，美利坚合众银行成立（后来，人们称这家银行为"美国银行"）。这家银行执行中央银行的职能，是由联邦政府特许授权的、公私合营且以私人股份为主的股份制商业银行，与英格兰银行的职能类似。在其运作的20年里，对美国早期的经济起飞注入了极大的动力，也奠定了美国早期的金融体制，塑造了央行的雏形。当时第一银行运营较为成功，不仅为联邦政府运转提供了资金支持，而且发行的银行券因信誉良好得以在全国范围内流通，维护了货币流通的稳定。这是美国最早的对中央银行制度的探索实践。1794年，美国的债券在欧洲获得了最高的信用等级，至此欧洲的资本开始漂洋过海流入美国。毫不夸张地说，汉密尔顿发行的国债启动了美国经济，开启了华尔街的历史。罗斯福新政初期所推行的以举债支出以便消化存货的做法与汉密尔顿《关于公共信用的报告》中的一些思想颇为相似。

美国经济史学家约翰·戈登曾这样描述国债市场对美国经济、金融和整合国家战略的极端重要性："18世纪70年代，国债帮助我们赢得独立；18世纪80年代至19世纪60年代，国债为美利坚赢得最高的信用评级，欧洲资金得以滚滚流入美国，协助美国经济快速成长；19世纪60年代，我们凭借国债拯救合众国；20世纪30年代，我们凭借国债拯救美国经济；20世纪40年代，我们凭借国债拯救全世界。"

《关于制造业的报告》的基本框架是，将金融业和制造业形成一个相互支撑的结构，希望将美国打造成一个金融与军事相互支撑的力量型大国。尽管没有被国会通过，但历史地看，汉密尔顿关于美国制造业发展的前瞻性思想，为后续美国制造业发展绘就了宏图，指引了未来制造业的发展方向。美国能抓住第二次和第三次工业革命的契机，一举成为制造业大国、世界工业化中心，想必其中也闪烁着汉密尔顿的思想光芒。

1795年汉密尔顿卸任时，美国已初步建立起现代金融体系。随着汉密尔顿治国蓝图的逐一实现，美国能够用国家财富进一步开疆拓土，走向强大。从建国两个世纪至今，美国已经从一个殖民地国家成长为世界唯一的超级大国，它今天的强大与其现代金融体系是分不开的。汉密尔顿通过学习欧洲的金融革命经验，结合美国的现实问题，为美国建立起了现代金融体系。亚历山大·汉密尔顿的个人贡献无疑在美国的金融革命中起到了关键性的作用。

四、他山之石，可以攻玉——世界主要金融强国的发展经验

2024年1月16日，习近平总书记在省部级主要领导干部

第②章 → 世界金融强国的兴起与变迁

推动金融高质量发展专题研讨班开班式上强调，金融强国应当基于强大的经济基础，具有领先世界的经济实力、科技实力和综合国力，同时具备一系列关键核心金融要素，即拥有强大的货币、强大的中央银行、强大的金融机构、强大的国际金融中心、强大的金融监管、强大的金融人才队伍。透过金融强国的历史发展脉络，我们可以看到世界中心几经变迁，每个不同时期的金融强国在崛起的过程中，均以强大的经济基础与科技实力为前提，以建立完善关键核心金融要素为支撑。借鉴历史上金融强国的经验与做法，对加快建设金融强国推动金融高质量发展具有重要意义。

（一）强大的经济基础与科技实力是建设金融强国的基本前提

经济基础决定上层建筑，一个国家的经济实力是所有产业繁荣发展的条件。"经济兴，金融兴；经济强，金融强。"强大的经济基础是建设金融强国的基本前提。从世界金融强国的演变历史可以看到，金融强国首先是经济强国。荷兰通过大力发展商业贸易积累了巨大的财富，成为贸易强国，其金融业则以服务国际贸易为主并向海外拓展。英国率先完成第一次工业革命，成为世界制造业大国与工业中心，强大的经济实力是其占据世界霸主地位的基础。美国抓住第二次工业革命的契机，加快工业化步伐，成为世界第一工业强国和第一大经济体，从而能吸引全球金融资源，为美元成为国际储备货币提供了保障。同时，强大的经济基础也是增强一国综合国力的先决条件。综合国力是衡量一个国家在国际竞争中的地位和实力的重要指标，科技创新是推动经济社会发展的重要动力，是提高国家综合国力的关键因素。美国经济的每一次飞跃都与科技进步和创新密切相关，没有科技水平的提高就不会有金融大国的崛起。

（二）本国货币成为国际储备货币

货币是金融的基础，具有价值尺度、流通手段、贮藏手段、支付手段和世界货币职能。货币的稳定性、流动性和信用性直接影响着一个国家的经济活力。一国货币成为国际储备货币，意味着该国的国家信用将成为全球信用，在国际金融市场上拥有主导地位和话语权，其货币政策将影响全球。储备货币通过发行本国货币或本币债务来动员全球资源，能够充分利用国内和国际的两种资源、两个市场，有效规避和缓解重大外部冲击带来的影响。经过两次世界大战和石油危机对全球政治经济秩序的重塑，美国通过1944年布雷顿森林体系实现了美元与黄金的捆绑，1971年布雷顿森林体系解体后，美元不再与黄金脱钩，实现与石油挂钩，终将美元推到了全球货币体系的中心位置，成为真正的信用货币。美元的国家信用成为全球信用，在国际金融市场上可以行使美元计价、主导定价、操纵规则与控制舆论的权利，并长期获得铸币税（如图2-2所示）。截至2020年底，约95%的全球大宗商品计价、85%以上的国际贸易结算、59%的全球外汇储备、45%以上的未清偿国际债券以及超过40%的外汇交易，均与美元挂钩。美元的国际储备货币地位是美国成为金融强国的基石。

第②章　→ 世界金融强国的兴起与变迁

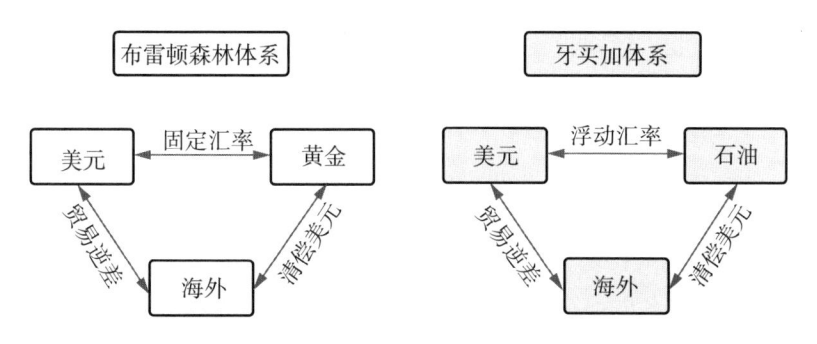

* 图2-2　布雷顿森林体系与牙买加体系下美元收取海外铸币税的路径
资料来源：光大证券研究所

（三）现代金融体系的构建是金融强国建设的关键支撑

现代金融体系是由货币流通、金融机构、金融市场、金融工具与金融制度等各要素构成的复杂综合体。完善的现代金融体系，是建设金融强国的关键支撑和基本框架。历史上荷兰、英国、美国的崛起都得益于其完善的金融体系，通过现代金融体系的构建在经济发展中起到了引领、助推和加速的作用。17世纪荷兰股票市场和期货市场快速发展，同阿姆斯特丹国际金融中心一起构成高效和健全的金融体系，奠定了荷兰的金融强国地位；18—19世纪英国以建立英格兰中央银行、发行国债、开展证券交易以及建立伦敦国际金融中心等为主要标志，进行了一系列建设现代金融体系的金融革命，一举成为金融强国；美国拥有世界上最大的股票交易所、期货交易所，闻名世界的花旗等商业银行，华尔街投资银行和保险公司，以及纽约国际金融中心等，由这些要素所构成的完备的现代金融体系，是促进美国成为金融强国的关键。通过现代金融体系的构建，这些金融强国凭借全球性货币市场、资本市场、商品市场以及强大的金融机构吸引国际投资者，掌握了国际金融市场的定价权和世界经济资源的配置权。

（四）完善的现代中央银行制度

金融制度是经济社会发展中重要的基础性制度，现代中央银行制度是现代国家治理体系的重要组成部分。现代中央银行制度是现代货币政策框架、金融基础设施服务体系、系统性金融风险防控体系和国际金融协调合作治理机制的总和。货币是金融的根基，中央银行是金融体系的中枢，作为政府的银行、发行的银行、银行的银行，负责货币发行，调节货币供应和流通。历史上的金融强国无一不拥有强大的中央银行，如美联储的货币政策可以决定国际资本流动方向、调控国际宏观经济。在现代信用货币体系下，中央银行对货币管理得好，就能发挥出货币跨时空配置资源的积极作用，促进经济持续健康发展。中央银行对货币管理得不好，则不是出现货币超发导致通货膨胀和资产泡沫，就是发生信用收缩，甚至造成金融危机[1]。一国货币与其中央银行相辅相成，本国中央银行的有效管理则成为货币有效发挥作用的保证，英国英格兰银行的发展史就证明了这一点。在1694年英格兰银行建立后的发展历史中，英国不断加强英格兰银行的中央银行地位。1928年，英国议会通过《通货与钞票法》，使英格兰银行垄断了在英格兰和威尔士地区的货币发行权。1946年，英国议会通过《英格兰银行法》，赋予其更为广泛的权利，它可

---

1. 易纲：《建设现代中央银行制度》，《人民日报》，2020年12月24日。

以按照法律对商业银行进行监督和管理（后来这项职能移交给1997年10月成立的金融服务局）。英格兰银行成为英国名正言顺的中央银行，对英国的货币政策负责。在金融史上，英格兰银行在英国迈向金融强国的道路上发挥了巨大作用，是中央银行教科书级的代表。

（五）全球国际金融中心的建立

国际金融中心是指在全球范围内具有重要影响力和竞争力的金融市场枢纽，它通常与本国的区位特点、经济实力、政治地位与文化影响力相匹配。一国国际金融中心的形成可以充分发挥资本集聚和辐射功能，增强吸引力与影响力，实现资源在更大范围内优化配置，从而带动金融中心所在城市及周围地区投资繁荣、产业扩张和交易集聚，创造更多的就业机会，并以此沟通世界促进本国经济发展。世界金融中心的变迁史反映了全球经济格局的演变和金融市场的发展。从世界金融强国发展经验看，金融强国要有与其金融地位相匹配的国际金融中心，强大的国际金融中心是构成金融强国的关键核心要素。17世纪荷兰是世界的中心，从某种程度上说是因为阿姆斯特丹是世界的中心。伦敦作为全球财富与价值创造、要素交换与流通的"控制型枢纽"，对国际经济金融秩序和全球经济的要素配置具有显著的影响力，成为英国国家竞争力的重要组成部分。美国纽约则作为当今世界上最强大的国际金融中心，不仅是全球各主要金融机构总部聚集地，而且拥有全球最大的资本市场，其金融触角几乎延伸到世界每一个地区，美国以纽约为核心由旧金山、洛杉矶等多个城市组成的国际金融中心群是其成为金融强国的重要支柱。一个强大的国际金融中心能够高效配置全球资本、技术、人才、数据等关键要素资源，有助于促进科技创新与成果转化，为培育和形成新质生产力提供重要支撑。国际经验表明，谁拥有了强大的国际金融中心，谁就能够掌握对国际资本流动、定价、交易等的控制权，取得世界经济金融领域的主动权和话语权，从而保护本国经济发展的成果，维护本国在世界经济金融全球化一体化过程中的利益，国际金融中心在大国崛起中的作用不可或缺。因此，打造国际金融中心是我国加快建设金融强国，推进金融高水平开放的重要举措。

（六）金融发展要服务实体经济，脱实向虚会带来灾难

凯恩斯说："货币流动到哪里，哪里就是一片繁荣。"金融不仅以实体经济为土壤，而且还是推动实体经济发展的重要工具。但金融发展又具有双重性，既有促进经济增长的积极作用，也会因金融工具的过度创新，引发潜在风险，甚至会引发系统性风险，导致金融危机。从郁金香泡沫到南海泡沫，从1929年的经济危机到2008年的金融危机，世界金融历史说明，金融若脱离实体经济过度发展就会带来危机和灾难。资本市场是金融体系的重要组成部分，从世界各国百年兴替的历史来看，"资本市场的博弈牵动着大国的博弈和兴衰"[1]。在第三次产业革命中，高新技术就是通过资本市场赢得了快速的发展。在美国历史上，代表着社会民众和实体经济的"主街"与代表着虚拟

---

1. 详见［美］约翰·S.戈登：《伟大的博弈——华尔街金融帝国的崛起》，祁斌译，中信出版社，2005年版。

经济的"华尔街"是一对相互依存的矛盾体：两者结合得比较好，美国经济社会就发展得比较顺利；若两者偏离，经济社会就会遭受沉重的打击。[1]

发展资本市场，完善金融体系，需要研究发达资本市场的经验和教训，对其历史进行客观、全面和准确的了解。要正确认识和把握资本的特性和运行规律，发挥资本和风险投资在支持创新方面的重要作用，引导金融服务实体经济，驱动创新。建设金融强国，谨慎评估金融发展的速度和规模，强化金融发展中的风险防范与监管，避免系统性风险的累积和扩大，是确保金融体系的稳健性与可持续性的重点。

回顾历史是为了走向更好的未来，我国的国情与美国、英国不同，既有经济上的差异，更有文化上的区别，这注定了中国建设的金融强国，是在中国的政治、经济与文化背景的深层次影响下形成的。中国所要建设的"金融强国"绝非简单照抄照搬"西方金融强国"的模式，而应依据中国经济特色构建"中国式金融强国"。要从实际出发，实事求是，注重吸收借鉴其他国家的经验教训，走出一条具有中国特色并符合中国现状的金融强国之路，在实现中国式现代化的同时，为世界贡献中国智慧。

---

1. 祁斌：《资本市场与中国经济社会发展》，载人民网，2013年3月4日。

第 3 章

我国金融业发展历程

党的十八大以来，我们积极探索新时代金融发展规律，不断加深对中国特色社会主义金融本质的认识，不断推进金融实践创新、理论创新、制度创新，积累了宝贵经验，逐步走出一条中国特色金融发展之路。

　　——习近平总书记在省部级主要领导干部推动金融高质量发展专题研讨班开班式上的重要讲话（2024年1月16日）

第 ③ 章　→ 我国金融业发展历程

读史可以明智，知古方能鉴今。历史是最好的教科书，我们可以通过历史学精神、借经验、探未来。建设金融强国，不但要借鉴其他国家金融兴衰经验，更要对我国金融业在支持革命胜利、社会转型、经济建设、改革开放和高质量发展中，从无到有，由弱变强，实现一次又一次跨越发展的历史有更为深刻的认识。通过回望我国金融业曲折坎坷百年发展历程，才能在建设金融强国中坚定信念和明确方向。我国金融发展历史主要分以下阶段：红色金融体系的萌芽阶段、非市场化金融体系的过渡阶段、基本金融组织的恢复与发展阶段、现代化金融体系的形成阶段、党的十八大以来全面深化金融体制改革阶段。

一、红色金融体系的萌芽阶段（1921—1949年）

中国共产党自诞生之日起，就高度重视金融工作，将金融事业摆在国计民生的关键位置，坚持以当时社会最为广泛且穷苦的农民群体的利益为核心，在苏区、解放区建立了较为完善的金融体系，实现了稳定物价、促进发展的经济目标，为抗日战争与解放战争的胜利奠定了坚实的物质基础。

（一）以农民大众利益为核心

革命战争时期金融事业的萌芽是在农民运动中产生的。中国共产党成立之初，党领导下的金融工作进行了积极的尝试探索。面对当时农民正饱受通货膨胀、高利贷、地下钱庄以及纷繁错杂的货币流通的困扰，1922年12月，中国共产党在《中国共产党对于目前实际问题之计划》中针对高利贷等问题提出了实行低息借款、组织农民借贷机关等建议。1925年,党在《中国共产党告农民书》中号召、鼓励利用地方公款建立乡村农民无息借贷局;同年12月,以毛泽东同志为代表的湖南农代会通过了《取缔高利贷决议案》等多项金融决定。1927年,毛泽东同志在醴陵县讲话时提出要通过没收地主财产以建立并充实地方银行的构想;[1]同年3月,以毛泽东同志为代表的党组织在《对农民宣言》中提出了解决贫下中农缺乏资本问题的针对性金融政策。

这些党成立初期针对中国金融问题的思考与对策,对改善人民生活与之后的经济斗争产生了深远的影响,并在积极探索尝试中开创了中国金融发展史上的多个"第一":1923年安源路矿工人消费合作社发行了第一张股票;1924年成立了全国第一个农民革命金融机构——衙前信用合作社,为建立真正代表人民利益的金融体系进行了开创性的尝试;1926年,湖南省衡山县柴山洲特别区第一农民银行自主发行了第一种红色货币——软质白竹布币,在当地农户中信誉度很高,确保了货币流通的便利。柴山洲特别区第一农民银行的成立,将广大农民从高利贷等剥削性质的金融关系中解放出来,有效促进农业生产的发展。柴山洲特别区第一农民银行营业时间仅短短一年,却开创了中国共产党领导金融事业发展史的先河。

(二)建立较为完备的红色金融体系

中国共产党始终坚持金融自主的发展原则,在土地革命与新

---

[1]. 杨其广:《党的光辉照进"金融史话"——重读〈中国共产党领导下的金融发展简史〉》,《中国金融家》,2021年第3期。

民主主义革命时期广泛地建立金融机构，开办银行，为支援苏区发展、支持全面抗战发挥了极为重要的作用。1928年2月，由我党一手创立的海陆丰劳动银行正式运营，第一家由中国共产党领导的银行就此诞生。[1] 同年4月，中国共产党于井冈山上井村以反"围剿"缴获的金银器具为基础创办了井冈山红军造币厂。造币厂沿用墨西哥银圆版式添加工农兵政府独有的"工"字标记进行铸造，发行了红色政权的第一套金属铸币"工"字银圆，为革命根据地经济与政治的稳定打下了坚实基础。1932年2月，中华苏维埃共和国国家银行正式成立，在革命根据地同时发挥银行与财政职能，为革命事业提供了资金支持。1937年全面抗战爆发后，原中华苏维埃共和国国家银行西北分行改名为陕甘宁边区银行，又成立了晋绥边区银行等多家边区银行。这些边区银行成为边区军民生活的有力补充，帮助其度过了艰难的抗战岁月。解放战争期间，为了集中各解放区的人力物力财力，统一金融工作调度，1948年12月1日，在河北石家庄成立了中国人民银行，同日发行第一套人民币，在中国金融史上掀开崭新的一页。中国人民银行的成立标志着我国集中、统一的金融体系初步形成，同时也标志着旧中国金融的结束、新中国金融的开始。各解放区的银行都先后改组为中国人民银行的分行。

（三）以稳定物价为首要目标，积极开展金融斗争

新中国成立前夕，通货膨胀问题是中国金融的关键问题。

---

1. 代洪甫：《从红色基因到核心竞争力——党领导中国金融事业发展的经验探析》，《征信》，2021年第12期。

抗战前夕，民国发行的法币总额接近14亿元，1948年，法币总额竟飙升至660万亿元以上。货币的极速贬值导致人民的财富被掠夺与金融体系几乎崩溃，这一现状引起了我党的高度重视，并自此影响了今后数十年党中央金融政策的规划路线。在我党艰难岁月的一系列抵制通货膨胀、减轻民众疾苦的金融实践中，最为著名的当数北海银行发行北海币。1943年，薛暮桥同志根据当前缺乏金银外汇以作储备的现状以及前期"排法斗争"的经验，提出以粮食、花生、棉布、面纱等物资作为北海币备偿手段的"物资本位制"的备偿思想[1]。北海银行的尝试很快就取得了显著成效，1944年2月，山东各根据地基本实现了停用法币的任务，北海币币值得到提高，通货膨胀得到控制。到1945年10月国民党军队重新进入山东，竟发现法币在山东境内已经无法购买给养，只好向南京申请北海币支持以就地购买军需物资[2]。以北海币为代表的红色货币在市场角逐中的胜利，为我党红色新民主主义金融的全面胜利奠定了坚实基础。

红色金融的发展充满了困难和挑战，考验着老一辈金融人的智慧和创新。抗战时期，陕甘宁边区在金融实践中不断摸索，形成了一套关于中央银行货币发行、资本流动管理及汇率机制的理论，在实践中保持了币值的稳定，维护了货币信用，至今仍值得我们研究（如表3-1所示）。

---

1. 郑录军、高晓改、孙军：《北海银行"物资本位制"的创建及运行实践研究》，《华北金融》，2023年第5期。
2. 魏建：《金融渗透与国家能力：北海银行的经验》，《中国经济史研究》，2023年第2期。

表3-1 抗战时期陕甘宁边区汇率选择情况

时期	货币政策独立性	资本完全流动性	汇率稳定性
1941年2月—1943年3月	保持	保持	放弃
1943年4月—1943年12月	保持	放弃	保持
1944年1月—1944年5月	保持	保持	放弃
1944年6月—1945年8月	放弃	保持	保持

* 资料来源：刘树德：《抗战时期陕甘宁边区汇率制度选择——基于"不可能三角理论"》，《河北金融》，2023年第6期。

二、非市场化金融体系的过渡阶段（1949—1978年）

1949年，新中国成立，百废待兴，亟须恢复发展经济，迫在眉睫的事情就是组建新中国的金融体系。党中央进行了一系列的金融改革，采取有力措施，接管官僚资本金融业，治理通货膨胀，实现了货币主权的完整，有效遏制了通货膨胀等金融乱象。新设中国人民保险公司等金融机构，初步建立了以中国人民银行为核心的高度集中的非市场化金融体系。

（一）处理旧有金融机构

1949年新中国成立时，除了成立不久的中国人民银行之外，中国金融业曾有多种不同的产权制度：原国家资本、官僚资本金融机构；外国资本金融机构；原私营金融业，主体为商业银行、钱庄、信托公司等。其中，对于原国家资本、官僚资本金融机构进行了接管、清理。对原国民党政府国家资本、官僚资本金融机构的接收，在东北、华北的大部分城市开始于1949年10月新中国成立之前。1949年3月，中共中央作出了明确的规定："国民党反动政府的中央、中国、交通、农民四行和合作金库及其一切产业，经各地军事管制委员会接收后，原则上应交由中国人民银行负责接管，暂时得委托我各地军管会代管。"对于一直占据垄断规模[1]的外资金融机构的政策则较为灵活。1949年1月，中共中央颁布《关于外交工作的指示》，宣布对于一切资本主义国家在华之经济特权与企业投资均不给予正式的法律承认。1950年，朝鲜战争爆发，外交部作出《关于外资企业处理办法的初步意见》，表明针对对中国经济尚有益处的外资企业进行延缓清查没收处理，但亦要加强管控；同年12月16日美国政府公布《冻结中朝资产条例》，宣布管制中国全部在美财产，并且禁止一切在美国注册的船只开往中国的港口。作为回应，新中国政府采取了针锋相对的举措。12月28日，中央人民政府颁布《关于管制美国政府和美国企业在我国的财产和冻结美国公私存款的命令》，对中国境内全部美国公私财产予以管制。由于中央"长期斗争、迅速清理"的针对性措施，大批外国银行在新中国成立后相继撤离。1952年以后，仅有汇丰与渣打两家英国银行尚在上海开展对华业务。[2]对私营金融业先是通过个别机构的公私合营，然后是集团的公私合营，最后于1952年底实现了整个私营金融业公私合营。

（二）人民币成为唯一的法定货币

新中国金融制度的变迁，是从统一老解放区货币和清除新解放区的金圆券开始的。接管工作进行的同时，国民党政府遗

---

1. 姚遂：《中国金融史》，高等教育出版社，2007年版。
2. 姚遂：《中国金融史》，高等教育出版社，2007年版。

留的金圆券的收兑工作也在加紧推进。事实上，在解放战争的进程中1948年8月已决定对晋察冀和晋冀鲁豫两个解放区的货币按照10∶1的比例自由流通，逐渐整理，迈出了华北解放区货币统一的步子。中国人民银行成立后，开始以人民币收回各根据地银行发行的货币。到1951年4月收兑东北及内蒙古地方流通券，全部收回了各根据地银行的货币。同年11月起又限期收回新疆地区银行的银圆券。人民币成为老解放区统一的货币，是进入新解放区清除旧币的重要前提。

解放战争之初金圆券虽已崩溃，但在流通领域金银外币势力依然很大。尽管国民党撤出大陆时带走了大批金银外币，但在各地市场上，主要商品的定价多用金银外币，所以在收兑金圆券的同时，严禁金银计价流通和私相买卖[1]，要求公私团体和个人所持银圆须按规定牌价和指定地点限期兑换为人民币。对于外币，则取缔外国银行在中国本土的发行权，禁止外币在中国市场的流通与私相买卖，须按规定牌价到中国人民银行或指定机构兑换人民币或作为外币存款按规定使用；由中国人民银行和其指定机构办理一切外汇业务。通过对金圆券的清除、对金银外币的禁止流通，为最终确立中国人民银行发行的人民币的唯一合法货币地位扫清了障碍。

到1950年10月，全国已实现了财政、物资与现金的平衡。在此基础上，开始了币制改革，1950年，中国人民银行开始设计第二套人民币。1955年3月，国家发行新版人民币，保

---

1. 私相买卖：通常指的是私下进行非法或不正当的交易活动，不经过正式的渠道或公开的市场，而是在秘密或非法的条件下进行买卖。这种行为可能涉及违法或不道德交易，如非法买卖、贿赂、走私等。

证人民币本位制度的顺利建立。中央政府规定以人民币取代一切货币，人民币成为唯一的法定货币，这便利了生产和交换，完成了中国货币制度的全面统一。从统一金融秩序到新中国成立后第一套完整的人民币发行，扭转了新中国成立之初金融市场的混乱状况，理顺了财政管理体制，推动了人民币币值的稳定和国民经济的恢复及发展，为未来金融事业发展打下了坚实的基础。

（三）建立高度集中的非市场化金融体系

根据"边接管、边建行"的方针，中国人民银行在接管官僚资本银行的同时，迅速建立了各地中国人民银行的分支机构。截至1951年末，除中国台湾省与西藏地区外，全国均建立了中国人民银行的分支机构。1949年10月，中国人民保险公司成立，标志着中国保险事业掀开了新的一页。1951年8月，农业合作银行成立，后在精简机构中并入中国人民银行。1954年，中国人民建设银行成立，作为专门监督基建资金拨款的专业银行。1950年11月，政务院批准了《中国人民银行试行组织条例》，中国人民银行的主管金融地位得到确立。到国民经济恢复时期结束时，中国金融系统已基本确立了高度集中的大一统的建设方向。到1952年，一个由中国人民银行统一领导的银行管理体制已初步建立。

经过"一五"时期的强化与集中，中国人民银行成为既是发行货币的中央银行，又是经营全国金融业务的商业银行。在形成高度集中的银行体制的同时，中国人民银行实行"统存统贷"的管理办法，统一掌握全国的信贷资金，确立了高度集中的信贷计划管理体制。信贷计划由中国人民银行的分支行编制，逐级上报审批，最后由总行统一平衡全国的信贷收支指标，下达各地贯彻执行。到"一五"计划后期，基本实现了一切信用集中于国家银行，加强了中国人民银行对资金管理的集中统一，"大一统"的中国金融格局正式确立。这一阶段，在"一五"计划开始实施和"三大改造"相继进行的过程中，主要参照苏联模式逐渐构建计划经济体制，金融系统服从于计划经济体制的集中管理，简化为执行社会经济计划的一个环节和手段，金融的功能较为单一。

1969年，根据中央精简机构的指示，中国人民银行整体并入财政部，成为财政部领导的一个独立单位，央行地位与职能弱化。

三、基本金融组织的恢复与发展阶段（1978—1992年）

1978年12月，党的十一届三中全会决定全面实施改革开放，把工作重心转移到现代化建设上来，中国经济发展迈向了新纪元。在邓小平同志"要把银行真正办成银行"思想的指引下，我国开始了有计划、有步骤的金融体制改革，初步建立了以市场机制为主导的市场化金融组织体系。

（一）<u>基本金融组织的恢复与建立</u>

随着党的十一届三中全会的召开，根据国民经济发展的需要，整顿金融机构、健全金融制度的配套改革也紧接着提上日程。1977年11月28日，国务院下发了《关于整顿和加强银行工作的几项决定》。这一决定旨在确保货币发行权的集中统一，保障中国人民银行货币发行、信贷管理、工资基金管理、金银外汇管理、金库条例、会计制度等一整套基本制度的贯彻执行。同年12月，国务院作出自1978年1月1日起恢复中国人民银行总行独立建制，并将其作为部委一级单位与财政部分设的决定。1979年2月，国务院发出《关于恢复中国农业银行的通知》，中国农业银行得以第四次恢复；同年3月，国务院决定将中国银行与中国人民银行分设，直属国务院领导；同年8月，中国人民建设银行成为独立银行，从财政部分离开来；1984年，中国人民银行宣布不再承担原先包揽的工商信贷与储蓄业务，并成立中国工商银行填补其留下的业务空白。中国人民银行专门行使中央银行职能，集中力量研究和实施金融宏观政策。中国工商银行、中国农业银行、中国人民建设银行和中国银行等机构从中央银行中分离出去。中国人民银行与各专业银行拆分、合并情况如图3-1所示。1987年4月1日，重新组建后的交通银行正式对外营业，成为中国第一家全国性的股份制商业银行。1992年10月，国务院证券委员会和中国证券监督管理委员会宣告成立，迈出了中国金融业"分业经营、分业监管"的第一步，标志着中国证券市场统一监管体制开始形成[1]。金融机构基本得到恢复，中国人民银行的中央银行地位得到确立，中国金融走上了稳步发展的快车道。

---

1. 张留禄：《中国共产党领导下的百年金融史》，《金融科技时代》，2021年第8期。

第 ③ 章　→ 我国金融业发展历程

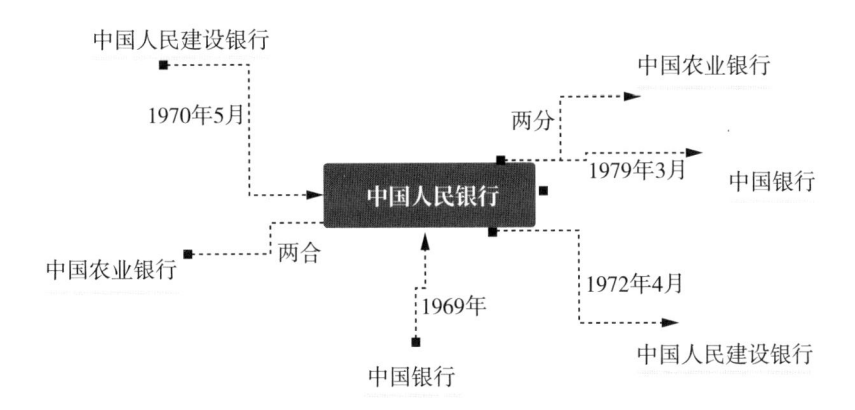

```
中国人民建设银行                        中国农业银行
            ┐                        ↑
    1970年5月│              两分 ┐
            └→  ┌─────────┐      │ 1979年3月  中国银行
                │ 中国人民银行 │←┤
    ┌─两合──→  └─────────┘      │
中国农业银行         ↑            1972年4月
                   1969年              ↓
                  中国银行          中国人民建设银行
```

* 图3-1　中国人民银行与各专业银行拆分、合并示意图

注：1970年6月11日，国务院同意财政部军管会和人民银行军代表的《关于加强基建拨款工作，改革建设银行机构的报告》，决定把建设银行并入人民银行。基建拨款由财政部门确定计划指标，其他业务由人民银行办理。1972年4月18日，国务院批转财政部《关于恢复建设银行的报告》。该报告指出，从1970年5月建设银行并入人民银行以后，放松了对基建财务和拨款的监督。为了加强对基建财务的管理和监督，国务院决定恢复中国人民建设银行总行，省、市、自治区恢复建设银行分行。

（二）市场化金融发展方向的确立

1984年10月，党的十二届三中全会通过了《中共中央关于经济体制改革的决定》，强调要改革财政体制与金融体制、重视宏观调节，并在及时掌握经济动态的基础上合理地运用信贷等经济杠杆，为我国经济与金融发展进行了初步明确的顶层设计。过去，资金的融通与拆借只能依靠国家进行有计划的组织调配，资金并不能通过利率等价格机制进行自发的流动。1985年，银行开办了可以对当年认购国库券进行再贴现的业务；同年11月，深圳率先设立了外汇调剂中心；1986年1月，国务院规定专业银行之间的资金可以相互拆借；同年，颁发《再贴现试行办法》；1987年，党的十三大首次提出了"国

081

家调节市场、市场引导企业"的社会主义商品经济体制，明确了在我国原有的计划经济体制中引入市场机制的改革方向。1987年以后，全国范围的同业拆借市场迅速诞生。在此期间，我国加快金融市场基础设施建设，于1990年12月和1991年7月相继成立上海证券交易所和深圳证券交易所，为后续证券市场的发展奠定了坚实的基础。推动资本市场的形成和发展，也标志着我国金融市场向标准化、规范化、国际化迈出了坚实的步伐。[1]

同时，深化农村金融改革。为支持农村经济的发展，1978年12月，中共十一届三中全会在《中共中央关于加快农业发展若干问题的决定（草案）》中明确提出"恢复中国农业银行，大力发展农村信贷事业"。我国开始进行以市场化为导向的农村金融改革，逐步完善农村信贷体系，为农业生产提供充足的金融支持，对提高农村居民的金融包容性、促进农业和农村经济发展具有重要意义。1986年，恢复开办邮政储蓄业务，为农民提供储蓄和汇兑业务。

（三）中国金融走向世界

党的十一届三中全会以后，中国金融与国际金融关系迈上了新的台阶，金融对外开放的工作都在有条不紊地进行。1980年4月，国际货币基金组织（IMF）正式宣布恢复中国的合法席位；同年9月，中国成为国际货币基金组织单独选区，并在国际货币基金组织理事会机构获得一位执行董事席位；1984

---

[1] 姚遂：《中国金融史》，高等教育出版社，2007年版。

年12月，中国人民银行与国际清算银行正式建立了业务合作关系；1986年2月，亚洲开发银行理事会正式接纳中国政府作为成员国，并接受中国提出的申请，同意台湾当局以"中华台北"的身份继续留在该行。除了和各级各类国际金融组织进行合作外，我国金融机构亦开始由点及面向伦敦、纽约、东京等传统国际化金融大都市登陆。我国金融机构的出海不仅为国内带来了先进的金融理念，也向其他海外发达国家进一步彰显了中国开放的态度和勇气。截至1981年末，共有31家金融机构在中国大陆设置了代表处；1990年8月，上海成为率先获准引进外资营业性金融机构的沿海开放城市，渣打、汇丰等遗留下来的外资银行得以重新在上海挂牌经营。一时间，外资银行、保险机构争先恐后地进入中国市场，或成立分公司，或成立联络处，都渴望在中国大陆这一新兴的、充满活力的市场获得经营与投资机会。[1]

四、现代化金融体系的形成阶段（1993—2012年）

1993年11月召开的党的十四届三中全会确立了建立社会主义市场经济体制的基本框架，为未来金融改革路线确立了向国际高水平金融国家看齐的发展方向。社会主义市场经济理论的确立，强调市场在资源配置中的决定性作用，金融改革是经济体制改革的重要组成部分。此后，中国金融业对标国际高水平进行了金融体系的改革与金融业的治理整顿和配套改革，不仅抵御了两

---

1. 姚遂：《中国金融史》，高等教育出版社，2007年版。

次金融危机的冲击，更使中国金融逐渐成为世界金融体系不可分割的一部分。

（一）金融体系的改革

利率作为资本市场的主要价格信号，在政府稳定经济、实现货币政策目标中发挥着极为重要的作用。20世纪70年代以来，由于固定汇率引发的经济危机浪潮席卷全球，利率市场化成为全球诸多国家的金融改革主线。1993年起，我国的利率市场化改革渐渐浮出水面。1996年6月，中国人民银行迈出了利率市场化改革的第一步，宣布放开银行间同业拆借利率，由此中国的各种利率按照"先外币后本币、先贷款后存款、先长期后短期、先大额后小额"[1]的顺序逐次放开，以货币政策调控经济的市场化手段渐渐代替了信贷管控等行政化命令的直接调控，市场的作用得以充分发挥。1994年，人民币汇率进行调整和改革，实行浮动汇率制度。2005年开始实施人民币汇率改革，逐步推动人民币汇率市场化，这一改革有助于提高人民币的国际地位，推动国际贸易和投资的多元化。同时，我国金融业监管体制也逐渐向科学的分业金融监管体系靠拢。1992年10月，中国人民银行剥离其原有的监督管理证券业务职能，中国证监会成立；1998年，中国保监会成立，填补针对保险公司的监管缺口；2003年，中国银监会成立，负责对银行等金融机构进行针对性监管。"一行三会"的金融监管体系正式形成，中国的金融监管逐渐走向专业化，在防范金融风

---

1. 王国刚、罗煜：《中国共产党百年历程中的金融发展》，《学术研究》，2022年第1期。

险等方面发挥了重要作用。

(二) **多元化金融机构的发展**

早在1978年改革开放初期，党中央就开始关注到我国国内多种经济成分各不相同的发展要求，并由此确立了多元化金融机构的发展方向。1995年5月，全国人大常委会通过《商业银行法》，国有专业银行加快了向国有股份制商业银行转型的步伐；1994年，国家开发银行、中国进出口银行、中国农业发展银行三家政策性银行相继成立；1998年3月，南方基金与国泰基金分别设立了规模为20亿元的两只封闭式基金，拉开了中国证券投资基金的序幕；1998年8月，财政部发行特别国债以充实四大国有商业银行的资本金。经国务院批准，1999年，信达、东方、长城、华融四家金融资产管理公司相继成立，对口集中管理和处置从建行、中行、农行和工行四大国有商业银行剥离的不良资产。2003年12月，国有独资商业银行改革试点正式启动，中国银行、中国建设银行分别于2004年8、9月改组为股份有限公司。2006年末，我国已有基金管理公司58家、保险机构126家、信托公司54家，9家外资银行获批在中国境内改制筹建为法人银行，有境外合格投资者68家。直接融资占我国融资总额的比重不断提高，形成了以我国具有竞争力的金融机构为主，中外金融机构共同发展的多元化金融体系，提高了我国在国际金融市场的竞争能力。

农村金融方面，1996年，根据国务院《关于农村金融体制改革的决定》，农村信用社与中国农业银行全面脱离行政隶属关系，由中国人民银行托管。2007年，中国邮政储蓄银行成立，定位为服务社区、中小企业和"三农"的国有大型零售商业银行，拥有4万个营业网点。新型农村合作金融不断涌现。

（三）金融业的配套建设

除了金融系统本身的改革与创新，与金融相关的领域（如征信系统以及相关法律）的改革也在紧锣密鼓地进行着。1997年12月，党的十五大对立法工作提出了新的目标，要在2010年建成具有中国特色的社会主义法律体系；同年，"银行信贷登记咨询系统"开始筹建。2001年，根据WTO（世界贸易组织）的规定与中国作出的承诺，我国先后颁布金融相关规范性文件400余件，颁布或修订金融法律5部、金融法规8部。2004年，个人信用信息数据库实现在部分商业银行的部分城市试运行；2005年，中国人民银行在原有系统的基础上开启全国统一企业信息基础数据库建设。同年5月，保监会发文宣布中诚信、大公、联合、新世纪、远东资信为保监会认可的信用评级机构。截至2006年，相关数据库已经采集了全国三分之一以上人口的基本信息，约占全国个人信贷余额的97.5%。法律体系、征信体系与信用评级体系的完善，为实现紧随其后的全面开放打下了良好基础。

五、党的十八大以来全面深化金融体制改革阶段（2012年至今）

党的十八大以来，我国经济已由高速增长阶段转向高质量发展阶段，金融体制改革创新不断深化，市场不断完善、监管更加科学、组织更加健全、抗风险水平明显提高,持续推进金融供给侧结构性改革,发挥市场在金融资源配置中的决定性作用,金融体系不断完善。金融体系总体平稳运行为防范重大风险以及应对中美贸易摩擦、新冠疫情等重大风险事件方面提供了有力支撑。2023年10月中央金融工作会议首次提出建设"金融强国"的战略,标志着我国金融事业进入了构造中国特色金融体系的全面创新阶段。

(一)贯彻新发展理念,金融发展方向科学合理

党的十九大强调金融服务实体经济发展的根本,遵循创新、协调、绿色、开放、共享的新发展理念,重视对金融科技的开发与运用,积极发展绿色金融与普惠金融。2017年第五次全国金融工作会议之后,成立国务院金融稳定发展委员会,要求金融逐步回归本源,服务经济社会发展,把为实体经济服务作为出发点和落脚点,强调金融对实体经济的支撑与推动作用。要全面提升服务效率和水平,把更多金融资源配置到经济社会发展的重点领域和薄弱环节,更好满足人民群众和实体经济多样化的金融需求。2016年8月,七部委联合发布《关于构建绿色金融的指导意见》,强调要积极对环保、清洁能源、绿色交通等项目进行投融资支持。绿色信托、绿色保险等新业态如雨后春笋般涌现,为推动我国经济向可持续的绿色增长模式转变发挥重大作用。同时,加强监管。2019年,银保监会发文对地方资产管理公司(AMC)服务实体经济提出更高要求;2022年,监管机构鼓励通过拓宽资产管理公司业务、融资渠道以充分发挥金融的造血功能,更好地服务实体经济。

（二）数字金融蓬勃发展

随着移动支付的兴起，传统金融体系发生了重大变革，旧有的支付渠道、支付方式正在被微信、支付宝等新兴移动支付方式替代。2013年6月，互联网支付工具余额宝上市，这一年也被形象地称为"中国互联网金融元年"。伴随着互联网公司进入金融支付领域，互联网小贷等新兴的金融模式也发展起来，数字金融开始在中国金融系统的各个领域兴起。2015年1月，银监会明确了由新成立的普惠金融部来执行P2P（点对点网络借贷）行业监管工作，并对内部结构进行了调整与改组。2015年7月，中国人民银行等十部门发布《关于促进互联网金融健康发展的指导意见》，意味着"互联网金融监管元年"的到来。2016年，随着《G20数字普惠金融高级原则》在杭州G20峰会上通过，我国开始大力发展数字普惠金融。2019年，由毕马威等公司评出的金融科技100强公司中，排名前12位的公司三分之一来自中国。充满活力的数字金融为我国金融发展注入了强劲动力，已经成为我国金融行业至关重要的组成部分。

（三）政策调控手段与国际接轨

随着利率市场化改革的几近完成，中国的货币政策工具正由原来的数量型向发达国家采用的价格型靠拢。自2013年开始，中国人民银行在结构性货币政策工具方面不断创新，先后创设了短期流动性调节工具（SLO）、常备借贷便利（SLF）等多项货币政策工具；2014年5月，央行行长表示：将尝试在未来短期利率的调控方式中采取利率走廊模式；2015年10月24日，我国正式放开了存款利率上限，标志着我国针对主要利率的管制已经完全解除；2019年8月，中国人民银行发布改革完善贷款市场报价利率（Loan Prime Rate，LPR）形成机制公告，推动贷款利率市场化。此外，中国人民银行亦充分吸取国外先进经验，将前瞻性的货币政策引导纳入常态化的货币政策工具，不断加强与市场的沟通，引导市场预期，逐渐形成一条数量型与价格型相互结合的具有中国特色的货币政策应用之路。这些政策理念上的创新为金融市场健康发展，促进资本流动与货币政策传导提供了良好的金融环境。

| 知识链接 |

利率走廊

利率走廊（Interest Rate Corridors）是指央行通过向金融机构提供贷款便利工具和存款便利工具作为利率调控的上下区间，从而将短期货币市场利率稳定在政策目标利率附近。通俗地讲，就是把货币市场利率"框"在一定区间。利率走廊系统主要包括利率走廊上限、利率走廊下限、走廊宽度和目标利率四个要素。

2013年初，我国央行创设了常备借贷便利（SLF），事实上为随后利率走廊体系的构建做了准备。2014年5月，央行负责人在清华大学五道口全球金融论坛表示："在我国货币政策框架从数量型向价格型转变过程中，未来短期利率的调控方式将采用利率走廊模式。"2015年2月11日，中国人民银行决定在全国推广分支机构常备借款便利，并在2015年第一季度《中国货币政策执行报告》首次正式提出利率走廊，指出，"探索常备借贷便利利率发挥货币市场利率走廊上限的功能"，并于当年11月下调SLF利率，SLF利率正式作为利率走廊上限。

  2024年6月19日，中国人民银行行长在陆家嘴论坛上表示，目前，我国的利率走廊已初步形成，上廊是常备借贷便利（SLF）利率，下廊是超额存款准备金率，总体上宽度是比较大的，有利于充分发挥市场定价的作用，保持足够的弹性和灵活性。

六、金融大国的基础与金融强国面临的挑战

  改革开放以来，我国金融发展取得了非凡成就，基本建成与社会主义市场经济相适应的现代金融组织体系、金融市场体系、金融调控和监管体系，为金融发展改革提供了宝贵的经验。尤其是党的十八大以来，我国不断完善金融市场体系，扩大金融业对外开放，加快多层次资本市场体系建设。不断加强金融监管改革，落实深化金融科技的创新应用。随着利率市场化改革稳步推进和汇率形成机制改革的成功实施，我国金融市场国际化水平不断提升。金融业的不断发展壮大对优化资源配置、支持实体经济发展与维护社会稳定发挥了重要作用，从主要规模指标来看，我国已建成金融大国，为建设金融强国奠定了基础。

  （一）中国已经成为金融大国
1.形成功能完整多样的金融机构体系
资金融通是金融的基础功能，资源配置是金融体系的核

心功能，而金融机构是实现资金融通和资源配置功能的核心中介。我国金融业从起初行使单一的存贷款功能，发展为覆盖银行、证券、保险、基金、期货等多种类金融机构，直接融资和间接融资相结合的适应市场经济要求的现代化金融市场体系，有效促进了经济增长和扩大就业。各种不同性质的银行机构遍布全国，承担着吸收存款、发放贷款的职能，保险机构从小到大，证券机构从无到有呈现出快速发展势头，初步形成了银行、证券、保险等功能比较齐全的金融机构体系。截至2023年末，我国银行业金融机构达到4490家，其中政策性银行2家、开发性银行1家、国有大型商业银行6家、全国性股份制商业银行12家、城市商业银行124家、农村商业银行1606家、信托公司66家，此外还包括农村合作银行、农村信用社、村镇银行、民营银行、金融租赁公司、企业集团财务公司、汽车金融公司、消费金融公司等。除银行业金融机构外，截至2023年末，我国共有证券公司145家、公募基金公司157家、期货公司230家、保险公司238家。

2.金融市场资产规模位居前列

截至2023年末，我国银行业总资产规模位居全球第一，上市公司市值、债券市场规模、保险市场规模位居全球第二，外汇储备规模稳居世界第一。我国金融业总资产规模为461.09万亿元，其中银行业资产规模为417.29万亿元，证券业、保险业资产规模分别为13.84万亿元、29.96万亿元。在融资结构方面，截至2023年末，我国社会融资规模存量为378.09万亿元。其中，对实体经济发放的人民币贷款余额为235.48万亿元；对实体经济发放的外币贷款折合人民币余额为1.66万亿元；委托贷款余额为11.27万亿元；信托贷款余额为3.9万亿元；未贴现的银行承兑汇票余额为2.49万亿元；企业债券余额为31.11万亿元；政府债券余额为69.79万亿元；非金融企业境内股票余额为11.43万亿元。股票市场方面，我国共有上市公司5346家，其中上交所、深交所共5107家，北交所239家，总市值超过77万亿元。债券市场方面，2023年末我国债券市场托管余额157.9万亿元，其中银行间债券市场托管余额为137万亿元，交易所市场托管余额为20.9万亿元。保险市场方面，2023年末我国保险行业资产总额达到29.96万亿元，2023年全年实现保费收入5.12万亿元。外汇市场方面，我国外汇储备余额长期保持在3万亿美元水平，多年位居全球第一。目前我国拥有全球最大的银行体系，第二大保险、股票和债券市场，普惠金融走在世界前列，我国金融体系为经济社会长期稳定健康发展提供了充足保障。

3. 金融国际化水平不断提升

2016年10月1日，人民币正式加入国际货币基金组织特别提款权（SDR）货币篮子。特别提款权（SDR）是国际货币基金组织创设的补充性储备资产，与黄金、外汇等其他储备资产一起构成国际储备。人民币的加入，表示其储备货币地位获得正式认定。2018年6月，A股被正式纳入MSCI新兴市场指数。2019年4月，中国债券市场纳入彭博巴克莱全球综合指数，沪港通、深港通、沪伦通、债券通相继推出，资本市场双向开放稳步推进。2023年，人民币国际化取得新进展：进一步便利和推动跨境贸易投资人民币使用，优化人民币国际使用和货币合作网络，推进本外币一体化资金池试点，人民币跨境收付、贸易融资、外汇交易等功能增强。环球银行金融电信协会（SWIFT）发布的报告显示，2023年11月，人民币在全球支付的占比上升至4.61%，超越日元，成为全球第四大支付货币。

| 知识链接 |

关于沪港通、深港通、沪伦通与债券通

沪港通是指上海证券交易所和香港联合交易所允许两地投资者通过当地证券公司（或经纪商）买卖规定范围内的对方交易所上市的股票，是沪港股票市场交易互联互通机制。沪港通由中国证监会在2014年4月10日正式批复开展互联互通机制试点，股票交易于2014年11月17日开始。

沪港通包括沪股通和港股通两部分：沪股通，是指投资者委托香港经纪商，经由香港联合交易所设立的证券交易服务公司，向上海证券交易所进行申报（买卖盘传递），买卖规定范围内的上海证券交易所上市的股票。港股通，是指投资者委托内地证券公司，经由上海证券交易所设立的证券交易服务公司，向香港联合交易所进行申报（买卖盘传递），买卖规定范围内的香港联合交易所上市的股票。沪港通是中国资本市场对外开放的重要内容，有利于加强两地资本市场联系，推动资本市场双向开放。

深港通，是深港股票市场交易互联互通机制的简称，指深圳证券交易所和香港联合交易所有限公司建立技术连接，使内地和香港投资者可以通过当地证券公司或经纪商买卖规定范围内的对方交易所上市的股票。

2016年12月5日，深港通正式启动。在沪港通试点成功基础上推出深港通，标志着中国资本市场在法治化、市场化和国际化方向上又迈出了坚实一步，具有多方面的积极意义。

沪伦通是指上海证券交易所与伦敦证券交易所互联互通的机制。符合条件的两地上市公司，可以发行存托凭证并在对方市场上市交易。存托凭证是指由存托人签发、以境外证券为基础在中国境内发行、代表境外基础证券权益的证券。2019年6月17日，沪伦通正式启动。启动仪式在伦敦举行，上交所上市公司华泰证券股份有限公司发行的沪伦通下首只全球存托凭证产品在伦交所挂牌交易。

债券通，是内地与香港债券市场互联互通的创新合作机制，包括"北向通"和"南向通"。2017年7月3日，"北向通"开通，境内外投资者通过"北向通"可实现在香港买卖内地债券。2021年9月24日，"南向通"上线。

"北向通"，即境外投资者通过内地与香港债券市场基础设施的互联互通，投资于内地银行间债券市场的机制安排。"北向通"境外投资者的投资标的债券为可在银行间债券市场交易流通的所有券种，投资方式既可以通过参与银行间债券市场发行认购方式，也可以通过二级市场买卖方式。"南向通"则反之。

债券通计划的交易和结算通过香港金管局的债务工具中央结算系统进行。近年来内地金融改革不断推进，债券市场作为多层次市场化配置金融资源的平台的重要性凸显。作为中国债券市场对外开放的重要举措之一，

"债券通"的推出可促进资本流入、提升货币职能和改善信用环境。

4.金融创新调控成效显著

金融宏观调控从我国实际出发，针对不同时期经济和金融形势特点，运用不同货币政策工具的组合，灵活调节货币供应量，保持币值稳定。2013年7月20日，央行率先对贷款利率定价进行市场化转型，全面放开对金融机构贷款利率0.7倍的下限管制。同年10月，央行引入贷款市场报价利率（LPR），就是为了能够通过政策利率直接影响LPR，进而传导至贷款利率，缩短传导路径，提高传导效率。2019年8月，中国人民银行推进LPR改革，报价行在MLF利率的基础上，综合考虑资金成本、风险溢价等因素报出LPR，充分反映市场供求状况。LPR改革与MLF降息紧密联动，进一步优化了市场的利率传导机制。中国人民银行多频次地通过政策利率引导信贷市场的利率下行，畅通市场价格传导机制，同时也打破商业银行贷款利率的隐性下限。由于给客户LPR加、减点的幅度更加市场化，在更加充分的市场竞争中，为国内企业降低了贷款融资成本，支持了实体经济发展。

| 知识链接 |

贷款市场报价利率（Loan Prime Rate，LPR）

由具有代表性的报价行，根据本行最优质客户执行的贷款利率，以公开市场加点操作形成的方式报价，由中国人民银行授权全国银行间同业拆借中心计算并发布的基础性的贷款参考利率。现行的LPR包括一年期（最新3.1%）和五年期以上（最新3.6%）两个品种。[1]

（二）建设金融强国面临的挑战

回顾我国金融改革发展历程，特别是改革开放和党的十八大以来，我们党带领人民攻坚克难，持续推动金融业向高质量发展迈进，金融在支持社会主义经济建设中发挥了支撑作用，为全面建成小康社会和实现第一个百年奋斗目标贡献了巨大力量。在取得上述重要成就的同时，中央金融工作会议指出，我们必须清醒地意识到金融领域存在着各种矛盾和问题，这些矛盾和问题相互交织、相互影响，其中一些问题十分突出。经济金融领域仍然存在很多隐患，在建设金融强国过程中还存在一些挑战。

1.金融服务实体经济的质效有待提升

社会融资规模常年高于名义GDP增速，从一定程度上说明金融供给量处于相对充裕的状态。一边是货币市场资金较为充裕，另一边是企业渴求资金而难得，钱多和钱荒并存，这说明金融有脱离实体经济"空转"的风险，充分显示出在经济转型期，受科技创新驱动，传统金融对新经济新业态的服务能力不足，金融服务实体经济的效率不高，未能充分满足实体经济多层次、多领域的融资需求，中小微企业等实体经济主体融资难、融资贵的问题尚未从根本上得到解决。同时，我国金融机

---

[1] 2024年10月21日，央行发布公告称，贷款市场报价利率（LPR）1年期调整为3.1%，5年期以上调整为3.6%，均较此前下降0.25个百分点。至此，LPR在2024年内历经三次调整。

构"同质化"现象比较突出,金融产品和服务模式的差异化不足,为提升金融服务实体经济的质量和效果,需要进一步完善金融服务体系,加强金融与实体经济的深度融合,提高金融服务的适应性和灵活性,以适应不断变化的经济发展需求,充分发挥金融对实体经济和创新发展的支持作用,更好地支持实体经济的发展。

2.金融市场结构发展不平衡

以银行信贷为主的间接融资占主导地位,直接融资特别是股权融资发展不足;债券市场上企业债和公司债的占比偏低,影响了实体经济融资的可得性。从金融结构上看,资本市场发展需要补短板,上市公司质量亟须提高,多层次资本市场体制机制有待进一步健全。从整体金融市场视角看,资本市场占比低,实体经济发展过度依赖银行融资,造成我国金融体系弹性不足,当经济遇到外部影响时往往要求银行扩大信贷投放,支持实体经济。而由高资本形成率和大规模投资驱动的增长,也会间接造成企业杠杆率高企、监管套利、新兴金融无序创新等金融市场乱象,需要进一步提升资本市场活跃度、透明度、公平性与规范性,畅通融资渠道,建立健全多层次资本市场,提升市场监管效率和水平,保护投资者权益,促进资本市场支持企业融资,促进转型与创新驱动发展。

3.金融科技创新带来的挑战

随着世界百年未有之大变局加速演进,全球经济增长态势疲软,各国都在寻找经济增长和社会发展的新动能,将科技创新视为重要的突破口,科技竞争成为各国竞争的关键点,科技领域呈现出国际合作与国际竞争交织并存的复杂态势,我国面临着十分严峻的国际科技发展竞争环境。金融发展与科技创新相辅相成，资本市场融资的便利性对科技创新、产业升级起到至关重要的支撑作用，科技企业的发展又为盘活市场资金注入了发展活力。科技发展的限制也会制约金融市场的演变，当前我国面临的外部国际竞争压力也是建设金融强国面临的重大挑战之一。此外，随着区块链、人工智能、大数据等技术的应用，一方面为金融业提供了更高效便捷的服务，同时也带来了信息安全、隐私保护等挑战。传统金融机构要迅速适应这种变化，加大科技投入，加强技术开发和应用，提升数字化转型能力。同时确保数据安全和合规性，以应对金融科技企业的竞争。

4.金融监管和治理能力亟须提升

当前，国内外经济金融环境发生深刻变化，不确定性因素明显增多，各类"黑天鹅""灰犀牛"事件频发，如贸易摩擦与地缘政治的紧张局势带来的全球经济不确定性，以及由此引发一系列市场波动、导致资本流动不稳定等问题，也会致使全球金融市场特别是股票市场与债券市场等剧烈震荡，这对金融机构的风险管理和投资决策等提出了更高的要求。同时，现代科技的广泛应用使金融业态、风险形态、传导路径和安全边界发生了变化。金融风险的诱因和形态日趋复杂，数据安全、反垄断和金融基础设施稳健运行成为市场新的关注点。亟须提升监管规则与制度体系的灵活性和前瞻性，以应对复杂而不断演变的金融风险。在治理方面，需要加强金融机构内部管理与风险控制，确保金融机构运营合规合法。要加强金融生态、法治环境和信用体系建设，不断完善相关法规，强化监管机构专业化水平，采用先进技术手段提升监管效能，确保金融领域的稳定与可持续发展。

　　建设金融强国是一个系统工程，更是一项长期而艰巨的任务，需要战略引领、系统谋划，需要我们付出几代人的长期努力，我们应该提高自身的政治站位，心怀国之大者，增强使命担当，积极作为，以金融高质量发展助推强国建设、民族复兴伟业。

第 4 章

金融高质量发展助推金融强国建设

推进金融高质量发展、加快建设金融强国，要锚定实现第二个百年奋斗目标，坚定不移走中国特色金融发展之路，分阶段持续推进。

——习近平总书记在中央金融工作会议上的重要讲话（2023年10月30日）

第 ④ 章　→ 金融高质量发展助推金融强国建设

高质量发展是全面建设社会主义现代化国家的首要任务。中央金融工作会议指出，加快建设金融强国要以金融高质量发展为主题，以深化金融供给侧结构性改革为主线。金融高质量发展是建设金融强国的基础，金融供给侧结构性改革是经济高质量发展的重要保障。营造良好的货币金融环境是金融高质量发展的着力点，也是金融宏观调控体系稳健运行的关键。优化金融供给结构，做好"五篇大文章"是金融高质量发展的重点领域与努力方向。深化金融供给侧结构性改革事关中国式现代化经济体系建设大局，是构建现代金融体系促进金融高质量发展的主线，将贯穿金融强国建设的全过程。

一、深化金融供给侧结构性改革是推动金融高质量发展的主线

金融制度是经济社会发展中的重要制度，提高制度效率是金融供给侧结构性改革的一个重要目的。通过金融制度改革，既要提高金融与经济发展的适应度，也要增加金融和经济发展的适配性。深化金融供给侧结构性改革不仅是金融服务实体经济根本宗旨的体现，同时也是坚定不移走中国特色金融发展之路，推动我国金融高质量发展的工作主线。

（一）金融供给侧结构性改革的内涵、目标任务与核心要求
1.供给侧结构性改革与金融供给侧结构性改革
何谓供给侧结构性改革？准确把握供给侧结构性改革的深刻内涵，首先需要理解"供给侧""结构性"和"改革"三个关

键词。供给和需求是经济活动中的两个基本面，供给和需求的动态平衡是高质量发展的基本要求。投资、消费、出口——拉动经济增长的"三驾马车"构成经济的"需求侧"。"供给侧"则指生产要素的供给和有效利用，主要有劳动力、土地、资本、创新等要素，这里强调"供给侧"是指经济运行的主要矛盾体现在供给方面；"结构性"指供给侧的矛盾主要是"结构性"的而非"总量"的；"改革"则意味着解决供给侧结构性矛盾的途径是深化改革。

"供给侧结构性改革"的命题最早是2015年11月习近平总书记在中央财经领导小组第十一次会议上首次提出的，指出在适度扩大总需求的同时，着力加强供给侧结构性改革，着力提高供给体系质量和效率，增强经济持续增长动力。习近平总书记强调："供给侧结构性改革，重点是解放和发展社会生产力，用改革的办法推进结构调整，减少无效和低效供给，扩大有效和中高端供给，增强供给结构对需求变化的适应性和灵活性，提高全要素生产率。"供给侧结构性改革的根本目的是解放和发展生产力，推动我国社会生产力水平整体跃升。

供给侧结构性改革中"去产能、去库存、去杠杆、降成本和补短板"（"三去一降一补"）都离不开金融业的支持。随着改革发展，金融供给侧的结构性问题日益成为制约我国金融高质量发展的主要矛盾。如金融供给结构不平衡，金融对中小民营企业、战略新兴行业等支持力度相对较弱；我国金融业中银行业规模占比较大；金融供给方式不平衡，社会融资体系依然以间接融资为主，难以满足经济结构的转型升级和创新驱动发展战略实施的需要；股权融资占比较低，导致金融市场的激励约束机制不健全、风险分担能力不强以及创新动力不足等一系列问题。这些问题反映出金融供给侧仍是发展不平衡、不充分的。鉴于金融体系的核心地位和对经济发展的重要影响，唯有同步落实金融体系自身的供给侧改革，推动金融体系由外延式发展转向集约式发展，为经济社会提供有效金融服务，才能使金融发展统一到供给侧改革主线上来，才能有效支持和服务经济高质量发展。

2019年2月22日，中共中央政治局第十三次集体学习首次提出要加快金融供给侧结构性改革。习近平总书记指出，深化金融供给侧结构性改革，要以金融体系结构调整优化为重点，优化融资结构和金融机构体系、市场体系、产品体系，为实体经济发展提供更高质量、更有效率的金融服务。2019年12月中央经济工作会议明确指出，"要深化金融供给侧结构性改革，疏通货币政策传导机制，增加制造业中长期融资，更好缓解民营和中小微企业融资难融资贵问题"。

供给侧结构性改革着眼于提升劳动力、土地和资本等生产要素的配置效率，着眼于科技创新及其产业化，着眼于体制机制改革，目的是提高经济发展的质量和效益。而金融供给侧结构性改革的目标，就是通过金融结构的调整、金融产品和金融服务的创新，以提高劳动力、土地和资本配置效率，推动技术进步与体制机制创新。

2.金融供给侧结构性改革的本质和目标任务

金融供给侧结构性改革的本质也是对金融体系的改革，主要包括构建和经济发展相匹配与相适应的融资结构体系、金融机构体系、金融市场体系、资本市场体系及金融产品体系，以及加强金融创新功能、完善金融宏观调控、继续扩大金融开放、完善金融治理体系。深化金融供给侧结构性改革还包括促进金融市场发展，优化融资结构体系，改善金融服务效率，推动货币、外汇市场发展，完善金融基础设施。增加和完善上述方面的金融供给成为供给侧改革的关键环节。

深化金融供给侧结构性改革的主要任务，即通过调整优化金融体系结构，构建全方位、多层次的金融支持服务体系，提升金融配置资源的效率，为实体经济发展提供更高质量、更有效率的金融服务，实现金融与实体经济良性互动循环，同时守住不发生系统性风险底线。金融供给侧结构性改革的目标是稳增长、调结构和服务实体经济。

3.金融供给侧结构性改革的核心要求

金融供给侧结构性改革的核心要求是强化金融服务实体经济的本质和以人民为中心这一根本，通过改革、合理调整和优化金融供给体系和供给方式，提高金融服务实体经济的质效，增强金融供给机构对需求变化的灵活性和适应性，提高金融服务的安全性，更好地满足人民群众日益增长的物质文化需要。

（二）深化金融供给侧结构性改革的基本导向

深化金融供给侧结构性改革是解决当前我国金融领域突出问题，推动我国金融业转型升级的突破口和重要路径，更是加快建设金融强国，推动经济高质量发展的重要保障。面对当前国内国际的复杂环境，以及我国经济金融形势，要以深化金融供给侧结构性改革为主线构建现代金融体系，全面加强监管，服务实体经济高质量发展。

1.深化金融供给侧结构性改革要始终围绕服务实体经济推进

2016年12月14日,在中央经济工作会议上,习近平总书记指出:"振兴实体经济是供给侧结构性改革的主要任务,供给侧结构性改革要向振兴实体经济发力、聚力。不论经济发展到什么时候,实体经济都是我国经济发展、我们在国际经济竞争中赢得主动的根基。我国经济是靠实体经济起家的,也要靠实体经济走向未来。"金融是经济的一部分,离开经济就没有金融。同时金融业又是经济运行的资金循环体系,两者是一个有机整体。中国特色社会主义制度下的金融业发展,在遵循市场基本规律以及金融发展规律前提下,以服务实体经济为根本宗旨和使命。金融业发展要承担相应的社会责任,促进金融自身发展和经济发展形成良性互动。金融业要回归本源、立足主业,深化落实国家宏观调控政策,提供多样化的金融产品和服务,以解决实体企业融资难、融资贵为责,通过高质量的金融服务加快建设金融强国,促进经济高质量发展。金融供给侧结构性改革是供给侧结构性改革的一部分,是围绕实体经济发展需要展开的,这是金融供给侧结构性改革的根本着力点。

2.必须以深化金融供给侧结构性改革为主线构建现代金融体系

习近平总书记指出,深化金融供给侧结构性改革,要以金融体系结构调整优化为重点。40多年来,我国的金融体系在改革中不断完善。金融供给侧结构性改革是金融支持经济高质量发展实施路径的主线,对构建现代金融体系的资金供给和资金运转方面有着举足轻重的影响。通过金融供给侧结构性改革,一方面，可以加速金融体系资金供给渠道的多元化；另一方面，以货币政策宏观调控为媒介，为各种融资渠道的资金供给提供相适应的货币政策传导机制，提升现代金融体系的资金运行效率。具体地说，一是构建稳健的金融调控体系，为实体经济稳定增长营造良好的货币金融环境，优化资金供给结构，提高资金使用效率，加大对重大战略、重点领域和薄弱环节的优质金融服务力度，做好科技金融、绿色金融、普惠金融、养老金融、数字金融"五篇大文章"。二是完善和优化金融市场体系、金融机构体系、金融产品和服务体系与金融基础设施体系，疏通资金进入实体经济渠道，有效降低金融交易成本，有效提升资金融通效率，实现现代金融体系整体的良性循环，为实现金融高质量发展，加快建设金融强国奠定坚实的基础。

3. 全面加强金融监管，有效防范化解金融风险

金融供给侧结构性改革是防范系统性风险的重要手段。要依法将所有金融活动全部纳入监管，消除监管空白和盲区，严格执法、敢于亮剑，严厉打击各种非法金融活动。同时，要针对重点领域风险建立长效的风险防范化解机制，积极关注地方政府债务风险，夯实地方政府主体责任，健全房地产企业主体监管制度和资金监管，完善房地产金融宏观审慎管理。大力维护金融市场稳健运行，规范金融市场发行和交易行为，合理引导预期，防范风险跨区域、跨市场、跨境传递共振。

（三）深化金融供给侧结构性改革需要处理好几方面关系

深化金融供给侧结构性改革，需要处理好以下几方面关系，以优化融资结构、扩大对外开放，平衡好市场引导和政策指引

关系，提高金融服务实体经济的能力和质效。

一是协调好直接融资与间接融资之间的比例关系。直接融资与间接融资的比例关系反映了一国金融市场结构。长期以间接融资为主导的融资结构，一定程度上是由我国的国情决定的，这造成对小微企业和创新经济支持力度不够。与间接融资相比，直接融资具有风险共担、利益共享的市场化机制，资金来源和风险相对分散，服务实体经济尤其是创新创业和小微企业的能力更强。因此，积极推动资本市场改革，激发资本市场活力，多措并举增加资本市场长期稳定资金来源，不断提高直接融资比例。拓宽企业多元化融资渠道，提高金融资源配置效率。

二是处理好政策指引与市场需求导向之间的平衡关系、市场需求导向与承担社会责任的关系。优化金融资源配置，既要遵循市场规律，发挥市场在资源配置中的决定性作用，引导金融机构从长远利益出发，针对民营、小微、科创企业等金融服务的薄弱环节，积极探索可持续的商业模式。同时要做好政策激励，发挥好货币政策工具总量和结构双重功能，营造良好的货币金融环境，引导资金流向，指引金融机构承担应有的社会责任，在普惠金融、绿色金融、社会民生等重点领域创造社会价值，努力实现经济效益与社会效益的双赢。

三是处理好同业竞争与差异化发展的关系。当前，金融机构出现同质化经营的现象，一定程度上体现了市场化的竞争。但要积极营造健康有序的市场竞争环境，鼓励金融机构通过竞争优化服务、降低成本。要实现金融机构多维布局，分工协作；建立健全中小型银行监管机制，从而改善小微企业融资的供求错配问题。

四是处理好坚持鼓励创新与加强适度监管之间的关系。鼓励引导金融机构优化体制机制，充分利用大数据、云计算、人工智能等金融科技创新产品与服务，满足多元化融资需求。科学设置金融监管指标，强化激励考核机制，加强监管技术手段创新，细化尽职免责和容错纠错机制，破解提升金融供给质量的瓶颈。

五是处理好坚持扩大对外开放与防范风险的关系。金融供给侧结构性改革是深化金融改革开放的指南。我国的金融开放战略主要是为了提高我国金融业的竞争能力，扩大金融业高水平双向开放；提高开放条件下金融管理能力和防控风险能力，以及提高参与国际金融治理体系建设的能力。在积极稳妥扩大开放的同时要加强制度建设，做好"管住人、看住钱、扎牢制度防火墙"，积极防范系统性金融风险。

二、营造良好的货币金融环境

中央金融工作会议将"营造良好的货币金融环境"作为建设金融强国，为经济社会提供高质量服务的首个着力点。货币是金融的血脉，我国货币政策是国家制度和国家治理能力体系的重要组成部分，关乎广大人民的切身利益。良好的货币金融环境是金融高质量发展的内在要求和基本保障，也是金融供给侧结构性改革的主要内容和重要支撑。"千招万招，管不住货币都是无用之招。"认识货币、了解货币，才能管好货币。

（一）货币政策的基本内容

良好的货币金融环境包括优化的货币政策目标、创新的货币政策工具和畅通的货币政策传导机制。

1. 货币政策的概念和要素

货币政策即金融政策，是指一国中央银行为实现特定的经济目标而采用的各种政策和措施的总称，以控制和调节货币基础供应量。其实质是国家根据不同时期的经济发展情况，对于货币供应量采取"紧""松"，或"适度"的投放趋向，通过运用各种货币政策工具调控货币供应量来调节市场利率，进而影响货币市场的融资需求，最终实现对经济宏观的调控。货币政策目标和货币政策工具是构成货币政策的基本要素。

2. 我国的货币政策工具

货币政策工具是央行为达到货币政策目标而采取的手段。在我国，由中国人民银行制定和执行货币政策。根据《中国人民银行法》第三条规定，我国货币政策目标为"保持货币币值的稳定，并以此促进经济增长"。央行通过货币政策工具的运用，影响商业银行等金融机构的活动，进而影响货币供应量，最终影响宏观经济指标。我国现行的货币政策工具包含以下种类：公开市场操作、存款准备金率、中央银行贷款、利率政策、常备借贷便利（Standing Lending Facility，SLF）、中期借贷便利（Medium-term Lending Facility，MLF）以及一些结构性货币政策工具（如表4-1所示）。当前我国常见的货币政策工具包括常备借贷便利、抵押补充贷款（Pledged Supplemental Lending，PSL）、中期借贷便利和公开市场操作（正逆回购）等。

3. 货币政策的调节对象

货币政策的调节对象是货币供应量和供应价格，我国现

表 4-1 我国货币政策工具

公开市场操作	正逆回购	（1）正回购为中国人民银行向一级交易商卖出有价证券，并约定在未来特定日期买回有价证券的交易行为。正回购到期则为中国人民银行从一级交易商买回有价证券，并约定在未来特定日期卖给一级交易商的交易行为。 （2）逆回购为中国人民银行向一级交易商购买有价证券，并约定在未来特定日期将有价证券卖给一级交易商的交易行为，逆回购到期则为中国人民银行到期将有价证券卖给一级交易商的操作。
	短期流动性调节工具	公开市场短期流动性调节工具作为公开市场常规操作的必要补充，在银行体系流动性出现临时性波动时相机使用。其以7天期以内短期回购为主，遵循市场化原则，采用市场化利率招标方式开展操作。2013年1月到2016年1月，央行阶段性使用过该工具。
	中央银行票据	中央银行票据即中国人民银行发行的短期债券，央行通过发行央行票据可以回笼基础货币。近年未央行并没有在国内地市未发行央票，有时会在香港市场发行。
	央行票据互换	公开市场业务一级交易商将持有的合格银行发行的永续债从中国人民银行换入央行票据的交易。
中期借贷便利		中期借贷便利是中央银行提供中期基础货币的货币政策工具，对金融机构资产负债表和市场预期产生影响，引导金融机构向符合国家政策导向的实体经济部门提供低成本资金，促进降低社会融资成本。对象为符合宏观审慎管理要求的商业银行、政策性银行，可通过招标方式开展，可接受国债、央行票据、政策性金融债、高等级信用债等优质债券作为合格质押品。自2014年9月创设至今，金融机构按季度提供，央行每月持续开展MLF操作。
定向中期借贷便利		定向中期借贷便利是央行根据金融机构对小微企业、民营企业贷款增长情况，向符合宏观审慎要求的大型商业银行、股份制商业银行和大中型城市商业银行，提供中长期基础货币，操作利率比MLF利率优惠。

续表

常备借贷便利	常备借贷便利是中国人民银行正常的流动性供给渠道，主要功能是满足金融机构期限较长的大额流动性需求。对象主要为政策性银行和全国性商业银行。期限为1至3个月。利率水平根据货币政策调控需要等综合确定。常备借贷便利以抵押方式发放，合格抵押品包括高信用评级的债券类优质资产及优质信贷资产等。SLF具有金融机构主动发起申请、一对一交易，交易对手覆盖面广等特点。常备借贷便利利率发挥了利率走廊上限的作用，有利于维护货币市场利率平稳运行。
存款准备金率	存款准备金是指金融机构为保证客户提取存款和资金清算需要而准备的资金。金融机构按规定向央行缴纳的存款准备金占其存款总额的比例就是存款准备金率。央行通过调整存款准备金率，影响金融机构的信贷资金供应能力，从而间接调控货币供应量。外汇占款是金融机构按规定向央行结汇而吸收的外汇准备金与央行结汇外汇占款的比率之一。这也是央行货币政策工具之一。
中央国库现金管理	中央国库现金管理是指在确保中央财政国库支付需要前提下，以实现国库余额最小化和投资收益最大化为目标的一系列财政资金管理活动。操作方式包括商业银行定期存款、买回国债、国债回购和逆回购等。在国库现金管理初期，主要实施商业银行定期存款和买回国债两种操作方式。其中，商业银行定期存款期限一般在1年（含）以内。
中央银行贷款	中央银行贷款包括再贷款和再贴现。再贴现是央行对金融机构持有的未到期商业汇票予以贴现，再贷款是央行对金融机构的贷款，两项操作都能起到基础货币投放、实施金融宏观调控的目的，均可用于促进信贷结构调整，助力降低社会融资成本，支持实体经济发展。
抵押补充贷款	抵押补充贷款采用质押方式发放，主要功能是支持国民经济重点领域、薄弱环节和社会事业发展而对金融机构提供的期限较长的大额融资。PSL发放对象为三大政策性银行。结合历史表现，在PSL投放阶段，利率水平、货币增速等方面都有相应变化。

结构性货币政策工具

行货币统计制度将货币供应量划分为三个层次：流通中现金（M0）；狭义货币供应量（M1）；广义货币供应量（M2）[1]。过去数量型工具是我国央行的主要货币政策工具，新增信贷、社融和广义货币供给量（M2）往往成为经济动能变化的领先指标，这与过去经济周期中更多依赖投资驱动密切相关。随着各国金融市场和经济环境不断发展，价格工具逐步取代数量工具成为主要调控工具，其货币政策框架也经历了由数量型调控向价格型调控的演变，我国当前采用数量型和价格型调控并行的办法。

一个完整的政策体系，不仅包括货币政策目标和货币政策工具体系，还包括货币政策传导机制和货币政策效应等问题。营造良好的货币金融环境要以货币政策精准有效、货币政策工具箱丰富多样、货币政策传导机制通畅高效为支撑。

（二）货币政策传导机制及实施效应

1. 货币政策目标

货币政策目标按照货币当局（中央银行）的掌控能力和实现顺序，可以分为三个层次，即操作目标、中介目标和最终目标。中介目标又被称为中间目标、中间变量等，是介于货币政策工具和货币政策最终目标变量之间的变量指标。现阶段，我国货币政策的操作目标是基础货币，中介目标是货币供应量，

---

1. M0：指银行体系以外各个单位的库存现金和居民的手持现金之和。
M1：指M0加上企业、机关、团体、部队、学校等单位在银行的活期存款。
M2：指M1加上企业、机关、团体、部队、学校等单位在银行的定期存款和城乡居民个人在银行的各项储蓄存款以及证券客户保证金。

最终目标是稳定物价、充分就业、经济增长和国际收支平衡。

2. 当前我国货币政策调控及传导模式

具体到我国，常规地，央行主要通过调节金融机构存款准备金率和灵活开展公开市场操作的方式，来实现货币供应和市场利率的货币政策调控目标。在流动性趋紧的情况下，央行运用降低基准利率、调降存款准备金率、公开市场加大逆回购等方式向市场提供流动性，增加货币供应量。在流动性过剩的情况下，央行运用提高基准利率、上调存款准备金率等货币政策从市场收回流动性，缩减货币供应量（如图4-1所示）。

货币政策工具 ⟶ 货币政策操作目标 ⟶ 货币政策中介目标 ⟶ 货币政策最终目标

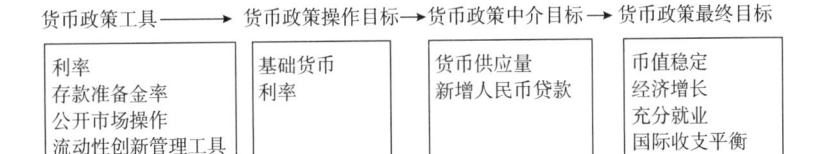

利率	基础货币	货币供应量	币值稳定
存款准备金率	利率	新增人民币贷款	经济增长
公开市场操作			充分就业
流动性创新管理工具			国际收支平衡
窗口指导			

* 图4-1 中国现行货币政策传导机制的大致框架

从具体操作来看，根据2023年中国银行间市场交易报告，2023年央行公开市场操作量增价减，更好发挥货币政策工具总量和结构的双重功能。央行分别于3月和9月两次降准共计0.5个百分点，6月和8月两次下调7天逆回购及一年期MLF利率，下调幅度分别为20个基点和25个基点，8月首次非对称降息。全年12次超额续作MLF，逆回购操作净投放11110亿元，MLF净投放25250亿元，年末加大PSL投放力度。上述操作均为市场提供了稳定充足的流动性，以平稳对冲新增国债、地方政府债、跨季跨年等扰动。

3.现阶段我国利率传导机制

货币政策传导机制中最基本的是利率渠道。现阶段，我国的利率传导机制为"政策利率"（OMO、MLF）传导给"准政策利率"或"市场基准利率"（LPR、DR007、国债收益率），"市场基准利率"再传导给"市场利率"（存贷款利率、货币和债券市场利率）。如图4-2所示，具体为：央行每日开展逆回购操作，以及每月月中续作MLF，上述操作涉及的7天逆回购利率和MLF利率作为央行政策利率指引。参与报价的商业银行则根据MLF的利率变动，结合自身的经营情况形成LPR报价，与DR007和国债收益率共同组成市场基准利率。实际贷款和存款利率价格在LPR报价的基础上，根据各家银行及客户的供需情况加减点确定。此外，市场基准利率也影响着货币市场利率和债券收益率的变动，二者与存款、贷款利率共同构成国内主要市场。

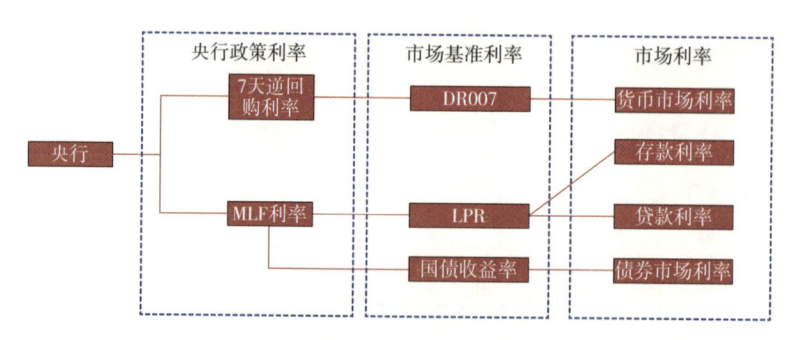

* 图4-2 我国现阶段利率传导机制

（三）营造良好的货币金融环境，服务经济社会高质量发展

中央金融工作会议指出，切实加强对重大战略、重点领域和薄弱环节的优质金融服务。要更好发挥货币政策工具的总量

和结构双重功能，做好跨周期和逆周期调节的有机结合，为营造良好的货币金融环境推动金融高质量发展指明了方向。

1.稳健的货币政策要灵活适度、精准有效

在过去的十年中，央行逐渐构建起符合我国国情的结构性货币政策工具体系。近年来央行出台了一系列结构性货币政策工具，以发挥货币政策总量调节和结构调节的双重功能。结构性货币政策工具更多的是发挥定向引导作用，对经济发展中的重点领域和薄弱环节予以金融专项支持。未来我国的货币调控的中间变量将从"数量型和价格型调控并行"逐步转向"以价格型调控为主"。数量目标未来将主要作为观测性、参考性、预期性的指标，利率调控将发挥更重要的作用。同时会基于丰富基础货币投放和流动性管理工具，进一步充实货币政策工具箱，根据市场情况和时机实现灵活调控。我国货币政策改革发展经验证明，在不同的历史发展阶段，基于国情和经济发展节点，相机抉择实行灵活适度、精准有效的货币政策是营造良好货币金融环境的前提。

2.综合运用多种货币政策工具，保持流动性合理充裕

近年来，我国坚持实施稳健的货币政策，综合研判复杂多变的国内外经济金融形势，发挥好货币政策工具总量调节和结构调节的双重功能，有效应对内外部的冲击。坚持管住货币总闸门，是营造良好货币环境的根本举措。如果一国流动性过剩会造成货币供应迅速增加，消费者则会面临货币贬值的压力，抢先购物投资保值，生产生活的成本就会不断上升。过高的物价打破市场供需平衡，宏观经济面临过热压力而形成经济泡沫。管控好货币供应总量，不搞大水漫灌，是保持人民币币值

的稳定，守护好老百姓"钱袋子"的前提。当广义货币供应量与名义GDP年均增速基本匹配时，国民经济可稳健发展。

3. 畅通货币政策传导机制，避免资金沉淀空转

在市场资金淤积的情况下，企业资金容易在银行体系通过循环存贷进行空转套利，市场资金无法真正流入实体经济，经济基本面和发展程度很难达到企稳回升。只有先疏通资金"堰塞湖"，畅通货币政策的传导机制，降准降息等货币政策工具才能达到提振需求的政策初衷。加之央行进一步引导货币信贷均衡投放，提升金融支持实体经济的可持续性，货币政策才能精准有效地调控实体经济的发展运行，助力建立良性稳定的货币金融环境。

4. 做好逆周期和跨周期调节

司马迁在《史记》中早有"旱则资舟，水则资车"的"逆周期"思维。逆周期调节是针对经济周期的繁荣和衰退表现进行相应的提前调控，将经济周期调控至合适范围的宏观审慎政策。通过运用一系列宏观政策工具，及时熨平经济运行中可能出现的短期波动。跨周期调节则加入了中长期的考量，更加强调中长期对逆周期调节短时失效的跨越，兼顾经济短期的周期性波动与中长期的结构性问题。注重做好跨周期和逆周期调节，表明货币政策要注重对经济社会发展的支持服务，因时因势进行调整优化，进一步提升货币政策的有效性和前瞻性，为营造良好的货币金融环境奠定基础。

5. 保持人民币汇率在合理均衡水平上的基本稳定

汇率是影响宏观经济、政策和金融市场的关键宏观变量，直接反映货币政策的内外分化。中美利差与人民币汇率水平密切相关，在出口不确定性提升、贬值压力有所加大的情况下，

当前我国的货币政策向中性收敛变化。良好的货币政策环境和灵活多样的货币政策操作，有助于维持中美利差稳定，保持人民币汇率在合理均衡水平。未来央行必要时也可能会启用稳汇率的货币政策工具，以应对国内外金融市场的变化，达到构建良性的货币金融环境的目标。

（四）未来我国货币政策方向

2024年以来，我国宏观调控力度加大，巩固和增强经济回升向好态势，经济运行中积极因素增多，动能持续增强，社会预期改善，高质量发展扎实推进，呈现增长较快、结构优化、质效向好的态势。央行《2024年第一季度中国货币政策执行报告》指出了下一阶段营造良好货币金融环境的主要思路：

一是保持融资和货币总量合理增长。合理把握债券与信贷两个最大融资市场的关系，引导信贷合理增长、均衡投放，保持流动性合理充裕，保持社会融资规模、货币供应量同经济增长和价格水平预期目标相匹配。把维护价格稳定、推动价格温和回升作为把握货币政策的重要考量，加强政策协调配合，保持物价在合理水平。

二是充分发挥货币信贷政策导向作用。持续深化利率市场化改革，发挥贷款市场报价利率改革和存款利率市场化调整机制作用，推动企业融资和居民信贷成本稳中有降。坚持聚焦重点、合理适度、有进有退，为普惠金融、科技创新、绿色发展等重点领域和薄弱环节提供有效支持。畅通货币政策传导机制，避免资金沉淀空转。

三是把握好利率、汇率内外均衡。坚持以市场供求为基础、参考一篮子货币进行调节、有管理的浮动汇率制度，发挥市场在汇率形成中的决定性作用，综合施策、稳定预期，坚决对顺周期行为予以纠偏，防止市场形成单边预期并自我强化，坚决防范汇率超调风险，保持人民币汇率在合理均衡水平上基本稳定。

四是不断深化金融改革和对外开放。完善债券市场法制，夯实公司信用类债券的法制基础。坚定不移推动债券市场对外开放。稳慎扎实推进人民币国际化，发展离岸人民币市场。

五是积极稳妥防范化解金融风险。进一步完善宏观审慎政策框架，提高系统性风险监测、评估与预警能力，丰富宏观审慎政策工具箱。持续有效防范化解重点领域风险，坚决守住不发生系统性风险的底线。

三、围绕做好"五篇大文章"优化金融服务

2023年，中央金融工作会议要求做好科技金融、绿色金融、普惠金融、养老金融、数字金融"五篇大文章"。"五篇大文章"进一步明确了未来金融业在推动经济结构优化过程中的发力点，是提高金融服务实体经济质效的针对性部署。"五篇大文章"几乎涵盖了重大战略、重点领域和薄弱环节的优质金融服务，是构建多样化、专业性金融服务体系，优化资金供给结构，促进金融高质量发展的重要抓手。

（一）科技金融推动科技创新

1.科技金融与金融科技

科技金融是指金融服务科技创新和科技企业发展的一系列

第④章 → 金融高质量发展助推金融强国建设

活动，是以金融为手段、科技为目的的科技与金融的结合，是促进科技开发、成果转化和高新技术产业发展的一系列金融工具、金融制度、金融政策和金融服务的系统性、创新性安排。科学技术是第一生产力。科学技术是国家经济发展的重要战略支撑，做好科技金融这篇大文章，是我国进入新发展阶段、贯彻新发展理念、构建新发展格局的内在要求，也是金融实现高质量发展、建设金融强国目标的需要。

科技金融与金融科技是当下比较热门的话题，两者到底有何不同，首先需要进行区分。科技金融强调金融对科技创新发展的支持，着重于金融，属于产业金融范畴，利用金融特质为高新技术企业提供更好的金融服务。金融科技则着重于科技，指借助科技促进金融行业的发展，侧重技术引领金融创新。根据金融稳定理事会（Financial Stability Board，FSB）的定义，金融科技是指"技术带来的金融创新，它能够产生新的商业模式、应用、过程或产品，从而对金融市场、金融机构或金融服务的提供方式产生重大影响"。

科技企业普遍具有强专业、轻资产、少抵押、高成长与高风险特点，很难获得与其核心竞争力相匹配的资金支持。而科技金融是以大数据、区块链、人工智能等金融科技为基础，以创新金融产品、服务模式、业务流程为手段，以服务科技企业发展、推进科技创新进程为目标的金融活动，能够有效缓解科技企业融资难问题。实现高水平科技自立自强，必须大力发展科技金融，加强对科技创新等重点领域和薄弱环节的金融服务，发挥科技金融对科技企业的支撑作用，推动经济高质量发展。

| 知识链接 |

多家银行进行科技金融战略布局

2024年，中国工商银行在北京成立科技金融中心，明确将以科技金融中心成立为契机，持续迭代金融服务模式，打造"科技金融领军强行"，促进科技、产业、金融良性循环，切实当好服务实体经济的主力军和维护金融稳定的压舱石。中国农业银行建立科技金融专营机制，在全国设立19个科技金融服务中心；招商银行在总行成立科技金融领导小组；浙商银行联合浙江大学成立"科技金融服务生态圈"联盟；等等。

2.当前我国科技金融的发展态势

近年来我国高科技产业蓬勃发展，截至2023年第三季度末，我国已培育"专精特新"中小企业10.3万家、178家国家高新技术产业开发区实现工业总产值23.5万亿元，高新科技产业占比不断扩大，高新技术制造业占规模以上工业增加值比重已达15.3%。截至2023年末，"专精特新"、科技中小企业贷款余额增速分别是18.6%和21.9%；全国高新技术企业贷款余额同比增长20.2%，其中，中长期贷款、信用贷款占比均超过四成。

据国家金融监督管理总局统计，截至2023年7月28日，我国已设立科技特色支行、科技金融专营机构超1000家。中国人民银行发布的《2023年三季度金融机构贷款投向统计报告》显示，2023年第三季度末，获得贷款支持的科技型中小企业21.28万家，获贷率（获贷企业户数与名录内企业总户数之比）为47%，比上年末高2.7个百分点；科技型中小企业本外币贷款余额2.42万亿元，同比增长22.6%，比同期各项贷款增速高12.4个百分点。

我国科技研究经费逐年增加。一般而言，全社会研究与试验发展（Research and Development，R&D）的经费投入可以反映出一个国家科技创新投入的总规模和发展水平。党的十八大以来，我国科技研发与创新投入逐年增多。国家统计局、科学技术部与财政部2023年9月18日联合发布的《2022年全国科技经费投入统计公报》显示，2022年，我国R&D经费投入突破3万亿元，达到30870亿元，比上年增长10.4%，保持增长势头（如表4-2所示），投入规模居世界第2位。从投入强度上来看，如图4-3所示，投入强度不断增加，我国R&D经费投入强度居世界第13位，与经合组织（OECD）国家的差距进一步缩小。根据国家统计局的数据，我国用8年时间将R&D经费从1万亿元提高到2万亿元，用4年时间从2万亿元提高到3万亿元，这充分体现了近年我国以创新为第一动力，加快实施创新驱动发展战略的成效。

表4-2 2016—2022年我国R&D经费投入与GDP占比情况

单位：亿元

年份	R&D经费投入总量	R&D经费与GDP之比
2016	15677	2.10
2017	17606	2.12
2018	19678	2.14
2019	22144	2.24
2020	24393	2.41

续表

年份	R&D经费投入总量	R&D经费与GDP之比
2021	27956	2.43
2022	30870	2.55

* 资料来源：国家统计局

  科技创新具有高风险、迭代快、收益不确定等特点。这对金融业践行盈利性、流动性与安全性原则提出了更高要求。当前，我国科技金融发展还存在一些问题。如以间接融资为主的融资结构未能满足科技创新领域的资金需求；长期资本形成的体制机制有待进一步完善；投早投小，对种子期与初创期科技型企业融资支持力度不够；针对不同成长周期、不同行业赛道科技企业的专属金融产品研发不足，风控体系有待优化；等等。

* 图4-3 2016—2022年全国R&D经费及投入强度情况

注：R&D经费的统计范围主要包括政府所属研究机构、高等学校以及R&D活动相对密集行业的企事业单位。R&D经费根据科技综合统计年快报数据测算获得。

3.推动科技金融高质量发展着力点

首先,完善科技金融体系,推进科技金融与科技创新深度融合。要培育打造一流的投资银行和投资机构,加大股权投资力度,满足科技企业初创期的融资需求。积极发挥大型金融机构"主力军""压舱石"作用,强化政策性金融机构职能定位;突出中小金融机构特色优势,开发专属产品、增加中长期资金供给,为成熟期的科技企业提供稳定资金来源。要不断完善债券市场服务科技创新机制与多层次资本市场,强化科创板的牵引作用,提高直接融资比重。要发挥保险机构风险保障功能,丰富科技保险产品体系,做好风险减量和损失补偿,为科技创新保驾护航。

其次,探索创新精准的金融服务体系。科技金融服务要突出"多层次"特征。稳妥推进科创金融改革试验区建设,深化制造业金融支持举措,指导金融机构落实落细各项政策要求,不断丰富金融产品和服务。在风险可控前提下,积极探索"股权+债权""融资+融智""表内+表外""行内+行外""境内+境外"的全功能、个性化、一揽子的"商投一体化"金融解决方案,力争在科技企业全生命周期发展过程中担当"资金组织者+交易撮合者+服务集成者+方案提供者"的角色。优化风险共担、利益共享机制,为科技企业提供专业化、综合化服务。

汇集多方力量为科技企业提供全方位的金融服务和赋能服务。科技金融是系统化工程,需要汇集多方力量,共同为科技企业提供全方位的金融服务和赋能服务。积极构建政银企合作、产学研融合、产业联盟等生态圈,打造科技企业专属产品,满足科技企业不同发展阶段的融资需求。

（二）绿色金融助推中国式现代化发展

"中国式现代化是人与自然和谐共生的现代化。"党的二十大报告进一步强调经济社会发展与绿色转型的重要性。金融高质量发展需要以全面贯彻新发展理念为导向。绿色发展既符合新发展理念的发展方向，也是未来的发展动力。绿色金融是推动经济社会实现可持续、高质量发展的关键环节。

1.绿色金融发展历程

"绿色金融"的发展历史，可以追溯到20世纪70年代，以1972年6月16日在瑞典斯德哥尔摩通过的联合国《人类环境宣言》中提出的现代绿色发展理念为开端。一些发达国家推动绿色金融发展，早期主要依靠国际组织和商业机构，最具代表性的就是2002年在伦敦召开的国际商业银行会上提出的"赤道原则"。2014年7月，世界银行（World Bank）发布《环境和社会框架：为可持续发展确定标准》报告，以期搭建绿色金融发展的框架、要求、标准和流程。2015年12月，《联合国气候变化框架公约》近200个缔约方在巴黎气候变化大会上达成《巴黎协定》，为2020年后全球应对气候变化行动作出安排。《巴黎协定》标志着全球经济活动开始向绿色、低碳、可持续转型发展。2016年9月6日，在中国的倡议下，G20绿色金融研究小组正式成立，绿色金融首次写入G20峰会发布的《二十国集团领导人杭州峰会公报》。G20绿色金融研究小组发表的《2016年G20绿色金融综合报告》进一步明确了绿色金融的定义、目的和范围等，成为国际绿色金融领域的指导性文件。[1]

1.石懿、陈毅晰、陈煌鑫：《绿色金融的缘起、发展和展望》，《西部金融》，2021年第12期。

2.绿色金融的内涵及推动经济高质量发展的机理

绿色金融是指为支持环境改善、应对气候变化和资源节约高效利用提供金融支持的经济活动,即为环保、节能、清洁能源、绿色交通、绿色建筑等领域的项目投融资、项目运营、风险管理等提供的金融服务。

金融通过其基础、核心、扩展和衍生功能的发挥对经济发展产生影响,结合绿色金融功能,依据经济高质量发展的定义范畴,绿色金融对经济高质量发展的作用机理如图4-4所示[1]。

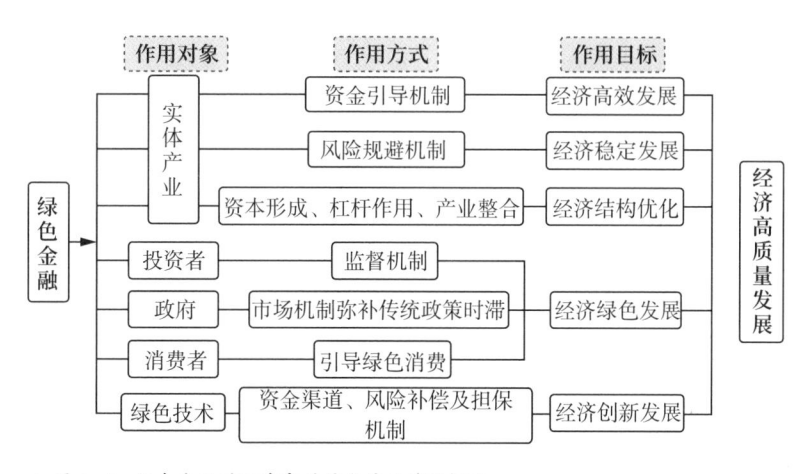

* 图4-4 绿色金融对经济高质量发展的作用机理

一是通过选择绿色项目形成资金引导机制,逐步将更多的资本、劳动力与土地等生产要素从高耗能、高污染的产业引导到节能环保、资本利用效率较高的绿色产业,提高投资回报率,

---

1.周琛影、田发、周腾:《绿色金融对经济高质量发展的影响效应研究》,《重庆大学学报(社会科学版)》,2022年第6期。

推动经济发展。二是充分发挥绿色金融风险规避功能，主动管理风险以稳定经济发展。三是主要通过资本形成、杠杆作用和产业整合等方式促进经济结构的优化。四是在绿色金融市场化的运行体系中，投资企业、政府和金融企业要各司其职，通过对绿色消费的引导来促进经济绿色发展。五是绿色金融可提供广泛的资金渠道、风险补偿以及担保机制等支持绿色技术创新领域的研发、应用与普及，带动经济整体的创新发展。

3.我国绿色金融发展现状

党的十八大以来，中央将"绿色发展"纳入国家战略范畴，绿色金融发展进入了快车道。2015年，党的十八届五中全会提出了包括绿色发展在内的新发展理念，阐明了我国经济社会未来发展的方向和路径。2016年8月，中国人民银行、财政部等七部委发布了《关于构建绿色金融体系的指导意见》，这是全球较早的政府主导的绿色金融政策框架。2017年6月，国务院决定在浙江、江西、广东、贵州、新疆五省区部分地区，建设各有侧重、各具特色的绿色金融改革创新试验区，在体制机制上探索可复制可推广的经验。2020年9月，习近平主席在第75届联合国大会一般性辩论上宣布了中国的碳达峰、碳中和重大决策部署，提出了双碳目标，进一步促进了我国绿色金融发展。2021年我国碳排放市场正式上线。2024年4月10日，中国人民银行联合国家发展改革委员会等多部门印发《关于进一步强化金融支持绿色低碳发展的指导意见》，进一步明确了环境信息披露质量、强化监管与监督、深化国际合作等新要求，推动了绿色金融顶层设计的不断完善。

近年来，我国绿色金融体系建设取得明显成效，多层次的绿色金融机构体系日渐完善，多元化的绿色金融产品服务日益丰富。我国已形成了绿色贷款、绿色债券、绿色基金、绿色保险、绿色股权、碳金融产品等多层次绿色金融产品和市场体系（如图 4-5 所示），在绿色金融领域总体上呈现出强劲的增长态势。气候投融资试点工作取得积极成效，全国碳排放交易市场运行平稳，金融与生态环境保护融合的深度、广度日益扩展，这对于发挥市场机制作用，推进环境污染治理、生态保护修复、应对气候变化、支持推动经济绿色低碳高质量发展，发挥着越来越重要的作用。[1]

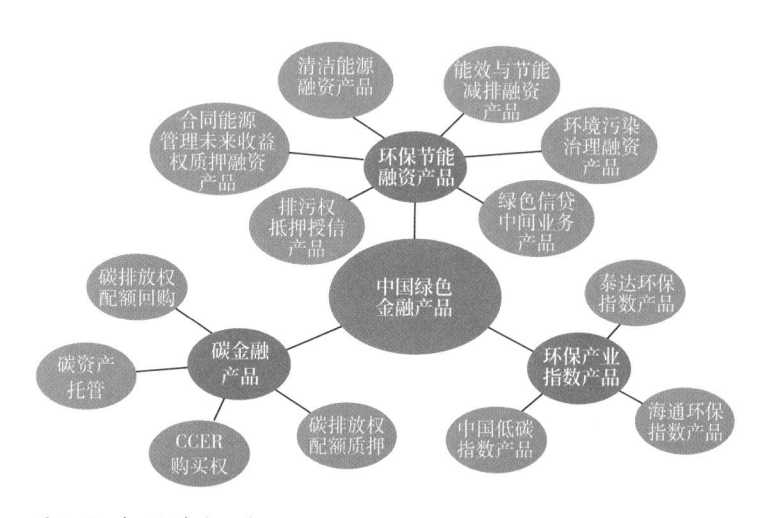

* 图 4-5　中国绿色金融产品

在绿色金融国际合作方面，与 G20 等国际组织合作取得长足进展，中国牵头制定的《G20 转型金融框架》获得通过。中

---

[1]. 胡军：《大力发展绿色金融，推动经济绿色低碳高质量发展》，载中新网，2023 年 12 月 5 日。

国现已成为全球最大绿色信贷市场、第二大绿色证券市场。

根据中国人民银行公布的数据，截至2023年末，本外币绿色贷款余额为30.08万亿元，同比增加36.5%，高于各项贷款增速26.4个百分点，比年初增加8.48万亿元。其中，投向具有直接和间接碳减排效益项目的贷款分别为10.43万亿元和9.81万亿元，合计占绿色贷款的67.3%。[1] 21家主要银行绿色信贷余额达到27.2万亿元，同比增长31.7%（2018—2023年我国绿色信贷余额如表4-3所示）。但我国绿色金融在服务经济社会可持续发展方面，比如完善绿色标准、提高信息披露水平、加强激励约束机制等方面仍需破题。

表4-3　2018—2023年我国绿色信贷余额　　　　单位：万亿元

时间	绿色信贷余额
2018年	8.23
2019年	10.22
2020年	11.95
2021年	15.9
2022年	22.03
2023年	30.08

* 资料来源：中国人民银行网站

| 知识链接 |

21家全国性银行

包括国家开发银行、中国进出口银行、中国农业发展银行、中国工商银行、中国农业银行、中国银行、中国建设银

1.《中国绿色贷款余额超30万亿元》，载中国政府网，2024年1月27日。

行、交通银行、中国邮政储蓄银行、中信银行、光大银行、华夏银行、民生银行、招商银行、兴业银行、广发银行、平安银行、浦发银行、恒丰银行、浙商银行、渤海银行。

4.发展绿色金融，推动经济绿色低碳高质量发展

一是建立绿色金融评估标准和评估机构，完善绿色企业和绿色项目认定标准；完善税收优惠与贴息等方面的激励措施，制定激励机制，激发重点企业、金融机构开展绿色投融资活动的积极性。二是参考国际可持续准则理事会（ISSB）的标准，组织金融机构开展试点，提高金融机构碳核算和环境信息披露能力，加快推进从自愿披露到强制披露的过渡。三是加强绿色金融国际合作，强化与国际气候、自然及可持续发展相关规则及标准的对接和互认，共同为绿色金融支持全球绿色低碳转型和发展作出积极贡献。加大对其他发展中国家能力建设的投入，在国际可持续金融领域提出中国方案、贡献中国智慧。

| 知识链接 |

赤道原则与赤道银行

2002年10月，在伦敦召开的国际商业银行会上，由世界银行下属的国际金融公司（IFC）和荷兰银行联合提出了一项企业贷款准则。这项准则要求金融机构在向一个项目投资时，要对该项目可能对环境和社会的影响进行综合评估，并且利用金融杠杆促进该项目在环境保护以及周围社会和谐发展方面发挥积极作用。这就是国际银行业著

名的"赤道原则"。

现在,"赤道原则"已经成为国际项目融资的一个新标准,全球已有60多家金融机构宣布采纳"赤道原则",其项目融资额约占全球项目融资总额的85%。而那些采纳了"赤道原则"的银行又被称为"赤道银行"。兴业银行是中国首家赤道银行。

(三)以普惠金融助推共同富裕

习近平总书记指出,"要始终坚持以人民为中心的发展思想,推进普惠金融高质量发展,健全具有高度适应性、竞争力、普惠性的现代金融体系"。实现全体人民共同富裕是中国式现代化的本质要求,构建高质量的普惠金融体系是推动中国14亿多人口整体迈向共同富裕的重要举措。

1.普惠金融发展的内涵

普惠金融的渊源最早可以追溯到20世纪70年代尤努斯在孟加拉国开展的小额信贷,但真正的普惠金融概念源自2005年的《联合国普惠金融体系蓝皮书》,是指无论在发达国家,还是在发展中国家,均需要在适当的政策与规章制度护航下,让每个公民都能够享受到合适的产品与服务的金融体系。[1]

我国普惠金融的演进从服务形态与制度变迁的角度来看,可划分为三个阶段,即从微型金融到普惠金融再到数字普惠金融。微型金融以微型金融机构为服务主体,为小微企业、低收

1.潘锡泉:《新金融业态视角下我国普惠金融发展研究》,《农村金融研究》,2020年第1期。

入人群等服务对象开展微型金融业务服务，微型金融带有较强公益性，授信难度大，信用风险高。2005年后，微型金融逐步被普惠金融取代，核心是让所有人特别是金融弱势群体享受到平等的金融服务权利，体现以人民为中心的理念。

2016年国务院颁布的推进普惠金融发展的五年规划中，将普惠金融定义为"立足机会平等要求和商业可持续原则，以可负担的成本为有金融服务需求的社会各阶层和群体提供适当、有效的金融服务"。当前，我国普惠金融服务的重点对象是小微企业、农民、城镇低收入人群、贫困人群和残疾人、老年人等特殊群体。做好普惠金融大文章对于推动实现全体人民共同富裕，解决经济社会发展中的不平衡不充分问题，特别是对于支持小微企业经营和提高低收入人群收入水平具有至关重要的作用。普惠金融的发展可以促进经济增长、增加就业，从而实现更加全面和可持续的发展，是助力实现共同富裕的重要金融力量。

2.我国普惠金融的发展现状

自2013年11月党的十八届三中全会提出发展普惠金融距今已有十余年。其间，我国普惠金融取得了长足进步，多层次普惠金融供给格局逐步确立。金融机构不断下沉普惠金融服务点，将金融服务的触角延伸到农村腹地，打通农村金融服务的"最后一公里"。《中国普惠金融指标分析报告（2022年）》显示，截至2022年末，以银行卡助农取款服务为主体的基础支付服务村级行政区覆盖率达到99.99%，基本形成全方位、多层次、广覆盖、有差异的金融支持服务体系，实现了"乡乡有机构、村村有服务、家家有账户"。普惠金融理念逐步深入人心，产品不断丰富、服务成本稳步下降，金融服务覆盖率、可得性不断提升，人民群众获得感与满意度持续增强。在服务乡村振兴、共同富裕、科技创新等国家重大战略方面发挥了重要作用。全国乡镇基本实现保险服务全覆盖，大病保险已覆盖12.2亿城乡居民。

截至2023年底，我国普惠型小微企业贷款余额达29.06万亿元，同比增长23.27%，比各项贷款的平均增速高13.13个百分点；与此同时，2023年新发放普惠型小微企业贷款平均利率是4.78%，同比下降0.47个百分点。另外，我国普惠型涉农贷款2023年底达12.59万亿元，同比增长20.34%，超过各项贷款平均增速10.2个百分点，利率同比下降0.87个百分点。

目前，我国普惠金融服务还存在发展不均衡、体系不健全、法律法规体系不完善、金融基础设施建设有待加强、商业可持续性有待提升、亟待解决"成本可覆盖""风险可控制"等诸多问题。2023年10月国务院印发了《关于推进普惠金融高质量发展的实施意见》（以下简称《实施意见》），明确了我国推进普惠金融高质量发展的总体要求、重点举措和具体安排，为以高质量普惠金融促进全体人民共同富裕指明了方向。

3.推进普惠金融高质量发展的举措

一是完善普惠金融机构体系，提升金融机构普惠金融供给意愿，健全多层次、广覆盖、可持续的普惠金融机构网络和产品体系。普惠金融的本质是一种商业行为，以供求双方均可负担的金融产品和金融服务为依托，要鼓励更多的金融机构参与普惠金融领域，聚焦"又普又惠、好用不贵"的目标。要扩大服务广度。根据《实施意见》，要求持续提高小微企业、个体工商户、农户及新型农业经营主体等融资可得性，积极发展面向老年人、农民、新市民、低收入人口、残疾人等群体的普惠金融产品。加大对农村地区、偏远地区、欠发达地区的支持力度。将民生领域纳入未来普惠金融的服务重点，创新推出创业贷、安家贷等产品，满足高校毕业生、农民工、妇女等群体创业需求，助力农业转移人口等新市民安居乐业，让金融改革发展成果惠及更广大人民群众，促进普惠金融的高质量发展，助力实现共同富裕。

二是坚持改革创新，深入推进科技赋能，构建数字普惠金融生态。《实施意见》指出，要有序推动数字普惠金融发展，提升普惠金融科技水平，打造健康的数字普惠金融生态，优化普惠金融服务模式。坚持走数字普惠金融发展道路，是普惠金融业务实现跨越式发展的"关键一招"。要强化科技赋能，促进小微企业、个体工商户、涉农主体等获得更加便捷的金融服务。

三是加强金融基础设施建设。社会信用体系是普惠金融发展的重要基础。积极推进市场化信用信息整合和共享，建设全国统一的信息服务平台，打破信息孤岛现象。进一步优化农村普惠金融基础设施与生态体系建设。通过向各类机构提供高效、低成本的金融基础设施，降低运营成本。此外，还应进一步加强普惠金融法治建设，不断优化普惠金融发展的制度环境。统筹好发展与安全，建立健全风险监测、防范和处置的长效机制，加强对小微企业涉农贷款的监测分析，加强贷后管理，防止资金挪用，做实风险分类，提足拨备覆盖。

| 知识链接 |

200亿元金融债支持"三农""小微"高质量发展

2024年2月5日,平安银行成功发行总额200亿元的"双品种"金融债券,其中150亿元为小型微型企业贷款专项金融债券,50亿元为"三农"专项金融债券,期限均为3年,主体与债项评级为AAA/AAA,发行利率均为2.46%。其中"三农"专项金融债券为平安银行首次发行品种,发行利率创历史新低。本次债券发行市场反响热烈,银行、券商、基金等多层次投资主体均积极参与了债券认购,充分体现了市场和各类投资者对平安银行品牌实力、良好经营情况与资信状况的高度认可。

(四)养老金融破解养老困境

民政部、全国老龄办发布的《2022年度国家老龄事业发展公报》显示,截至2022年末,全国60周岁以上老年人口28004万人,占总人口的19.8%;全国65周岁及以上老年人口20978万人,占总人口的14.9%。养老问题成为当前中国最大的民生。发展银发经济是积极应对人口老龄化、推动高质量发展的重要举措,既利当前又惠长远。而养老金融是应对人口老龄化的关键环节。

1. 养老金融的内涵

养老金融是指社会老龄化背景下进行的包括为社会成员的各种养老需求提供一系列的金融服务,一般有养老金金融、养老服务金融、养老产业金融三个方面(如图4-6所示)。养老金融通过创新金融产品服务,丰富养老保障供给,加速养老资金

第④章 → 金融高质量发展助推金融强国建设

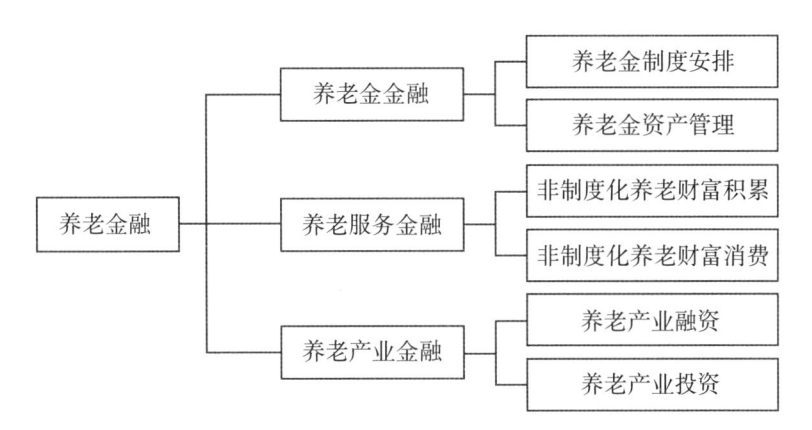

```
                    ┌─ 养老金金融 ─┬─ 养老金制度安排
                    │              └─ 养老金资产管理
                    │
        养老金融 ───┼─ 养老服务金融 ─┬─ 非制度化养老财富积累
                    │                └─ 非制度化养老财富消费
                    │
                    └─ 养老产业金融 ─┬─ 养老产业融资
                                     └─ 养老产业投资
```

* 图4-6 养老金融概念体系内涵

积累，为养老保障事业高质量发展提供了坚强的市场后盾。

养老金融与养老金制度联系密切，既包括养老金制度下运用金融工具实现养老金保值增值以及在时间、空间上实现养老金最优化配置的金融活动，还包括运用养老金制度之外的资金，如银行资金、保险资金、个人委托金融机构进行养老财富管理的资金发展养老产业的金融活动。养老金融是养老保险制度高效运行的"基础设施"，也是发展养老事业的支撑载体。

2.我国养老金融发展现状

我国的养老金来源及相应的制度体系由三个支柱构成：第一支柱是国家层面的基本养老金，分为城镇职工基本养老保险和城乡居民基本养老保险两类，由国家强制实施，是为了保障大多数老年人的基本生活需求；第二支柱是职业养老金，包含企业年金与职业年金；第三支柱是个人养老金和其他个人商业养老金融服务（如图4-7所示）。2022年11月4日，人社部、财政部、税务总局、原银保监会和证监会联合发布《个人养老金实施办法》，明确了个人养老金采用账户制，11月25日个人养老金在36个城市和地区先行试点。

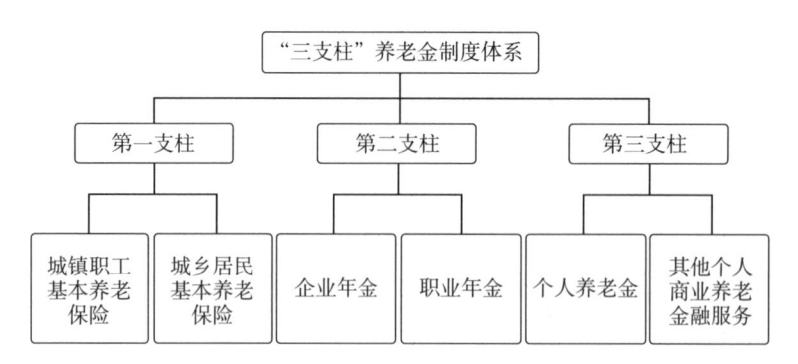

* 图4-7　养老金制度体系

当前第一支柱基本健全，第二支柱初步建立并逐步完善，第三支柱于2018年在上海、福建和苏州工业园区建立试点，并于2022年11月正式实施。目前第三支柱仍是短板。

2022年末，我国"三支柱"总资产约为15.45万亿元，第一支柱、第二支柱、第三支柱占养老总资产的比例分别为63.88%、32.23%、3.88%。从2022年我国与美国、日本"三支柱"发展情况可以看出，我国第三支柱处于刚起步阶段（如表4-4所示）。

表4-4　我国与美国、日本"三支柱"发展情况比较

国家	指标	第一支柱	第二支柱	第三支柱	合计
中国	资产规模（万亿元）	9.87	4.98	0.60	15.45
	占总资产比重（%）	63.88	32.23	3.88	100
	占GDP比重（%）	8.19	4.13	0.50	12.82

续表

国家	指标	第一支柱	第二支柱	第三支柱	合计
美国	资产规模（万亿元）	2.90	20.19	11.95	35.04
	占总资产比重（%）	8.28	57.62	34.10	100
	占GDP比重（%）	11.27	78.44	46.43	136.14
日本	资产规模（万亿元）	197	197.65	29.35	424
	占总资产比重（%）	46.46	46.62	6.92	100
	占GDP比重（%）	36.70	36.82	5.47	78.99

* 资料来源：人力资源和社会保障部等；段志明：《我国养老金融体系的发展与银行的应对》，《银行家》，2024年第6期。

目前，我国养老金融发展取得显著成效，但也存在养老金融产品创新不足、养老金融服务同质化以及适老化金融服务滞后等问题，如线下金融机构网点存在的老年群体排队难、用机难；线上手机银行操作界面复杂、字号小、开屏广告多、业务流程烦琐等影响老年人使用；理财产品结构复杂，老年人缺乏信心等问题。这均对养老金融工作提出了更高要求，需要保障养老金融的盈利属性与稳定社会保障体系属性相互协调。

3.协调推进多层次养老保险体系建设，促进养老金融高质量发展

2024年1月15日，国务院发布《关于发展银发经济增进老年人福祉的意见》明确指出，支持金融机构依法合规发展养老金融业务，丰富个人养老金融产品，加强养老金融产品研发，提供养老财务规划、资金管理等服务（如表4-5所示）。这也是自中央金融工作会议首次提出做好养老金融大文章以来，关于养老产业的又一新政，为养老金融发展指明了方向。

首先，加强业务协同，提高服务质效。充分发挥银行、保

表4-5　政策面对金融支持养老产业发展的相关要求

金融产品	具体要求
银行贷款	（1）鼓励金融机构按照试产挂、法治化原则，提供差异化信贷支持 （2）鼓励探索以应收账款、动产、知识产权、股权等抵质押贷款 （3）用好普惠养老专项再贷款，对符合条件的公益型普惠型养老机构运营、居家社区养老体系建设、纳入相关目录的老年产品制造企业等，按照市场化原则提供信贷支持
保险投资	（1）支持保险资金加大对养老服务业的投资力度 （2）支持保险机构开发相关责任及机构运营相关保险
资产证券化	在依法合规、风险可控的前提下，审慎有序探索养老服务领域资产证券化
政府债券	通过地方政府专项债券支持符合条件的银发经济产业项目

* 资料来源：《"十四五"国家老龄事业发展和养老服务体系规划》《关于发展银发经济增进老年人福祉的意见》

险、基金与信托等不同金融业态市场优势（如图4-8所示），强化行业协同与资源整合。保险行业继续发挥契合养老服务需求的风险保障功能，发展壮大第三支柱商业养老保险，立足全生命周期的规划管理，依托自身在数据积累、客户画像、精算技

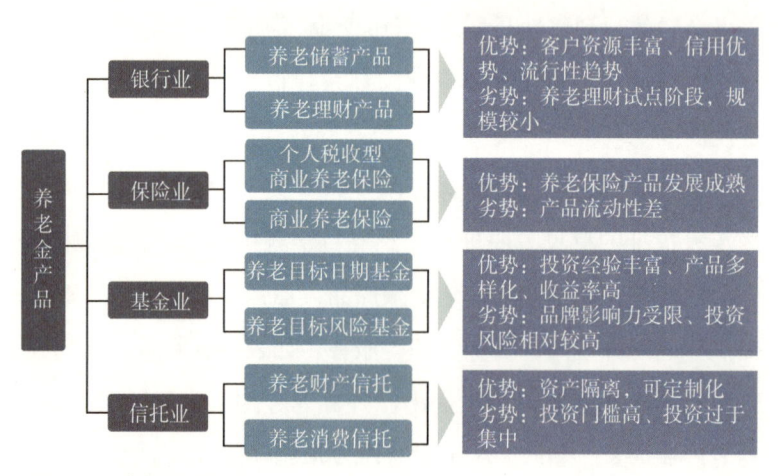

* 图4-8　养老金产品系列
资料来源：《中国养老金融发展报告（2021年）》，东亚前海证券研究所

术等方面的优势,帮助个人构建符合自身和家庭全生命周期需求的养老保险和财务规划。

其次,银行业要丰富养老储蓄产品,优化期限结构。根据养老储蓄存款的普惠性和养老性,针对性研发设计产品期限长、收益稳定、可满足低风险偏好的养老储蓄产品等。

最后,拓宽养老投资渠道,加大养老产业投资。养老产业投资需要金融机构发挥资金融通作用,通过债权、股权等方式输送长期资金。

| 知识链接 |

我国和美国、日本三支柱的异同

从表4-6我国与美国、日本三支柱账户设置上来看,我国和美国、日本的第三支柱养老金账户还是比较相似的。主要特征包括:独立账户,具有一定免税优惠,而且一般都是到了一定年龄才可以提取,等等。其中,日本为提升第三支柱养老金总量,并鼓励养老资金"从储蓄到投资",在原先投资标的风险相对较低的iDeCo(个人型确定出处年金)的基础上,推出了投资于股票等高风险产品的NISA(个人储蓄账户),以作为一定补充。

表4-6 我国与美国、日本三支柱账户设置

项目	美国	日本		中国
名称	IRA (个人退休账户)	iDeCo	NISA	个人养老金账户
投资对象	股票、基金、债券、期权 通过投资顾问还可以购买结构性产品和年金	储蓄类存款、保险、投资信托类资产	股票、股指基金	养老FOF基金、理财产品、保险、存款

续表

项目	美国	日本	中国
免税优惠	部分情况下可抵当年的所得税	利息和投资收入、免税抵扣部分所得税与住民税等	免除20%股权收益税	递延纳税优惠
额度	2023年上限为6500美元，约合人民币4.7万元（50岁及以上为7500美元，约合人民币5.5万元）	年度限额14.4万~81.6万日元，约0.7万~4.1万元人民币	每年最高360万日元 最高免税持有限额1800万日元	每年1.2万元人民币
限制	最低提取年龄59.5岁，否则罚款10%	原则上60岁前不能提款	无	达到领取基本养老金年龄或其他条件

* 资料来源：美国，IRA，Individual Retirement Arrangements (IRAs)，汇丰晋信基金

从其额度上看，美国、日本（仅考虑可免所得税的iDeCo）最高额度分别为约4.7万元、4.1万元，而中国目前的最高额度仅为1.2万元，所以，中国的第三支柱个人养老金账户额度还有很大的提升空间。

（五）数字金融塑造金融新业态

作为"五篇大文章"中第一次被写入中央文件的"数字金融"备受人们关注。随着数字经济的飞速发展，数字金融渗透到我们日常生活的各个方面。数字金融实际上是数字经济在金融领域的映射，发展数字金融是金融服务经济和社会数字化转型的必然要求。

1. 数字金融的内涵与特点

数字金融是指利用互联网技术、移动通信技术等新兴信息技术手段，实现金融服务的数字化、网络化和智能化。数字金融旨

在提升金融服务效率与用户体验,让更多的人享受到便捷、高效的金融服务。它既包括科技公司为金融业务、流程与产品提供技术支持,也涵盖传统金融机构利用数字技术改善金融服务。

2020年4月世界银行发布《数字金融服务报告》,该报告将数字金融定义为传统金融部门和金融科技企业利用数字技术进行金融服务的金融模式。这是传统金融业与数字技术相互融合渗透,创新发展起来的金融业态,是在传统金融的基础上表现出来的新形势、新技术与新模式。

数字金融具有金融与数字的双重属性,其本质是金融,依托数字支付、区块链、人工智能、大数据分析等数字技术、数字渠道和数字基础设施实现金融产品和服务供给。数字金融具有数字化、网络化、智能化等特征:一是基于数字技术的金融,改变了金融服务的传统模式,将金融活动从实体空间转移到虚拟空间,将金融信息从纸质形式转换为电子形式,将金融交易从人工操作转换为自动化执行。二是基于网络平台的金融,将金融活动从中心化模式转变为去中心化模式,将金融参与者由单一主体扩展为多元主体,将金融关系从线性连接转变为网状连接。三是基于人工智能的金融,将金融活动从规则驱动转变为数据驱动,将金融决策从经验依赖转变为算法依赖,将金融效果从静态评估转变为动态优化。这主要包括数字货币、数字理财等金融业态(如图4-9所示)。

目前,数字金融的模式主要包括电商平台模式、网贷平台模式、网络众筹模式、传统金融数字化等。其中电商平台模式是现阶段发展规模最大、业务形式最广泛、科技实力最强的模块,而传统金融数字化是潜力最大的未来重点发展领域。

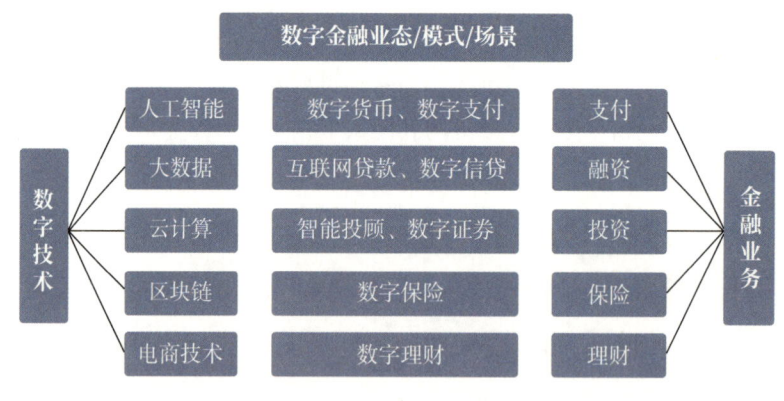

* 图4-9 数字金融发展

2.促进数实融合，推动经济高质量发展

众所周知，科技发展催生了数字经济，数字经济是基于数字技术的生产、交换、分配和消费活动。数字经济的核心是数据，数据的产生、处理、存储与分析都要依赖于数字技术。数字金融则是数字经济的重要组成部分，是数字经济的血脉，数字金融发展必须与数字经济发展相匹配（如图4-10所示）。

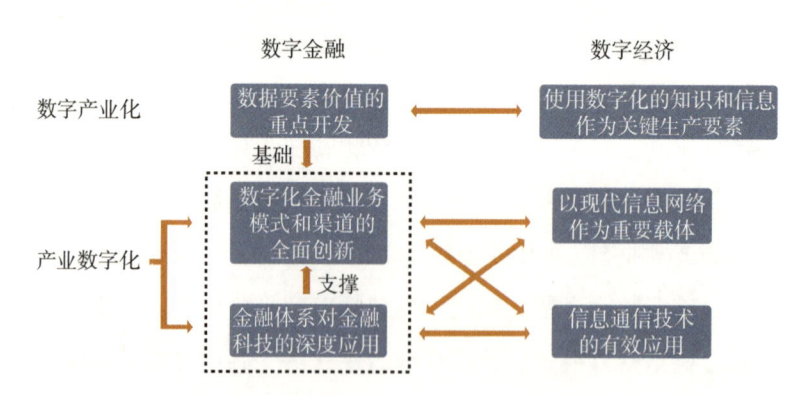

* 图4-10 数字金融与数字经济

资料来源：任图南、陈昊、鲁政委：《数字金融：内涵与机遇》，中国首席经济学家论坛，2023年11月27日。

党的二十大报告明确提出："加快发展数字经济和实体经济深度融合，打造具有国际竞争力的数字产业集群。"数字金融在支持经济增长中发挥着重要作用，可促进金融和数字产业实现良性循环，扩大金融服务覆盖面，提高资源配置效率，引导金融资源流向基础设施、中小微企业、"三农"等经济发展的重点领域与薄弱环节，加速资金、信息与数字等要素流通，支持数字经济发展与区域经济增长。数字金融可促进实现普惠金融，使金融系统更具包容性，为实体经济的发展注入动力，为经济高质量发展提供保障。

3.我国数字金融发展现状

近年来，我国在数字金融领域发展取得明显成效，移动支付、数字信贷等领域已走在全球前列。以数字人民币为例，目前，其试点范围已扩大至17个省份的26个地区，覆盖应用场景越来越丰富，交易金额加速上升。截至2023年3月，试点地区数字人民币钱包总金额为86.7亿元，累计交易金额为8918.6亿元，交易笔数达7.5亿笔。

根据中国信息通信研究院发布的《中国数字经济产业发展报告（2023）》，2022年，我国数字经济规模超过50万亿元，占GDP比重提升至41.5%，总量稳居世界第二，数字经济是中国经济最具有创新动能的部分。

数字金融给人们带来了具有便捷性、普惠性的金融服务，但在安全性、稳定性、透明性等方面存在风险。数字金融因涉及复杂的信息结构、相互关联的信息系统以及海量的数据，增加了风险监测的难度，这对经济发展及金融行业的风险管理与监管提出了更高的要求。

4.推动数字金融高质量发展

首先，加强数字金融基础设施建设，推进数字金融协调均衡发展。大力推动信息网络、大数据平台等数字基础设施建设，促进5G、云计算技术建设，拓展数字金融的深度与广度。进一步丰富金融产品，利用数字技术提高直接融资工具使用便利。在充分进行信用分析与金融需求分析的基础上，提高数字金融服务质效。构建安全、合规、统一的数据要素平台，推进区域数据中心集约化建设，加快大数据传输通道建设，不断提升数据传输能力。深入落实数字乡村行动计划，加快农村地区数字金融体系建设，进一步完善农村地区数字基础设施建设，解决数字金融布局与发展仍不平衡的问题，推动数字普惠金融的发展。

其次，坚持统筹发展和安全。数字金融的快速发展使金融风险的形成、形态及传播呈现出许多新的特点。金融机构要加强数字化风险管理能力建设，提高对市场风险、信用风险等方面的监测和管理水平。监管部门则既要立足数据本身，提升数据安全防护能力，也要强化对数字化新产品、新模型、新模式的风险防控，加快健全风险管理体系，将包括数字金融在内的全部金融交易纳入监管框架，加强监管，消除监管空白与乱象。当前，作为监管创新模式，"监管沙盒"机制正在数字治理领域发挥积极效应。在"监管沙盒"金融科技创新监管试点机制下，不少金融机构已进行了一些金融科技的探索运用。截至2023年9月，我国"监管沙盒"试点范围已扩展至26个省份，共有167个沙箱试点。

最后，加强与外部机构合作。积极参与全球数字规则制定，完善全球数字治理体系。金融机构要坚持金融回归本源，推动数实深度融合发展，强化与外部机构的合作，如与电商、物流等企业合作开展数字化金融服务，持续创新特色应用场景，提高服务效率和增强用户体验感，共同做好服务中国式现代化的数字金融大文章。

| 知识链接 |

监管沙盒

监管沙盒是近年来新兴的全球性监管措施，旨在促进金融科技创新和监管工作的融合与升级，是指一种针对创新金融业务的全新监管方式，其核心理念是让转入市场的新型业务可以在监管的前提下进行试验和探索，以获取更多的成功经验并不断提升产品的质量和服务的创新性。

沙盒（Sandbox）原本是计算机术语，表示能够为运行中的程序提供隔离环境，是一种安全机制，一般在实验一些难以预知或判定风险的程序时使用，其能在保证测试环境真实、测试方法准确的同时，不对"盒外"数据和程序造成影响，从而保证安全。

"监管沙盒"的概念最早见于2015年3月英国政府科学办公室发布的报告《金融科技的未来》中，此后英国金融行为监管局（Financial Conduct Authority，FCA）将其作为治理工具引入金融市场监管语境下。按照FCA的定义，监管沙盒是一个安全空间，在这个安全空间内，金融科技企业可以测试其创新的金融产品、服务、商业模式和营销方式，而不用在相关活动碰到问题时立即受到监管规则的约束。监管沙盒积极回应了如何更好有效防范金融风险、保护消费者利益，同时激励创新。自此，越来越多的国家开始探索具有自身特色的监管沙盒，目前已有约50个国家对监管沙盒进行了探索。

2019年12月，中国人民银行启动金融科技创新监管试点工作，支持在北京市率先开展金融科技创新监管试点，旨在打造中国版的"监管沙盒"，探索审慎包容的金融科技创新监管工具。2021年3月，中国证监会在北京地区率先启动资本市场金融科技创新试点工作。由此，中国版的"监管沙盒"初具雏形，并受到各界的广泛关注。与各国纷纷复制的监管沙盒相比，我国的创新探索既有监管沙盒模式的共性特征，又有基于我国国情考虑的"中国特色"。

第 5 章

加快构建中国特色现代金融体系

必须加快构建中国特色现代金融体系，建立健全科学稳健的金融调控体系、结构合理的金融市场体系、分工协作的金融机构体系、完备有效的金融监管体系、多样化专业性的金融产品和服务体系、自主可控安全高效的金融基础设施体系。

——习近平总书记在省部级主要领导干部推动金融高质量发展专题研讨班开班式上作出的重要指示（2024年1月16日）

第 ⑤ 章 → 加快构建中国特色现代金融体系

高质量发展需要加快建设金融强国。而回顾我国金融业发展历程，纵览世界金融强国兴起的历史，现代金融体系的建立是一国迈向经济与金融强国之路的基本内容，也是发展的基石。我国金融改革紧紧围绕经济改革的内在逻辑展开，金融体制改革促进了经济的高速发展。在深入研究经济大国迈向经济强国的发展战略中，我们必须构建与经济发展相匹配的金融体系，坚定不移地走中国特色金融发展道路。这既是金融供给侧结构性改革的目标，更是通向金融强国的基础和重要支撑。中国特色金融发展之路在尊重金融底层逻辑的同时，必须构建体现中国特色的现代金融体系。这既是金融高质量发展的需要，也是加快建设金融强国的前提。

一、构建中国特色现代金融体系是金融高质量发展的内在要求

（一）现代金融体系的内涵

现代金融体系是指由金融市场、金融中介机构、金融业务、金融产品以及进行金融调控监管的监管机构等共同组成的，具有多元化、国际化、电子化和信息化等特点的复杂体系。现代金融体系是现代经济体系的核心，它以市场为导向，以金融机构为基础，以金融资产为媒介，以金融市场为平台，以金融监管为保障，以实现资金的有效配置和风险的合理分散为目标。现代金融体系的本质就是服务实体经济发展。

黄达在《金融学（第三版）》中认为现代金融体系涉及五个要素，包括由货币制度所规范的货币流通、金融机构、金融

市场、金融工具、金融制度和调控机制[1]。现代金融体系是从这五个要素延展出的五大体系：现代金融宏观调控体系、现代金融机构体系、现代金融市场体系、现代金融业务体系以及现代金融监管体系。

（二）现代金融体系的基本形态

一般而言，现代金融体系有两种基本形态：一是以市场为主导的市场导向型金融体系，如英美是以直接融资为主的市场导向型金融体系；二是以银行为主导的银行导向型金融体系，像德国和日本是以银行间接融资为主的银行导向型金融体系。这两种形态各有利弊，市场导向型金融体系在市场中充满活力，但风险较难控制；银行导向型金融体系比较稳健，但缺乏活力，资源配置效率较市场导向型低。我国金融体系从改革开放到现在，可以说两者都有包含，并具有鲜明的中国特色，依据中国国情，我国在银行间接融资模式为主导的基础上大力探索发展直接融资模式，取长补短。

（三）中国特色现代金融体系基本内涵与突出特点

2024年1月16日，在省部级主要领导干部推动金融高质量发展专题研讨班开班式上，习近平总书记深入阐释建设金融强国的目标任务、实践要求等重大问题，强调必须加快构建中国特色现代金融体系，建立健全科学稳健的金融调控体系、结构合理的金融市场体系、分工协作的金融机构体系、

---

[1].黄达：《金融学（第三版）》，中国人民大学出版社，2012年版。

完备有效的金融监管体系、多样化专业性的金融产品和服务体系、自主可控安全高效的金融基础设施体系。这六大体系与金融强国的基本特征相吻合，是加快建设金融强国的四梁八柱。实现金融强国必须构建中国特色现代金融体系，以促进实现高质量发展，现代金融体系的逐步完善健全意味着金融强国的逐渐形成。

同时，我们要构建的现代金融体系是具有中国特色的金融体系。2023年10月召开的中央金融工作会议提出中国特色金融发展之路，并首次全面系统地提出"中国特色现代金融体系"这一概念。中国特色现代金融体系更加突出"中国特色"，其基本特征是坚持党的领导和人民性，凸显"现代"特征，立足高质量发展目标和现代化建设需要。中国特色现代金融体系以服务实体经济为根本宗旨，统筹好金融需求和供给平衡，坚持开放与稳定并重、发展与安全兼顾。

加快建设金融强国，坚定不移走中国特色金融发展之路，构建中国特色现代金融体系，推动我国金融高质量发展，为以中国式现代化全面推进强国建设、民族复兴伟业提供有力支撑。

二、建立健全分工协作的金融机构体系

科学合理的分工协作，可以优化金融资源配置、提高金融资源分配效率、提升我国金融业的经营稳健性和产品服务竞争力，更好地满足全社会多元化、综合化、便捷化的金融服务需求。改革开放40多年来，我国已建立了门类比较齐全、功能比较完备的金融机构体系。

（一）我国现行金融机构体系

我国现行的金融机构体系由多种不同类型的金融机构组成，主要包括商业银行、证券公司、保险公司、其他非银行金融机构，还有监管机构等。这些机构在经济发展中扮演着重要角色，为实体经济健康发展提供资金支持和风险管理服务。

1.银行类金融机构

商业银行是我国金融体系的核心组成部分。作为最主要的存款类金融机构，商业银行接受公众存款，并通过贷款和信用创造货币，满足企业和个人对资金的需求。另外，商业银行还承担着支付结算、外汇交易等职能，在维护货币稳定和促进经济增长方面发挥着重要作用。

我国现有银行类金融机构根据性质和业务范围，分为以下几种类型：一是大型商业银行，主要包括中国工商银行、中国农业银行、中国银行和中国建设银行、交通银行。二是以股份制形式组织的全国性股份制与区域性股份制商业银行，如上海浦东发展银行、招商银行等。三是由国家政府设立或控股的政策性银行，包括中国进出口银行、中国农业发展银行和国家开发银行。四是由中国邮政集团公司设立的中国邮政储蓄银行。五是起源于城市信用社的城市商业银行，其经营范围已扩展至为中小企业提供金融支持和服务地方经济。六是农村金融机构，包括农村信用合作社、农村商业银行和农村合作银行等。七是外资银行（如图5-1所示）。

2.证券类金融机构

证券公司是我国资本市场中非常重要的一环，通过发售股票、债券等证券产品来筹集资金，并提供股票交易、债券交易

第 ⑤ 章 → 加快构建中国特色现代金融体系

```
中国银行体系
├── 中央银行
│   └── 中国人民银行
├── 金融机构
│   └── 中国银行业监督
│       ├── 银行业金融机构
│       │   ├── 政策性银行
│       │   │   ├── 国家开发银行
│       │   │   ├── 中国进出口银行
│       │   │   └── 中国农业发展银行
│       │   ├── 大型商业银行
│       │   │   ├── 中国工商银行
│       │   │   ├── 中国农业银行
│       │   │   ├── 中国银行
│       │   │   ├── 中国建设银行
│       │   │   ├── 交通银行
│       │   │   └── 中国邮政储蓄银行
│       │   ├── 中小商业银行
│       │   │   ├── 股份制商业银行
│       │   │   └── 城市商业银行
│       │   ├── 农村金融机构
│       │   │   ├── 农村信用合作社
│       │   │   ├── 农村商业银行
│       │   │   ├── 农村合作银行
│       │   │   ├── 村镇银行
│       │   │   └── 农村资金互助社
│       │   └── 外资银行
│       └── 非银行业金融机构
│           ├── 金融资产管理公司
│           ├── 信托公司
│           ├── 企业集团财务公司
│           ├── 金融租赁公司
│           ├── 汽车金融公司
│           └── 货币经纪公司
└── 自治机构
    └── 中国银行协会
```

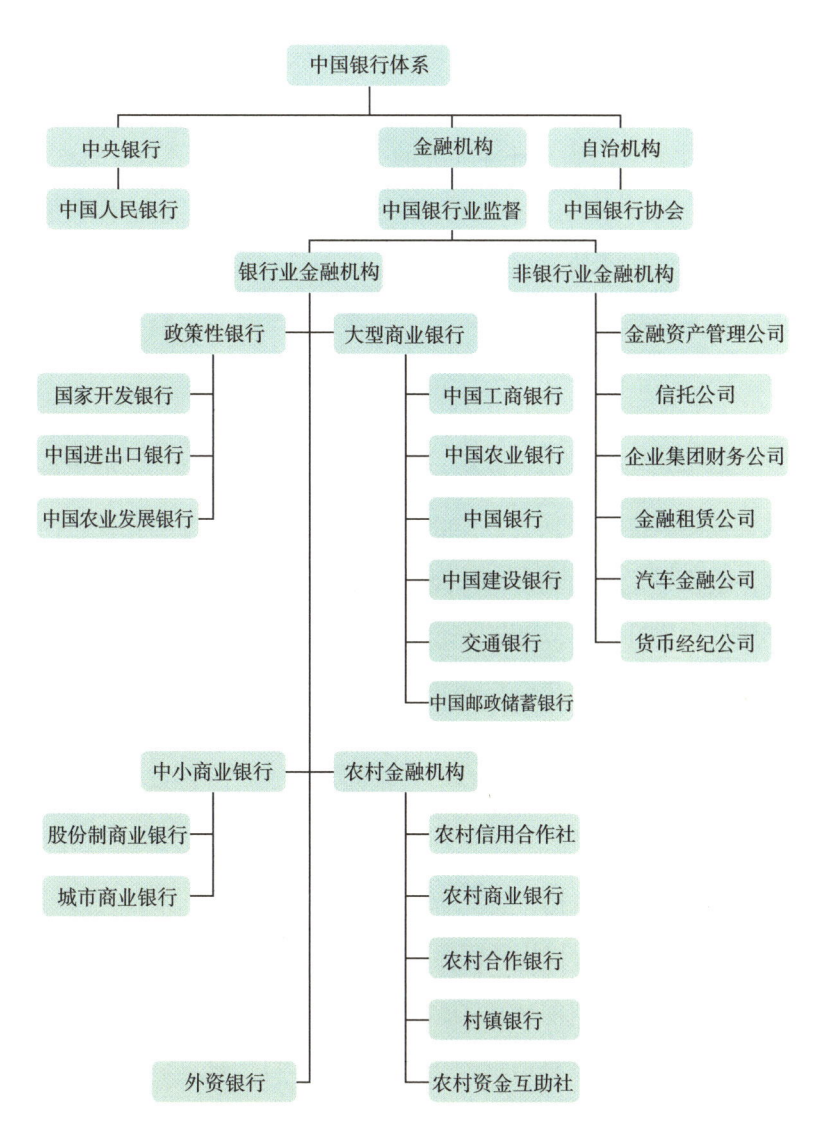

* 图5-1 中国银行类金融机构体系

以及投资咨询等服务。证券公司在引导社会资源向实体经济转移方面起着关键作用，并对推动企业改革与发展、促进经纪机构优化升级具有重要意义。我国证券类金融机构有以下几类：①证券交易所，包括上海证券交易所和深圳证券交易所。②证券公司，是专门从事证券业务的金融机构。③证券服务机构，在证券市场中提供各种支持性服务，如证券登记、结算和清算、投资咨询和研究、风险评级等。④基金管理公司，是专门管理投资基金的机构，包括股票基金、债券基金、货币市场基金等。

3.保险公司

保险公司是我国金融体系中的另一个组成部分，它们提供各种保险产品，包括人寿保险、财产保险等。保险公司通过向客户收取一定的费用，承担风险转移和风险管理的职责。在社会经济发展过程中，保险公司可以为企业和个人提供安全保障，并在灾难发生时提供赔偿和救助。我国目前的保险类金融机构主要分为两种类型：一种是专门从事保险业务的保险公司；另一种是保险中介机构，包括保险代理机构、保险经纪公司和保险评估机构等。

4.其他金融机构

除银行类金融机构和证券、保险这两类非银行金融机构外，其他金融机构主要包括：①金融资产管理公司：专门从事不良资产处置和资产管理的机构。它们承接银行不良资产，通过处置、重组或回收等手段进行资产管理，以促进金融市场健康发展和加强金融风险防控。②信托公司：以信托为主要业务的金融机构。信托公司作为受托人，接受委托人的财产管理和投资管理，为投资者提供信托计划和信托服务。③企业集团财务公司：由大型企业集团设立的金融机构，主要负责集团内部的资金管理、融资安排、投资管理等金融业务，为集团内部提供金融服务以满足集团内部的资金需求和优化资金利用效率。④金融租赁公司：提供融资租赁服务，即将资产租赁给客户并提供相应的融资支持。⑤基金投资公司、金融科技公司、支付机构等机构。这些金融机构与银行、证券和保险等机构共同构成了我国现代金融体系的多元化和完整性，推动金融业务的创新和发展，满足不同领域和层次的金融需求，促进经济的稳定增长和金融市场的健康运行。

5.金融监管机构

2023年3月，《党和国家机构改革方案》中提出，在中国银行保险监督管理委员会基础上组建国家金融监督管理总局。至此，中国金融监管体系从"一行二会"正式转变为中国人民银行、国家金融监督管理总局和证监会"一行一局一会"的新格局。

（二）我国金融机构服务实体经济的现状

近年来，我国金融机构服务实体经济质效、防控风险能力在不断提升。中国人民银行数据显示：截至2023年末，私人控股企业贷款余额超过41.2万亿元，全年增加3.8万亿元，同比多增9500亿元；授信户数为716万户，全年增加116万户，同比多增8户。2023年11月新发布的私人控股企业贷款加权平均利率为4.24%，较上年同期下降了23个基点。

截至2023年末，制造业贷款余额同比增长17.1%，其中制造业中长期贷款余额同比增长29.1%；全国高新技术企业贷款余额同比增长20.2%，其中，中长期贷款和信用贷款占比均超过四成；普惠型小微企业贷款余额为29.06万亿元，同比增长23.27%。

风险防控方面，国家金融监管总局统计数据显示：截至2023年末，商业银行拨备覆盖率、整体资本充足率分别为205.1%和15.1%，保险公司综合核心偿付能力充足率分别为196.5%和127.8%，均保持在较高水平。

根据中国人民银行统计数据，近5年，银行业金融机构的资产规模占金融机构整体资产规模的比重始终保持在90%以上，而大型商业银行增速快于整体银行业金融机构的规模增速。根据国家金融监管总局统计数据，截至2023年12月末，银行业金融机构总资产为417.29万亿元，较2019年增长47.71%。其中，大型商业银行的总资产达176.76万亿元，较2019年增长59.86%。5年间，大型商业银行的资产规模占银行业金融机构资产规模总值的比重从40.3%提高到42.4%。

尽管我国金融机构体系不断完善，对实体经济发展起到了积极的推动作用，但依然存在服务实体经济质效不高等问题。2023年11月，金融稳定理事会（FSB）公布了2023年度的全球系统重要性银行，一共29家，中国工商银行、中国农业银行、中国银行、中国建设银行和交通银行5家中国金融机构入围。但"大"并不能直接体现为国际竞争力强。按照国家金融与发展实验室数据，如以海外资产规模、息税前利润、员工数等加权衡量，截至2020年，中国银行业国际化程度约为6%。中国银行业在国际市场体系中的地位和作用较为有限，缺乏定价权。从全球资源调拨角度来看，我国金融机构能力和水平距离金融强国的功能目标要求相比有较大提升空间。加快建设金融强国,首先需要建设强大的金融机构,并明确金融机构的分工协作机制。

(三)完善机构定位,提升金融机构分工协作质效

随着经济金融的发展,我国金融机构的种类日益多样化(如图5-2所示),金融业态日趋丰富,分工日趋细化和明确,机构协作的基础不断强化。因各经营主体及其提供的产品和服务千差万别,导致对金融产品和服务的多样化需求。多种金融机构分工协作、各司其职,为经济运行提供所需要的各种金融产品和服务,将有利于经济和金融的高质量发展。

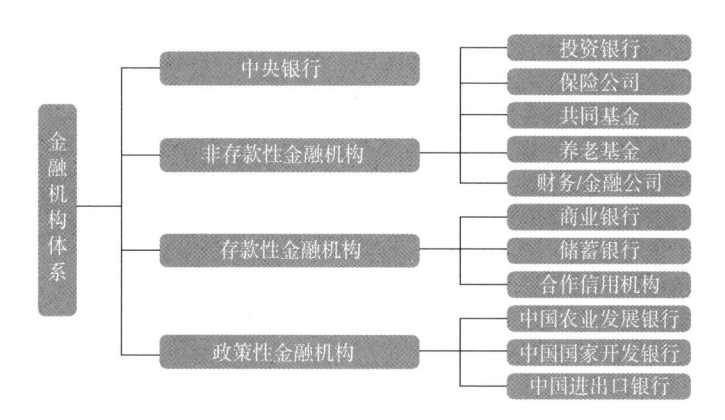

* 图5-2 金融机构体系

提升金融机构分工协作质效,还需发挥更多系统合力。推进金融供给侧结构性改革的一项重要内容就是构建多层次、广覆盖、有差异的银行体系。中央金融工作会议强调要完善机构定位、健全法人治理、完善中国特色现代金融企业制度,形成大中小机构合理分布、分工明晰、良性竞争的发展格局。

1.支持国有大型金融机构做优做强

国有大型金融机构要以建立现代企业制度为导向，将做优做强作为未来的核心目标，实现从目前的"大"转向"优和强"。同时要履行好国有金融企业的担当和使命，当好服务实体经济的主力军和维护金融稳定的压舱石。积极发挥其在服务国民经济和社会发展重点领域的关键作用，聚焦重大战略、重点领域和薄弱环节提供优先金融配置和优质金融服务，为实体经济提供更加高效适配的资金支持。大力支持国家重大战略和区域协调发展，将更多金融资源向科技创新、先进制造、绿色发展和中小微企业等重点领域倾斜，促进经济金融良性循环。

2.鼓励中小金融机构开展特色化经营

严格中小金融机构准入标准和监管要求，鼓励中小金融机构积极发挥其服务国民经济发展薄弱环节不可或缺的作用，以及管理层级少、贴近市场和客户的比较优势，立足当地开展特色化经营。如农村商业银行依靠在本地长期积累的信用，加上其较为灵活的利率政策，可以更好地为中小微企业服务，应找准符合自身的差异化定位，确立经营重点，注重满足"三农"和中小企业差异化、个性化与定制化的业务需要，将业务"做小做散"，进而降低贷款集中度和户均贷款规模。

同时，要构建中小银行资本补充长效机制，加大中小银行不良资产处置力度，深化农村信用社改革化险，推动中小银行真正成为多层次、广覆盖银行机构体系的重要部分。一方面，引导中小金融机构通过差异化、特色化经营来提高经营业绩，提升利润，补充资本金；另一方面，对符合条件的中小银行，可以适度拓宽其融资渠道，特别是可以进行如发债、上市等市场化融资，创造更好的资本补充渠道，增强竞争力，防范大型银行非市场化过度下沉给中小银行带来的"挤出效应"，从而形成大中小金融机构合理分布、分工明晰、良性竞争的发展格局。

3.政策性金融机构要明确职能定位

政策性银行应明确职能定位，厘清业务边界，以国家利益和国家战略需要等为业务价值，主要作用是弥补部分领域的市场失灵，做商业银行不愿做、做不到和做不好的事情。进一步强化政策性金融机构职能定位，实施业务分类分账管理；要聚焦主责主业，进一步支持国家重大战略、重点领域和薄弱环节发展，积极服务基础设施建设、高水平科技自立自强和先进制造业发展等领域，支持加快保障性住房等三大工程建设。

4.发挥保险业的经济减震器和社会稳定器功能

随着中国保险业市场规模的不断壮大，保险业作为经济减震器和社会稳定器的作用日益凸显。首先要鼓励保险机构持续优化保险产品和服务，继续丰富在人身健康、财富管理等领域的产品供给，积极参与个人养老金市场发展；同时拓展服务范围，为重大科技创新、关键民生项目等提供有效保障。其次要积极引导保险资金长期稳健投资，推动保险资金在稳定资本市场、支持实体经济和服务国家重大战略等方面发挥更大作用。最后要提高保险业与保险机构的风险保障与风险管理能力。

5.培育一流投资银行和投资机构

投资银行和投资机构是资本市场的主要参与者，要出台更多政策支持投行机构和投行业务发展，为实体企业提供更多的投融资渠道。一级市场的投资银行和二级市场的投资机构要做优做强。一二级资本市场的联动和平衡是注册制持续深化改革的关键步骤。目前，国际上比较认可的投资银行主要有高盛、摩根士丹利、摩根、瑞士银行、德意志银行、美银美林、瑞士信贷、花旗以及巴克莱等。强大的金融机构是金融强国的组织基础，一般具有重要的国际影响力和高效的金融服务能力，能为企业和个人提供全方位、多层次的金融服务，满足不同客户的需求，同时也有较强的金融科技应用能力，以提高金融服务的效率和便捷性。

三、建立结构合理的金融市场体系

金融市场体系是现代金融体系的重要组成部分。金融市场是指金融资产发行、交易和定价的场所，是金融活动的重要载体。金融市场的发展水平和运行效率直接影响着一国的经济增长与社会稳定。强大的金融市场是金融强国的基本特征。纵观世界上的金融强国，通常都拥有发达的金融市场体系作为支撑，通过强大的金融市场形成对国际资本的吸引力，进而起到有效配置全球资本的作用。

金融市场体系的结构包括多个层面，如直接融资市场与间接融资市场的结构、股权融资市场与债券融资市场的结构、在岸金融市场与离岸金融市场的结构等。

| 知识链接 |

离岸金融市场

离岸金融市场（offshore finance market）是为非居民提供境外货币借贷服务的国际金融市场，即境外金融市场，以非居民为主，基本不受所在国法规和税制限制。离岸金融市场基本不受所在国的金融监管机构的管制，并可享受税收方面的优惠待遇，资金出入境自由。离岸金融市场有混合型、分离型、避税或避税港型及渗漏型等离岸金融市场。

离岸金融市场是无形市场，存在于某一城市或地区，并不存在固定交易场所，由所在地金融机构与金融资产的国际性交易而形成。世界主要的离岸金融市场包括英国伦敦、美国纽约、日本东京、瑞士、中国香港、新加坡、卢森堡以及南美洲、欧洲、中东及亚太地区的岛屿国家或地区，例如，开曼群岛、维京、百慕大等。

(一) 结构合理的金融市场体系内涵

金融市场体系具体包括资本市场、货币市场、外汇市场等多个子市场，各子市场之间相互联系、相互支持，为经济发展提供充足的资金和风险管理工具。

结构合理的金融市场体系应该是一个多元化、多层次且有序的，而且各市场间相互协调、互为补充的金融生态系统。其中，股票市场、债券市场、货币市场、外汇市场、期货市场以及衍生品市场等，在金融市场中都有自身的职能定位，扮演着各自不同的角色，相互作用共同构成了一国乃至全球金融活动的核心，推动经济健康发展。

(二) 我国金融市场发展的现状

经过多年努力，我国各类金融机构得到快速发展，金融市场规模巨大。目前，我国已经建成全球最大的银行市场，全球第二大的保险、股票、债券市场。各市场之间彼此联系、相互促进，成为构建中国特色现代金融体系的基础。但金融市场不合理、不平衡的问题依然存在，市场结构也有待进一步优化。

国家金融监督管理总局披露的数据显示，截至2023年末，我国债券市场托管余额为157.9万亿元；我国银行业金融机构本外币资产总额为417.3万亿元，同比增长9.9%；保险公司总资产为29.96万亿元，较2023年初增长10.4%；保险资产管理公司总资产为1052亿元，较2023年初增长1.6%。

目前，我国金融市场中银行业规模巨大，银行业金融机构资产在金融机构总资产中占比达90%。金融市场直接融资占比低，股权融资市场亟待发展，股票市场、债券市场、保险市场需要加快发展。作为直接融资的重要场所，资本市场的发展是构建金融市场体系的关键环节。2023年10月，中央金融工作会议指出："优化融资结构，更好发挥资本市场枢纽功能，推动股票发行注册制走深走实，发展多元化股权融资，大力提高上市公司质量，培育一流投资银行和投资机构，促进债券市场高质量发展。"所谓"枢纽"就是重要节点、关键部位和环节。这说明资本市场建设在金融市场体系中的重要地位和重要功能，意味着构建现代资本市场体系、发挥资本市场的功能是优化金融市场结构，构建中国特色现代金融体系的关键。

（三）发挥资本市场枢纽功能，推动金融高质量发展

资本市场牵系千家万户，联通千行百业。资本市场的健康发展，事关经济社会发展大局。金融体系是现代经济体系的核

心，资本市场在金融体系建设中有着牵一发而动全身的地位。资本市场不仅是金融市场的重要组成部分，更是国民经济的晴雨表。构建中国特色现代化金融体系，建设结构合理的金融市场，优化融资结构，推动金融业高质量发展，资本市场在其中发挥着关键作用和枢纽功能。

中央金融工作会议强调更好发挥资本市场枢纽功能，即通过资本市场的运行，将高质量发展需要的包括资金、信息、技术、人才等各种要素通过这个枢纽触达各方面，这样才是发挥枢纽功能，而不只是融资功能。同时，资本市场具有发现培育创新型企业、促进创新资本形成、优化创新资源配置等功能，对于建设现代产业体系，实现"科技—产业—金融"的高水平循环，具有至关重要的作用。

1. 资本市场的功能

美国经济学家罗伯特·默顿在20世纪90年代初提出金融功能理论，认为金融发展主要表现在金融功能的扩大、增强与提升方面；并将其划分为在时间和空间上转移资源、储备资源和分割股份、解决信息不对称带来的问题、管理风险、清算和支付结算、提供信息六大核心功能。国内学者则将金融功能归纳为基础功能、核心功能、扩展功能和衍生功能四个层次，并呈现依次递进的关系。作为现代金融的重要组成部分，资本市场的核心功能是资源配置和风险定价。资本市场作为现代金融体系的重要组成部分，是市场化配置资源的主战场。

2. 资本市场功能与我国经济转型发展动能转换的契合性

当前，我国经济社会处于转型发展期、产业升级期。金融要为产业升级和经济转型发展提供高质量的服务。转型期经济发展的关键领域由于科技革命的到来在产业和行业上发生了重大的变化。未来资金供给更多向科技、绿色、普惠、养老金等方面引导。发展新质生产力、形成新的经济增长点和增长动能成为当前稳定经济增长的方向。而作为高科技企业也好，普惠金融服务的微小、中小企业等也好，融资难、融资贵的问题一直没有得到很好的解决。

直接融资在支持新兴产业中有独特优势。在新一轮科技革命与产业变革中，我国在一些领域处于领先地位，不少新兴产业发展已进入"无人区"、进入"没有路标的时代"。直接融资能够借助更分散的投融资决策挖掘新增长点，借助更灵敏的价格信号实现资源流动配置，借助更广泛的风险分散功能消化试错成本，借助更公开的信息披露促进创新外溢和联动，具有明显的优势。

资本市场与科技创新、高科技企业发展具有内在的耦合关系，它们之间是高度匹配的。资本市场重视成长性，而且对于新兴产业的不确定性具有很好的包容性。因此，在科技创新驱动发展的经济环境下，活跃资本市场、健全资本市场的功能以推动经济高质量发展显得尤为重要。

发展多元化股权融资是为了更好地满足科技创新的融资需求。中国经济高质量发展，特别强调科技创新的作用，而科技创新需要通过资本市场获得更多更优的资源支持。

3.我国资本市场发展的现状

（1）多层次资本市场发展体系形成

我国资本市场经过三十多年的发展，形成了包括主板、科创板、创业板、新三板、区域性股权交易市场（四板）错位发展、功能互补的多层次资本市场体系。尤其是党的十八大以来，我国资本市场改革发展明显加速，服务实体经济质效不断提升，从设立试点注册制，到创业板注册制改革，再到设立北交所，目的是形成适应不同类型、不同发展阶段企业差异化融资需求的多层次资本市场体系。我国资本市场已从单一、分散结构发展成为体系完整、层次清晰及功能互补的多层次结构。截至2023年末，沪深交易所共有上市公司5346家，北交所有上市公司239家，全国股转系统挂牌公司6241家。全国35家区域性股权市场共服务企业17万家，其中专精特新"小巨人"企业1950家、专精特新中小企业15000多家；培育上市公司128家、新三板挂牌公司950家。

在多层次资本市场结构（如图5-3所示）中，沪深交易所各板块和北交所定位与功能有所不同，各自在资本市场中发挥

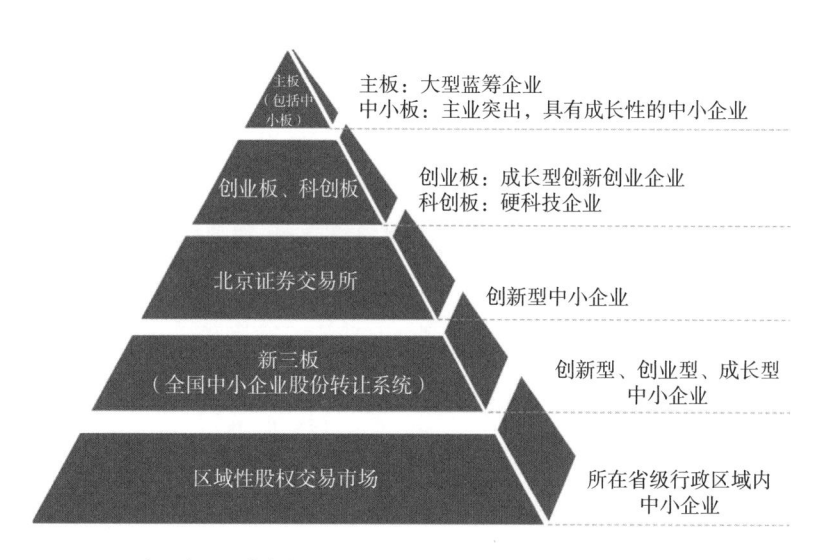

* 图5-3 中国多层次资本市场结构

着不同的作用。主板主要突出"大盘蓝筹"特点,重点支持主要业务模式成熟、经营业绩稳定、规模较大、具有行业代表性的优质企业;创业板主要服务成长型创新创业企业,突出"三创四新":深入贯彻创新驱动发展战略,适应创新、创造、创意的大趋势,支持传统产业与新技术、新产业、新业态、新模式深度融合;北交所定位创新型中小企业,充分发挥其对全国股转系统的示范引领作用,聚焦实体经济,主要服务创新型中小企业,重点支持先进制造业和现代服务业等领域的企业,推动传统产业转型升级,培育经济发展新动能,促进经济高质量发展。新三板主要为创新型、创业型、成长型中小微企业服务;区域性股权市场主要为特定区域内中小微企业提供服务。

(2)融资结构不合理,资本市场功能有待进一步发挥

从当前的融资结构看,我国金融体系仍然以银行间接融资为主,科创企业具有轻资产、高投入、高风险、长周期等特点,对银行规避风险、充实抵押品的信贷融资模式具有一定的挑战。

从市场构成角度而言,多层次资本市场体系中主板(含中小板)、创业板、新三板、区域性股权交易市场在理论上应该是"正三角"形态分布,即越往下融资企业越多,融资需求越旺盛。资本市场若呈现"倒三角"形态分布,那就缺乏健康发展的基础。我国资本市场结构已由最初的"倒三角"转变为"正三角",但仍需要提升新三板和区域性股权市场对接的深度和广度,进一步畅通专精特新中小企业资本市场融资渠道。

根据有效市场假说,价值发现能力出众的资本市场应当具有完善的适应市场发展的市场基础设施、合理的市场制度设计、市场透明度高、市场结构扁平化与投资者理性等基础要素(如

第 5 章 → 加快构建中国特色现代金融体系

图5-4所示)。中国资本市场在部分要素方面有所欠缺,导致价值发现能力不够高,拉低了资本资源配置效率。[1]

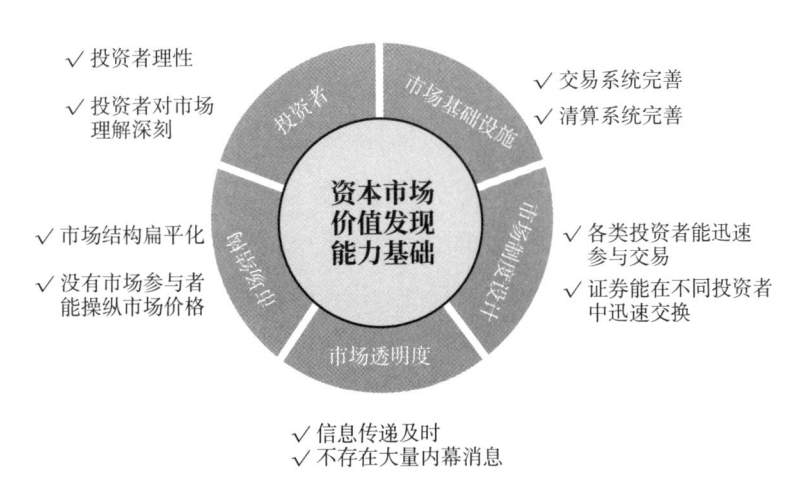

* 图5-4 资本市场价值发现能力出众的特征
资料来源:申万宏源研究,摘自《深化资本市场中枢作用研究》

(3)全面实行股票发行注册制,促进资源优化配置

股票注册制被喻为全面深化资本市场改革的"牛鼻子"工程,也是发展直接融资特别是股权融资的关键举措,更是完善要素市场化配置体制机制的重大改革。推进股票发行注册制改革,是党的十八届三中全会确定的重大改革任务。随着注册制的改革和实施,多层次资本市场从设立科创板、改革创业板,到合并深市主板与中小板,再到新三板设立精选层、设立北交所、建立转板机制,理论上多层次资本市场体系更加清晰。

1.蒋健蓉、袁宇泽:《深化资本市场中枢作用研究》,《证券市场导报》,2021年第1期。

股票注册制是股票发行注册制度,指证券监管机构对上市公司发行股票的注册审核和监管。在股票注册制下,发行股票的上市公司需要按照一定的程序和要求,向监管机构提交注册申请,并接受监管机构的审核和监督。其基本特点是以信息披露为中心,发行人申请发行股票时必须依法真实、准确、完整地披露公司信息,并将拟公开的各种材料向证券交易所申报,只要企业符合上市条件,就可安排上市。

进行股票注册制改革的主要目的是增强股票上市发行的制度包容性与市场化,提高上市标准与流程的透明度,提高资本市场效率。我国股票注册制经历了审批制、核准制和注册制三个阶段。

| 知识链接 |

我国股票发行制的三个阶段

第一阶段是审批制(1990—2000年)。审批制以国务院1993年颁布的《股票发行与交易管理暂行条例》为标志开启实施,具体指的是股票发行的额度和指标由行政机关决定并且分配给各行业和各地区,再由各行业和各地区的主管机关推荐企业发行股票。1990年12月1日,深圳证券交易所场内第一笔交易记录产生,拉开了我国资本市场的大幕。我国最早的一批股票是在行政主导下完成上市的。

第二阶段是向市场化过渡的核准制(2000—2018年)。1999年7月1日,《证券法》正式实施,从法律上确立了新股发行的核准制度。2000年3月证监会发布《中国证监会股票发行核准程序》通知,标志着新股发行审核正式进入核准制阶段。根据推荐权分配模式不同,核准制进一步分为核准通道制（2000—2004年）和核准保荐制（2005—2018年）。核准制弱化了行政审批权力，取消了证券管理部门对股票发行额度和指标的限制，但保留其对股票发行的审核权力，并引入中介机构对股票发行企业的上市条件进行审查。

第三阶段是注册制（2019年至今）。2013年颁布的《中共中央关于全面深化改革若干重大问题的决定》中明确提出推进股票发行注册制改革；2015年的《政府工作报告》中写明"实施股票发行注册制改革"；习近平主席在2018年11月5日首届中国国际进口博览会开幕式上宣布，在上海证券交易所设立科创板并试点注册制，标志着注册制改革正式拉开帷幕。2019年12月，我国修订《证券法》，从法律上确定了取消发审委并逐步在全市场推行注册制的方向。2020年8月24日在创业板存量资本市场中试点注册制。2023年2月17日，中国证监会发布全面实行股票发行注册制相关制度规则，自公布之日起施行，中国资本市场股票发行进入全面注册制时代。我国股票注册制发行历程如图5-5所示。

单一审批制（1990—1992年）⇒ 额度管理制（1993—1997年）⇒ 指标管理制（1998—2000年）⇓ 核准通道制（2000—2004年）⇐ 核准保荐制（2005—2018年）⇐ 注册制（2019年至今）

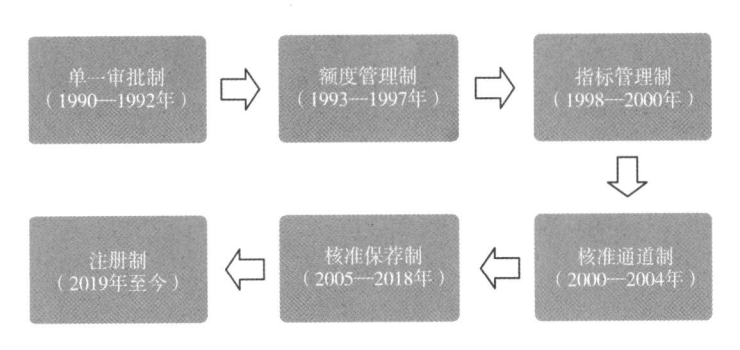

* 图5-5 我国股票注册制发行历程

股票注册制从一定意义上提升了资本市场的功能。随着注册制改革的深入，科创板、创业板和北京证券交易所服务硬科技、科技创新、"专精特新"企业的作用得到进一步凸显。而在现实中，注册制改革也存在一些问题。持续深化股票发行注册制改革，是强化市场机制，不断完善多层次资本市场体系，满足不同类型企业融资需求的举措，其核心目标是更好提高经济效率，推动经济持续健康发展，持续将资金引导到符合国家战略发展的产业当中。

但我国多层次资本市场仍处于建设完善阶段。多层次资本市场体系存在结构不平衡、板块转换、融资功能尚需进一步发挥，监管有待加强，注册制需要走深走实等问题。

4.发挥资本市场枢纽功能，提升资本市场服务经济高质量发展的能力

第一，推动股票注册制走深走实。目前A股已进入全面注册制时代。实行注册制绝不是一放了之，推动股票发行注册制走深走实，一是要不断坚持和完善各项配套改革措施，让注册制的精髓在资本市场得以展现。积极支持和发展多层次股权市场，进一步提高股票发行的审核注册效率。完善股票发行制度与退市制度。二是依法全面加强从严监管，将监管贯穿资本市场事前事中事后全链条各环节，把好"入口出口关"。事前严把IPO"入口关"，坚持质量优先，强化发行监管。事中事后坚持持续监管。根据改革要求持续巩固深化常态化退市机制，严格执行退市"出口"规则，严厉打击退市过程中伴随的财务造假、操纵市场等行为，维护退市制度的严肃性。对于退市公司及相关方违法违规的，要坚决追责；

对违法违规给投资者造成损失的，支持投资者运用《证券法》规定的各项赔偿救济举措维权。保护投资者知情权和交易权等基本权利。强化对控股股东、高管等关键少数的监管，建立健全监督制约机制。严厉打击违法违规行为，让不法之人付出沉痛代价，这有利于建立起稳定市场、活跃市场的长期信心。要以注册制改革为契机，继续全面深化资本市场改革，努力走出一条符合中国国情的、具有中国特色的资本市场发展之路。

第二，健全完善中国特色的多层次资本市场体系。金融的宗旨是为实体经济服务，资本市场作为金融市场的重要组成部分，只有多层次化发展，才能更好地匹配实体经济转型发展多样化的需求。多层次资本市场体系是经济发展的重要引擎，完善发展多层次资本市场是适应我国经济发展的客观需要。一要围绕金融强国建设目标，助力中国特色现代资本市场建设。我国是在社会主义市场经济条件下建设资本市场，资本市场的发展定位、功能职责必须与我国基本制度相适应，必须充分考虑当前我国的市场基础、投资者结构和法治诚信环境等现实条件。二要明确资本市场各层次分工定位。多层次资本市场的不断完善有助于引导产业结构优化调整。随着注册制改革不断深化，科创板、创业板与北京证券交易所分工明确，为科创企业提供了全生命周期融资服务体系。多层次资本市场之间的互联互通为创业投资提供了良好的退出机制，有助于促进资金流动，寻找迭代产品。三要加快中下层市场的发展，打通各层次之间的转板对接机制，完善对企业全生命周期的投融资服务能力。另外，在资本市场入口端，上市标准可考虑根据行业特点增加差异化条件；而在出口端，可进一步优化退市制度并严格执行，提高金融资源配置效率，建设优胜劣汰的资本市场新生态。

第三，提高上市公司质量，更好发挥资本市场晴雨表功能。上市公司是资本市场的基石，提高上市公司质量是推动资本市场健康稳定发展的内在要求。资本市场主要买卖的对象、交易的标的是上市公司。提高上市公司的质量是经济高质量发展的要求。[1]上市公司在整个产业链中占据重要地位，其质量的提高可形成标杆示范引领效应，带动上下游产业链关联公司提质增效。提高上市公司质量，一方面需要上市公司自身主动作为，练好内功，聚焦主业，加强创新发展，提升治理水平。另一方面需要监管部门完善制度建设，健全长效综合监管机制，从严整治财务造假、大股东违规占用等行为，推动上市公司提高治理能力、竞争能力、创新能力、抗风险能力、回报能力，夯实中国特色估值体系的内在基础。

为推动上市公司高质量发展，国家出台一系列政策，2020年10月颁发《国务院关于进一步提高上市公司质量 提高从"治乱"转向"提质"》。2022年，证监会印发《推动提高上市公司质量三年行动方案（2022—2025）》，从优化制度规则体系、公司治理层次问题、完善信息披露制度等方面提出一系列具体措施。2023年7月，沪深证券交易所联合发布《以上市公司质量为导向的保荐机构执业质量评价实施办法（试行）》，以

---

1. 刘慧：《经济高质量发展须更好发挥资本市场枢纽功能》，《中国经济时报》，2023年11月7日。

提高首发保荐项目质量。2024年2月8日，上交所、深交所、北交所三大交易所同时发布《上市公司自律监管指引——可持续发展报告（试行）（征求意见稿）》，规范了可持续发展信息披露，助力构建有中国特色、有国际影响力、规范统一的可持续发展规则体系，充分发挥枢纽功能，构建绿色可持续发展金融市场生态。大力提高上市公司质量，培育一流投资银行和投资机构，则是从融资端、服务端、投资端等多方面发力，为资本市场更好发挥枢纽功能提供支撑，这也是资本市场高质量发展，从而支持经济高质量发展的内在要求。

第四，加大投资端改革力度，鼓励长期资本入市。要引入更多公募基金、社保基金、保险资金、企业年金及境外中长期资金。推动市场转变投资理念，倡导价值投资，解决资本市场散户发展痛点，引导中小散户通过购买基金来获取投资收益。鼓励养老资金、社保基金等长期资金入市。完善上市公司分红制度，创新更多适应家庭财富管理需求的金融产品等，增加居民财富收入，形成稳定的财富效应。

第五，促进债券市场高质量发展。要建立健全债券市场制度体系，确保市场公平、公正、透明，促进债券市场各类基础设施之间有序互联互通；深化信用体系建设，促进信用评级机构的独立与客观；进一步提高债券市场的开放水平，吸引更多的境外投资者参与；增加市场流动性，加强风险监测和管理，确保债券市场的稳定和健康发展。要使债券市场真正成为支持实体经济、优化资本结构的重要渠道，就必须深化改革，提高市场效率和透明度，加强市场风险管理，并提升与国际市场的对接和合作。

| 知识链接 |

一批深圳上市公司发布"质量回报双提升"行动方案

比亚迪披露的"质量回报双提升"行动方案显示，公司的行动方案包括以下几个方面：一是践行长期主义，做大做强主业；二是践行以高质量公司治理为根本的理念，提升规范运作水平；三是践行以投资者需求为导向的信息披露理念，有效传递公司价值；四是增持回购双管齐下，彰显长足发展信心。

资料来源：《一批深市标杆企业积极响应"质量回报双提升"行动 与投资者积极共赢》，《证券时报》，2024年2月18日。

2024年4月12日，国务院印发《关于加强监管防范风险推动资本市场高质量发展的若干意见》（以下简称《意见》）。这是资本市场历史上的第三个"国九条"，是继2004年、2014年两个"国九条"之后，国务院再次出台的资本市场指导性文件。《意见》规划了本世纪中叶"建成与金融强国相匹配的高质量资本市场"的发展蓝图，对充分发挥资本市场功能作用，加快建设金融强国具有重大意义，也标志着中国资本市场发展进入了新阶段。

四、构建多样化、专业性金融产品和服务体系

金融产品和服务体系的多样化、专业化一方面是金融服务实体经济、满足金融需求程度的重要表现，另一方面也是衡量金融高质量发展的重要指标。

（一）多样化、专业性金融产品和服务体系的内涵

多样化是指金融产品和金融服务较为丰富，并且具有多元化的特点。从金融产品的角度来看，不仅包括传统的信贷、股票、保险、信托、基金、理财等，还包括一些用于满足消费者需求的创新性金融产品，如期权、期货等金融衍生品，资产证券化产品等；从金融服务的角度来看，不单包括融资服务，还包括投融资顾问服务、财富管理服务、风险管理服务等。[1]

专业性是指金融产品和服务具备较高的技术含量和专业特点，能够有效满足不同类型消费者的金融需求。

（二）我国金融产品与金融服务的现状

党的十八大以来，随着我国金融市场的不断发展，金融产品更加多元化，金融服务专业化水平不断提升。人民币贷款年均增速保持在10%以上，有效支持了实体经济发展；随着股票注册制实施，上市公司数量和质量双升，战略性新兴产业领域中的上市公司数量占比达55%。截至2023年末，境内股票市场制造业上市公司数量为3608家，战略性新兴产业投资增长32.1%。资本市场对新兴产业的支持力度不断加大。截至2023年12月，资产管理总规模超过120万亿元，资产管理成为满足实体经济投融资需求的重要渠道，体现了金融产品和服务在满足投资者多样化需求方面的进展。然而，金融产品和服务在种类和创新力度上仍有提升空间。

---

[1] 郭子源：《构建多样化专业性金融服务体系》，《经济日报》，2024年1月31日。

（三）多样化、专业性金融产品和金融服务体系的着力点

金融产品和金融服务体系要适应金融高质量发展的需要，体现中国特色金融发展之路的特点，坚持金融为实体经济服务的宗旨和金融为人民服务的价值取向，遵循市场化与国际化发展方向，强化金融产品的创新能力，推出符合市场需求的多样化产品，提高专业化服务水平，从而为客户提供全方位、多元化、专业化、个性化的金融服务。

一是创新金融产品。鼓励金融机构紧扣市场需求，面向实体经济发展和人民生活质量提高所提出的差异化金融服务需求，开发更多创新性金融产品。针对不同细分市场的特点，坚持以市场需求为导向，充分运用新理念、新思维、新技术，积极探索新产品、新渠道、新模式，大力开发个性化、差异化、定制化金融产品。

二是围绕做好科技金融、绿色金融、普惠金融、养老金融、数字金融"五篇大文章"，针对这些领域发展的情况推出多样化的金融产品和服务，完善健全金融产品和服务体系。大力发展科技金融，鼓励金融机构将资源更多向科技企业倾斜，支持科技创新，同时利用现代科技手段（如使用大数据、人工智能等进行信用评估和风险管理）改进金融服务。进一步扩大绿色保险、绿色基金、碳金融产品的发展规模，加快绿色产品创新；在风险可控的前提下，强化绿色金融，支持相关绿色供应链产业链等专项金融产品创新，提高金融支持环保项目和绿色企业的发展力度，促进绿色经济可持续发展。加快构建高水平普惠金融体系，通过小额贷款、移动支付等方式，让金融服务更加普及（特别是对农村和低收入群体的金融服务），提高金融服务

的覆盖面和可得性。在养老金融方面，发展面向老年人的金融产品和服务，支持银发经济的高质量发展，满足老龄化社会的金融需求。在数字金融方面，利用区块链、云计算等技术，提高金融服务的效率和安全性，开发新的数字金融产品。

三是提升金融服务专业化水平。借助高科技和大数据分析等技术，了解、分析、掌握人们的消费行为和消费习惯，不断发掘金融服务新需求；对金融消费者进行结构性分析，了解不同行业、不同年龄、不同区域、不同收入水平人群的金融服务需求，建立和不断完善多层次、结构化的金融服务体系；尤其要关注民生领域，摸清该领域金融服务供求痛点，发掘民生类金融服务新需求；同时还要发掘服务场景，创新服务模式，针对不同客户群体的需求，提供具有专业化、定制化和高效率的金融服务。

四是加强国际合作，丰富跨境金融产品。在学习借鉴国际先进经验基础上，加快先进金融产品和服务模式落地；积极参与国际金融标准和规则的制定，推进中国金融产品和服务标准国际化。近年来，中国人民银行会同内地金融管理部门，推出优化沪深港通、债券通、跨境理财通、互换通等安排，为海外投资者通过香港配置内地股票、债券以及香港市民购买内地理财产品提供了很多便利。2024年1月24日，新修订的《粤港澳大湾区"跨境理财通"业务试点实施细则》正式对外发布，粤港澳大湾区居民参与"跨境理财通"业务的渠道将更多元化，可以购买的理财产品将更丰富。[1]

1.郭子源：《构建多样化专业性金融服务体系》，《经济日报》，2024年1月31日。

五、建立自主高效安全可控的基础设施体系，为经济高质量发展架桥铺路

金融市场运行需特定的空间和时间，同时也需要满足一定的条件，这些条件就是金融基础设施。金融基础设施是金融体系运行的骨架支撑和管网，在金融市场运行中居枢纽地位，是金融市场稳健高效运行的基础性保障。

我们对金融基础设施并不陌生，金融基础设施是金融资源运行的"道路桥梁"。就拿生活中的支付方式来讲，从纸币、存折、银行卡到移动支付，从扫码购物到自助点餐、扫码乘车等，现代支付手段构建了人们的智慧生活，这些巨变背后的强大支撑就是作为全社会资金流动"大动脉"的中国金融基础设施——支付清算系统。

2024年1月，在省部级主要领导干部推动金融高质量发展专题研讨班开班式上，习近平总书记提出构建中国特色现代金融体系，强调要建立健全自主可控安全高效的金融基础设施体系。

（一）金融基础设施概念与特点

我国"十四五"规划纲要指出，金融基础设施指为各类金融活动提供基础性公共服务的系统、制度等。

2008年全球金融危机之后，世界各国逐渐开始重视金融基础设施的稳定安全，将金融基础设施建设列入顶层设计。金融基础设施的概念有狭义和广义之分。狭义的金融基础设施

第 ⑤ 章　→ 加快构建中国特色现代金融体系

主要指金融市场基础设施。国际清算银行和国际证券协会组织2012年联合发布的《金融市场基础设施原则》(Principles for Financial Market Infrasture，FMI原则）将金融基础设施定义为"参与机构（包括系统运营商）间的多边系统，用于清算、结算或记录支付、证券、衍生品或其他金融交易"，并将金融基础设施划分为五类，即支付系统（PS）、中央证券存管（CSD）、证券结算系统（SSS）、中央对手方（CCP）、交易报告库（TR）。广义上的金融基础设施既包括上述金融领域的硬件设施，也包括一些制度安排，比如法律制度、会计准则、信用体系及公司治理体系、信用环境、反洗钱，以及由金融监管、中央银行最后贷款人职能、投资者保护制度组成的金融安全网等。

2020年3月，中国人民银行等六部门联合印发《统筹监管金融基础设施工作方案》，对我国金融基础设施范围进行了界定。我国金融基础设施主要包括金融资产登记托管系统、清算结算系统（包括开展集中清算业务的中央对手方）、交易设施、交易报告库、重要支付系统、基础征信系统六类设施及其运营机构。它们是金融活动和金融交易中不可或缺的基础性条件。2013年，党的十八届三中全会通过了《中共中央关于全面深化改革若干重大问题的决定》，明确提出加强金融基础设施建设，保障金融市场安全高效运行和整体稳定。中国人民银行是统筹监管金融基础设施工作的关键组织者，2022年12月14日，中国人民银行发布了《金融基础设施监督管理办法（征求意见稿）》，明确了金融基础设施定义与统筹监管总体安排等一系列规定。我国2013—2022年基础设施建设相关文件如图5-6所示。

建设　金融 ⟶ 强国

金融基础设施是金融市场稳健高效运行的基础性保障，是实施宏观审慎管理和强化风险防控的重要抓手。要加强对重要金融基础设施的统筹监管，统一监管标准，健全准入管理，优化设施布局，健全治理结构，推动形成布局合理、治理有效、先进可靠、富有弹性的金融基础设施体系。
——2020年3月《统筹监管金融基础设施工作方案》

统筹监管重要基础设施，包括重要的支付系统、清算机构、金融资产登记托管机构等，维护金融基础设施稳健高效运行；统筹负责金融业综合统计，通过金融业全覆盖的数据收集，加强和改善金融宏观调控，维护金融稳定。
——2015年11月 中共十八届五中全会

加强金融基础设施建设，保障金融市场安全高效运行和整体稳定。
——2013年11月《中共中央关于全面深化改革若干重大问题的决定》

明确金融基础设施定义与统筹监管总体安排，完善金融基础设施准入安排，强化金融基础设施运营要求及风险管理，明确金融基础设施监督管理规则，对金融基础设施相关主体法律责任作出规定。
——2022年12月《金融基础设施监督管理办法（征求意见稿）》

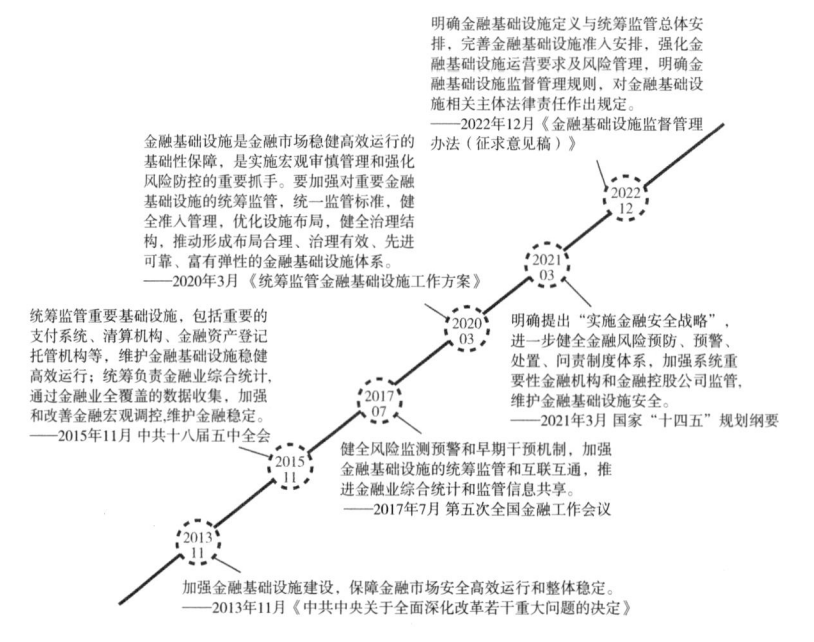

明确提出"实施金融安全战略"，进一步健全金融风险预防、预警、处置、问责制度体系，加强系统重要性金融机构和金融控股公司监管，维护金融基础设施安全。
——2021年3月 国家"十四五"规划纲要

健全风险监测预警和早期干预机制，加强金融基础设施的统筹监管和互联互通，推进金融业综合统计和监管信息共享。
——2017年7月 第五次全国金融工作会议

* 图5-6　我国2013—2022年基础设施建设相关文件

　　金融基础设施不直接影响金融交易，而是提供配套支持。所以金融基础设施的主要功能，一是通过高效的运转和互联互通，推动形成统一包容开放的金融市场，提高金融服务实体经济的效率。二是能有效地动员储蓄向生产性资本转移，并将这种资本配置到能实现效用最大化的部门，从而促进经济增长。三是为金融创新和发展提供了必要的平台和环境，有助于金融体系的稳健性。

（二）建设中国特色自主可控安全高效的金融基础设施

1. 当前我国金融基础设施发展现状与所处环境

　　经过多年建设，我国逐步形成了为涵盖货币、证券、基金、期货、外汇等金融市场交易活动提供支持的基础设施体系，功能比较齐全、运行整体稳健。近些年，我国金融基础设施体系建设不断提速，以支付清算基础设施为例，在国际同类系统中已处于领先水平。目前，我国支付清算基础设施已支持企事业单位大额资金汇划、金融市场交易、居民个人零售支付等多类支付场景，满足了不同时间、金额、币种的跨行清算和使用多类支付工具进行资金结算的需求，已成为我国金融基础设施的重要组成部分。中国人民银行主管的主要金融基础设施机构及业务如图5-7所示。

随着金融市场开放程度的不断提高，跨境资本流动日益频繁，我国金融市场基础设施逐步与国际接轨。国际经验表明，只有拥有国际一流的金融基础设施，才能保障资金安全，加速资金周转，增强资金的吸引力，促进形成"资金洼地"。

纵观世界，美国拥有世界上最大、最深的金融市场，这是其金融霸权建立的基础，主要包括：一是在资本市场方面，拥有世界上最大的股票交易所、期货交易所。纽约证券交易所、纳斯达克交易所在市值和交易量上都占有很大的份额。同时，交易所不断创新，推出了高频交易、暗池交易等一些新的交易模式，提高了交易效率。二是在支付结算系统方面，美国主导的SWIFT系统是全球唯一的跨境资金结算系统，是各国银行开展跨境支付业务的基础，各国货币均依赖SWIFT系统来进行跨境支付结算。人民币国际化就是通过接入SWIFT系统来实现的。美国在SWIFT系统底层架构上建立了纽约清算所银行同业支付系统（Clearing House Interbank Payment System，CHIPS），这是全球最大的私人支付清算系统之一，主要进行

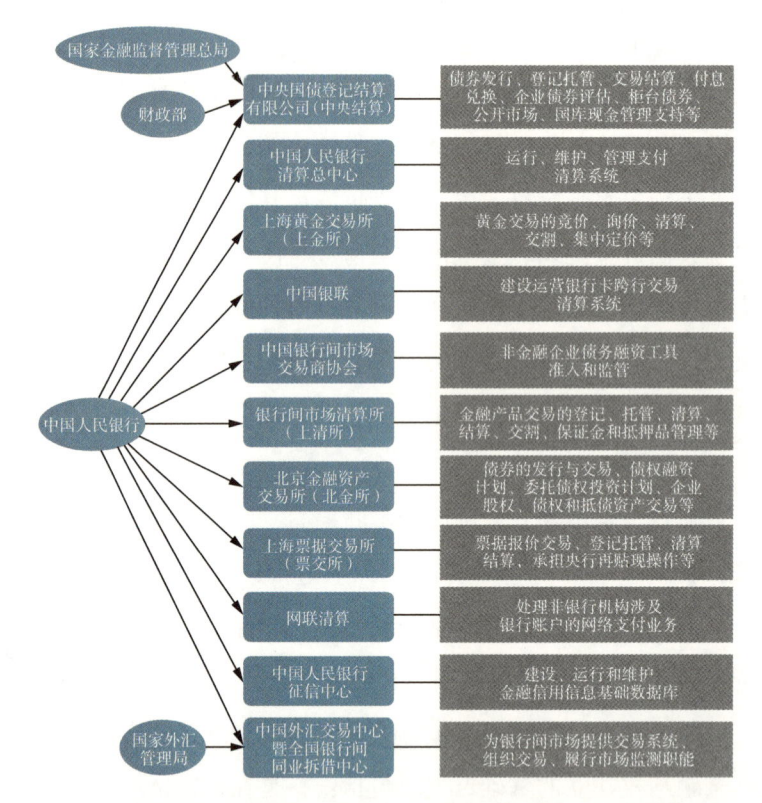

* 图5-7 中国人民银行主管的主要金融基础设施机构及业务
资料来源：张成思：《现代中央银行制度下的金融基础设施体系建设路径》，《深圳社会科学》，2023年第4期。

跨国美元交易的清算。CHIPS目前占到全世界银行同业外汇交易清算份额的90%以上。三是在信息系统方面，在金融资产交易中目前全球应用最多的是彭博和路透系统。美国在金融交易、金融资讯等方面都占据了绝对的垄断地位。这些金融基础设施为美国金融市场定价功能提供了技术支持。[1] 以此为基础，美国

---

1. 骆振兴：《美国金融霸权阴影下 中国应加快金融基础设施建设》，《中国经营报》，2019年8月17日。

实施所谓的"长臂管辖",维护美元的全球霸权地位。

金融基础设施体系对整个金融体系安全稳健高效运行发挥着重要的基础性作用,直接关系到金融安全、经济安全、国家安全,因此必须实现其自主可控安全高效。自主可控安全高效的金融基础设施体系是构建中国特色现代金融体系的重要组成部分,是加快建设金融强国的重要依托,更是推进金融高质量发展的重要保障。

| 知识链接 |

高频交易与暗池交易

高频交易是指从那些人们无法利用的极为短暂的市场变化中寻求获利的计算机化交易,是一种通过自动化算法在短时间内执行大量交易的策略。这种技术主要依赖先进的计算机硬件和软件,以实现非常快速的交易决策和执行过程。

暗池是指那些不显示公开股票报价的电子交易场所。一般暗池应用于交易大宗股票,并且只有在成交后才会公示价格。暗池交易中交易的资金叫场外资金,并不是完全没有记录,一般记录在证券买卖汇总记录带,但记录条目为场外交易。

"暗池"交易最早在美国兴起,之后在欧洲也得到发展。暗池交易的兴起主要和证券市场上兼并、收购日益频繁,大宗股权的转让需求蓬勃发展有密切关系。

资料来源:《财经"知"道之暗池》,山西师范大学经济与管理学院,2023年1月31日。

2.自主可控安全高效的金融基础设施体系的功能

一是高效性。这是金融基础设施的核心功能之一。只有建立高效运转与畅通互联的金融基础设施体系，才能形成充分的市场流动性，为全社会资金流动提供强大支撑，有效满足金融市场的发展需求，提高金融服务的质量和效率，充分发挥金融的资源配置功能。

二是安全性。安全性是金融基础设施的生存之本。金融基础设施体系是金融体系运行的硬件设施与制度安排，是一个多维度的网络，具有跨机构、跨市场、跨地域、跨国界等特征，它连接不同金融机构、市场、地区和国家，使金融资源的分配和流通能够在更广泛的范围内进行。金融基础设施无疑能提升金融市场的效率，但同时也存在着汇集市场风险的可能，金融基础设施的核心目标是保障金融交易与金融市场运行的安全和高效。因此只有具备高度安全性、稳定性和可靠性的金融基础设施体系，才能有效抵御各种风险与挑战，保障金融体系的正常运行。

三是自主可控性。这指在设计、运行和维护以及相关制度制定等方面保持金融基础设施的独立性，意味着金融基础设施体系的建设和运营完全由本国掌握，不受外部势力的控制和干预。这将有助于保持金融基础设施在全球化背景下的适应变化能力与竞争力。

| 知识链接 |

全球最重要的跨境支付清算通信系统——SWIFT系统

SWIFT系统，全称是"环球银行金融电信协会"（Society for Worldwide Interbank Financial Telecommunication）。1973年5月3日，来自美国、加拿大、欧洲的15个国家的239家银行共同成立了SWIFT，总部位于比利时布鲁塞尔。其成立时主要职能在于信息传递，不涉及清算，也不参与资金往来，这也是它诞生的初衷。

经过40多年发展，SWIFT系统形成了广为世界接受的电文格式标准、身份标识体系、跨国网络体系，其报文传送平台、产品和服务覆盖全球200多个国家的超11000家银行、证券机构、市场基础设施和企业用户，支持全球90多个国家和地区的实时支付系统。SWIFT系统目前是全球跨境金融信息传输服务的领导者和标准制定者、全球最重要的国际收付清算体系的信息通道（见图5-8）。鉴于美元在国际贸易中的主导地位，美元是SWIFT系统中的主要支付结算货币，其他参与结算的还有加元、英镑、人民币、港元、日元等十多种主要世界货币。

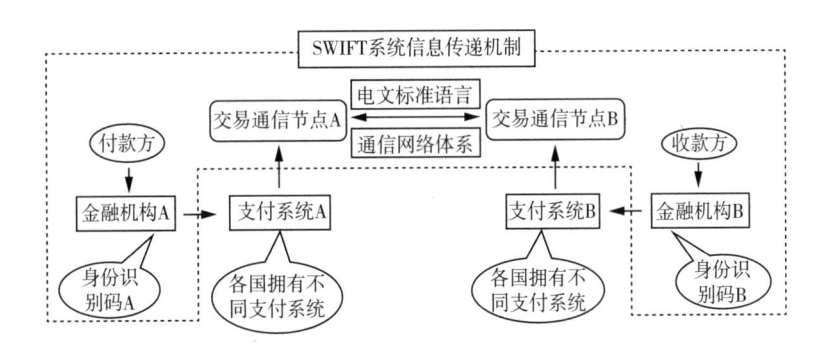

* 图5-8 SWIFT系统信息传递机制
资料来源：陈尧、杨枝煌：《SWIFT系统、美国金融霸权与中国应对》，《国际经济合作》，2021年第2期。

SWIFT系统虽由欧盟主导，名义上是一个中立组织，但其在现实中很难与政治脱离关系。由于美国的全球霸权以及金融实力，通过政治同盟、政治游说、恐吓制裁等手段，美国拥有相当的影响力和控制权，因此准确地说，这是由欧美共同掌控的国际金融基础设施。

尤其"9·11"事件后，美国以追踪恐怖分子财务的名义，从SWIFT系统调取与恐怖活动有关的金融交易和资金流通信息。此后美国对SWIFT系统的控制权大增。近年来，美国通过SWIFT系统对他国进行金融制裁，打击对手。2012年美国联合欧洲升级对伊朗金融制裁，直接将伊朗四家重要银行从系统中剔除，使伊朗无法通过系统进行结算、支付、收款，空有大量石油卖不出去，导致出口量锐减，通胀上升，失业人数上升。后又将朝鲜、俄罗斯排除在SWIFT系统之外，将其隔绝于全球金融体系。

SWIFT系统可支持与大多数银行金融机构对接，为海量资金相关数据的交换提供了安全、可靠、快捷、标准化的通信业务。一旦某个金融机构被切断与SWIFT系统的联系，该机构的跨境业务报文成本将大幅上升，甚至难以进行。由此，被排除在SWIFT系统之外称为"金融核弹级制裁"。

3.自主可控安全高效的金融基础设施体系是中国特色现代金融体系正常运转的保障

金融基础设施是整个金融生态的基石，是金融体系稳健高效安全运行的物质基础和重要保障。唯有建立健全自主可控安全高效的金融基础设施,才能保障中国特色现代金融体系功能的正常运转;才能提升金融产品和服务标准,构建具有高度适应性、开放性、包容性、普惠性、智能化的现代金融体系,实现金融资源的最优配置与高效利用,助推金融高质量发展;才能实现交易平台、支付体系、结算系统等硬件设施与金融法律法规、会计制度与社会信用环境等在金融体系中的协调配合,合力打造良好的金融生态,保持金融系统的稳定和安全,有效防范和化解金融风险,牢牢守住不发生系统性金融风险的底线。

金融基础设施是否自主可控安全高效更直接关系到国家经济发展的稳定性、运营和资本效率、风险防控以及国家安全等诸多重大问题。加快建设金融强国,构建中国特色现代金融体系,推动金融高质量发展,亟须加快建设自主可控安全高效的金融基础设施体系。

(三)建立健全自主可控安全高效的金融基础设施体系

1.尽快健全完善相关法律法规和管理办法

欧美发达的经济体均在不断完善金融基础设施建设方面的立法,世界上首部关于金融基础设施的立法是瑞士在2016年开始实施的《金融基础设施法》。而我国专门针对金融基础设施的法律相对欠缺。未来需要在更高位阶的法律中充分明确金融基础设施清晰的法律地位及其功能定位,充实金融基础设施的机构准入、治理结构、业务规则、财务管理、风险控制、系统安全、信息披露、审查评估、处罚等法律规定,确立防范化解金融风险措施在金融交易和金融市场中的优先性和最终性,使监管有法可依。加强对金融基础设施跨境行为的监管立法，谨防外部风险。促进金融信息标准化立法，明确信息采集范围、形式、口径，加强对金融信息的司法保护。尽快完善健全相关法律法规和管理办法，提高合规内控系统信息化要求，进行强制性风险披露要求，并提高违法违规处罚力度。

2.建立金融安全审查机制

我国当前仍缺乏相对独立、全面的金融安全审查机制。国家安全审查机制建立的目的是防止外商投资给东道国带来风险。借鉴主要发达经济体经验设立金融安全审查机构，确定金融安全审查的范围，将金融关键基础设施、金融关键技术和金融数据安全作为审查重点。加快科技与金融领域的外商投资审查机制的改革，建立科技、金融、关键基础设施等领域的外商投资安全审查机制，构建国家关键产业安全边界。

3.充分利用我国在金融科技领域发展优势，强化数字基础设施建设

金融科技的快速发展能极大地推动金融基础设施建设。要加强数字技术的应用，完善业务服务体系，不断满足与引领市场需求；加大在绿色金融、普惠金融、人民币跨境支付等方面基础设施建设的投入，大力推动信息网络、大数据平台等数字基础设施建设；通过加强金融监管部门与其他经济数据生产部门的沟通协调，打造更权威的金融数据聚集枢纽和领先的数据信息服务平台，推动数据要素的多向赋能。大力发展监管科技，对金融科技风险实施实时动态监控。制定金融机构、类金融机构和金融科技企业风险管理指引，建立金融科技使用安全策略与标准、数据统一管理机制等，如制定《数据治理指引》《区块

链使用安全标准》等。

4.加强监管，维护金融基础设施稳健安全

建立健全自主可控安全高效的金融基础设施体系，需要不断完善金融监管制度体系，并制定配套政策制度，对金融基础设施所涉及的准入、治理、运营、风控、监管等活动进行顶层设计，提高金融监管部门之间的统筹和协调配合，完善监管框架、制定监管规则、统一监管标准、明确监管层次。及早对金融基础设施进行全面监管，与国际金融基础设施相关法律基础、制度框架、运行规则、监管规则等逐步对接。确保金融基础设施符合国家战略和规划，符合国家经济社会发展需要，有力维护国家金融安全。积极参与国际标准制定、国际监管合作，提高国际话语权。

5.积极筑牢"金融防波堤"

在当前国际地缘政治冲突与国际环境复杂多变的形势下，筑牢"金融防波堤"的主要目标是保障国内金融基础设施的独立性和韧性，从而减少国际金融市场的风险对国内金融市场的影响。加强便于人民币支付结算的金融基础设施体系建设，完善和构建多重跨境支付体系，以保障金融体系的安全。

第 6 章

全面加强金融监管

金融监管要"长牙带刺"、有棱有角，关键在于金融监管部门和行业主管部门要明确责任，加强协作配合。在市场准入、审慎监管、行为监管等各个环节，都要严格执法，实现金融监管横向到边、纵向到底。

——习近平总书记在省部级主要领导干部推动金融高质量发展专题研讨班开班式上的重要讲话（2024年1月16日）

第 ⑥ 章　　→ 全面加强金融监管

金融监管是金融业健康发展的基础和保障。2024年1月16日，习近平总书记在省部级主要领导干部推动金融高质量发展专题研讨班开班式上发表重要讲话指出，要着力防范化解金融风险特别是系统性风险。金融监管要"长牙带刺"、有棱有角，关键在于金融监管部门和行业主管部门要明确责任，加强协作配合。在市场准入、审慎监管、行为监管等各个环节，都要严格执法，实现金融监管横向到边、纵向到底。加强和完善现代金融监管体系，实施对金融业的全面监管，加快金融法治化建设步伐，提高金融与经济之间的适配性，推动经济高质量发展，是当前金融领域的一项重要任务，也是加快建设金融强国的关键步骤。

一、建立健全现代金融监管体系

回顾历史，18世纪初，英国面临着严重的财政危机，南海公司发行大量股票后被人为拉高，最终形成"南海泡沫"。为了防止类似"南海泡沫"事件再次发生，1720年英国颁布《泡沫法》，标志着国家开始对现代金融活动实施监管。同样，1929—1933年的大萧条促使美国社会各界认识到金融风险的外部性及其带来的巨大危害。危机直接引发美国金融业的重大变革：1933年美国通过《格拉斯—斯蒂格尔法》，要求商业银行与证券业分业经营，并成立了联邦存款保险公司。1933年和1934年美国分别通过了《证券法案》与《证券交易法案》，又成立了美国证券交易委员会等。此前，美国的保险业监管一直以各州监管为主，上述举措促使美国初步形成了"分业经营、分业监管"的机构监管（多头监管）模式。2008年美国次贷危机引发全球金融危机后，世界各国都在积极致力于防范金融风险的新的监管模式重构。次贷危机的爆发也让我国国内金融监管部门意识到必须未雨绸缪，尽早采取措施以应对金融市场的风险，并对金融机构混业经营趋势加大针对性的监管举措。主要发达国家金融监管框架演变如表6-1所示。

表6-1 主要发达国家金融监管框架演变

时间	阶段	标志事件	特点
1933年以前	第一阶段：金融监管萌芽和形成期	1863年美国《国民银行法》是世界上第一次以法律形式对金融监管作出的制度化安排 1913年美国《联邦储备法》标志美国金融监管制度形成	以美国为代表的国家逐步以法律形式来进行金融监管，这一阶段证券交易依然自律
1933—1970年	第二阶段：金融监管加强期	1933年美国颁布《格拉斯—斯蒂格尔法》（也称《1933年银行法》）	分业经营和分业监管格局在全球范围形成，分别设立银行、证券、保险的监管机构
1970—1990年	第三阶段：监管放松期	1980年美国取消《存款机构管制和货币控制法案》 1982年颁布《高恩—圣杰曼存款机构法》 1999年废除《格拉斯—斯蒂格尔法》	1970年开始显现的高失业率与高通胀率并举的滞胀，助推了监管层金融自由化共识的达成，发达国家逐步放松管制以促进金融发展
1990—2008年	第四阶段：混业监管期	1995年2月27日英国中央银行宣布巴林银行倒闭 英国颁布《2000年金融服务和市场法》，成立金融服务局，将银行、证券和保险的监管统一起来 美国于1999年11月通过以混业经营为核心的《金融服务现代化法案》	英国模式：金融服务局针对银行、证券和保险的"全面监管模式" 美国模式："伞形监管模式"

续表

时间	阶段	标志事件	特点
2008年至今	第五阶段：统一监管期	2008年美国次贷危机全面爆发 2010年美国制定《多德—弗兰克法案》	英国设立金融行为监管局、英格兰银行内部新设金融政策委员会 美国设立金融稳定监管委员会，监管衍生品市场，注重宏观审慎监管 全球主要国家金融市场进入统一监管期

* 资料来源：周代数、张立超：《金融监管的国际比较研究：模式、趋势与启示》，《金融监管》，2019年第4期。

党的二十大报告对金融监管改革作出重要部署："加强和完善现代金融监管，强化金融稳定保障体系，依法将各类金融活动全部纳入监管，守住不发生系统性风险底线。"积极探索符合中国国情、与发展阶段相适应的现代金融监管体系成为金融监管部门的使命。

（一）现代金融监管体系的内涵与特点

1. 金融监管与金融监管体系的内涵

金融监管主要指金融监管当局对金融机构和金融市场实施全面的管理、经常性的检查与监督，并以此促使金融机构合法稳健经营，促使金融市场健康发展，维护金融稳定。金融监管有广义的监管和狭义的监管之分。狭义的金融监管主要是指对金融业的外部监督与管理。广义的金融监管还包括监管机构内控和行业自律。金融监管对金融业的发展与规范十分重要。要想提高监管效率，必须建立一个健全和完善的现代金融监管体系。金融监管体系是为实现特定的经济社会目标而对金融活动施加影响的一整套机制和组织结构的总和，包含权力分配、责任划分、组织结构等。

2.金融监管模式

综合国际金融监管历史，目前主要有三种金融监管模式：统一监管模式、分业监管模式和不完全统一监管模式。其中统一监管模式是指对不同的金融行业、金融机构和金融业务均由一个统一的监管机构（可以是中央银行，也可以是其他机构）负责监管；分业监管模式是在银行、证券和保险三个业务领域内分别设立一个专门的监管机构，负责各行业的审慎监管和业务监管；而不完全统一监管模式按监管机构不完全统一和监管目标不完全统一划分，是对以上两种监管的一种改进型模式。上述三种金融监管模式各有其优势，也各有不足，并不存在绝对有效或者绝对无效之分。各国的金融监管模式均是建立在其各自的经济环境、政治与法律环境大背景下。所以一国选择金融监管模式时，必须根据本国国情，综合考虑金融机构经营方式、经济发展水平、政治因素等多重因素。

3.现代金融监管体系特点

现代金融监管是指符合现代金融体系特点，适应现代金融发展需要的金融监管框架。现代金融监管体系是指具有高度适应性、竞争力、普惠性的，能够充分满足人民群众对金融服务需求的金融体系。相应地，现代金融监管体系应该具备如下特点：一是具有高度适应性，能顺应本国金融发展、金融结构和金融安全的动态变迁，与时俱进地提升金融监管的有效性。二是具有鲜明的前瞻性，要始终对风险保持警惕性与敏锐性，对"黑天鹅"和"灰犀牛"有充分预判和预案。三是具有强大的执行力。金融监管体系必须拥有多样化强有力的"工具箱",能于"险象环生""风高浪急"中迅速作出判断,并熟练运用各种监管工具防范和化解风险。

4.现代金融监管体系的核心内容

现代金融监管体系主要涵盖六方面内容,一是强化宏观审慎监管,防范和化解系统性风险,避免全局性金融危机。二是增强微观审慎监管,持续完善资本标准、政府监管、市场约束三大支柱监管体系,从微观视角优化监管,防范风险。三是保护金融消费者权益。四是打击金融犯罪,尤其是隐蔽性强、危害性大、专业性复杂的新型金融犯罪活动。五是维护市场稳定,重点是加强风险源头管控,切实规范金融秩序,防止风险交叉传染、扩散蔓延。六是妥善处理问题机构风险。

(二)中国特色现代金融监管体系的构建

回顾我国金融业70余年的发展历程,我国的金融监管时间较短,从新中国成立到20世纪80年代中期,我国经济是在计划经济体制下运行,中国人民银行履行中央银行职能,实行单一监管体制。中国人民银行独自承担着政策制定者、实施者和监管者的角色。到20世纪80年代中期中国人民银行才开始专门行使政策制定和监管的权力,我国金融监管大致经历了从1992年之前高度集中的"大一统"金融监管模式到"多头分业"的"一行三会"监管模式,再到"一行一局一会"金融监管模式的实施,一路走来,我国金融监管体系不断完善和发展。同时,我国一直致力于探索现代金融监管体系的构建,从中积累了大量宝贵经验。而在新的发展阶段,为了强化金融对经济高质量发展的支持力度,我国金融业将沿着金融创新、市场化和对外开放方向发展,同时也对进一步深化金融监管改革提出了更高的要求。

根据公开资料梳理的情况，我国金融监管的改革历程大体可以分为三个阶段：一是计划经济下的混业监管（中国人民银行"大一统"时期）；二是市场经济逐步活跃后的分业监管（"一行三会"时期）；三是市场经济进一步发展下重回混业监管（国务院金融稳定发展委员会成立、"一行两会"时期，如图6-1所示）。1992年，分业监管初现雏形。

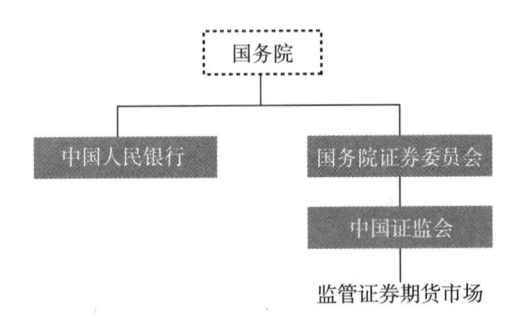

```
                    国务院
          ┌───────────┴───────────┐
      中国人民银行            国务院证券委员会
                                  │
                              中国证监会
                                  │
                          监管证券期货市场
```

* 图6-1 1992年成立证券委员会和中国证监会监管结构

1992年，国务院证券委员会和证监会成立；随后，1998年，保监会依法成立，其设立是为了实现宏观金融调控与微观审慎监管的分离，旨在落实统一监督管理全国保险市场，维护保险业合法、稳健运行；2003年，银监会依法正式成立，中国人民银行专司货币政策，原有对银行、金融资产管理、信托投资及其存款类金融机构的监管权移交给新成立的中国银行业监督管理委员会，中国人民银行保留货币和外汇市场监管、支付体系、征信管理和反洗钱监管职能，银监会还确立了"管法人、管风险、管内控、提高透明度"的监管理念。同时，保监会也升格为国务院直属正部级事业单位，获得与银监会、证监会同

第 6 章 → 全面加强金融监管

样的地位,由此开启了我国金融业"一行三会"分业监管的金融监管体制时期(如图6-2所示)。

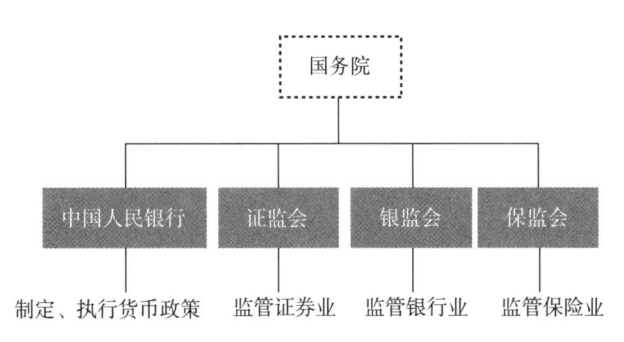

```
                    国务院
                      │
    ┌─────────┬─────────┼─────────┬─────────┐
 中国人民银行   证监会    银监会    保监会

制定、执行货币政策  监管证券业  监管银行业  监管保险业
```

* 图6-2 "一行三会"分业监管结构

2017年成立国务院金融稳定发展委员会,负责监管统筹协调和对各监管部门的监督问责。2018年4月8日,中国银行保险监督管理委员会正式挂牌。银保监会的建立,使中国的金融监管体系开始由"一行三会"进一步细化为"一委一行两会"的格局(如图6-3所示)。银保监会的建立,开启了我国金融混业监

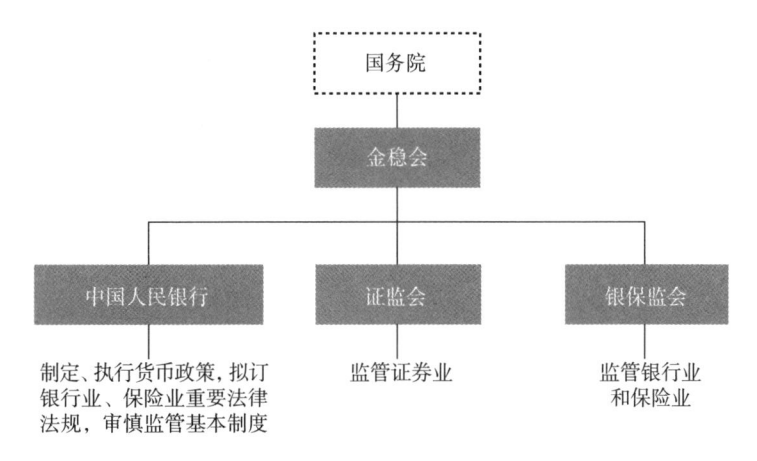

```
              国务院
                │
              金稳会
                │
    ┌───────────┼───────────┐
 中国人民银行     证监会      银保监会

制定、执行货币政策,拟订  监管证券业   监管银行业
银行业、保险业重要法律              和保险业
法规,审慎监管基本制度
```

* 图6-3 "一委一行两会"监管架构

管模式的新起点，对规范引导金融业为实体经济服务，严守金融创新边界，促进银行业与保险业的健康发展有着积极的推动作用。直到2023年3月，金融监管又开启了新一轮改革。

从1949年新中国成立到2023年3月，我国金融监管体系发展历程如表6-2所示。

表6-2 我国金融监管体系发展历程

时间	时代背景	监管体系
1949—1978年	计划经济体制，不存在金融市场概念	中国人民银行对金融行业进行简单粗放监管
1979—1990年	"四大行"成立，中国人民银行成为中国最主要的金融监管机构，兼具制定货币政策与监管金融机构的双重职能	这段时期中国仍属于集中、统一的监管体系
1991—2003年	上交所、深交所成立；出现股份制银行、外资银行；非银金融迅速发展；多层次资本市场逐步发展壮大；中国人民银行成为超大级中央银行	单靠中国人民银行进行金融监管已显得力不从心，证监会、保监会、银监会逐步成立，"一行三会"的监管体系初步确立
2004—2007年	证监会、银监会、保监会共同签订了《金融监管分工合作备忘录》，明确各方监管范围与职责，同时建立"监管联席会议机制"	"一行三会"的监管体系在"监管联席会议机制"的基础上得到了进一步明确和完善。监管权责、分工进一步得到细致落实
2008—2012年	经历了金融危机之后中国金融行业更加注重监管能力建设和市场主体的改革，进一步坚持监管机构对银行业的监管力度，不断完善监管方法	2008年国务院相关机构改革，中国人民银行监管地位进一步提升，被赋予了牵头建立相关金融协调机制，维护中国金融安全稳定，协调处理金融改革发展过程中遇到的重大问题等重要职责
2013—2023年	金融行业混业经营加剧，金融创新成为新趋势；原监管合作备忘录中协调机制不健全等弊端得到进一步完善	2018年4月银保监会成立，中国的金融监管体系开始由"一行三会"进一步细化为"一委一行两会一局"的格局

* 资料来源：民生证券研究院

第 6 章 → 全面加强金融监管

1.中国特色现代金融监管的系统性重塑和整体性重构

2023年3月7日,《国务院关于提请审议国务院机构改革方案的议案》(以下简称《议案》)公布,金融监管机构迎来重大变革。这也是我国建立现代金融监管体系迈出的关键一步。本次金融监管体制改革几乎涵盖了所有金融监管部门。

根据《议案》,在原银保监会的基础上组建国家金融监督管理总局作为国务院直属机构,证监会也调整为国务院直属机构。此外,统筹推进央行分支机构改革,不再保留央行县(市)支行;国家发展改革委的企业债券发行审核功能划入证监会;深化地方金融监管体制改革;金融监管部门工作人员纳入国家公务员统一规范管理;设立国家金融监管总局。组建金融监督管理总局之后,原"一行两会"监管体系变更为"一行一会一局"。监管框架的重塑使中国特色现代金融监管体系得以不断完善(如图6-4、图6-5所示)。

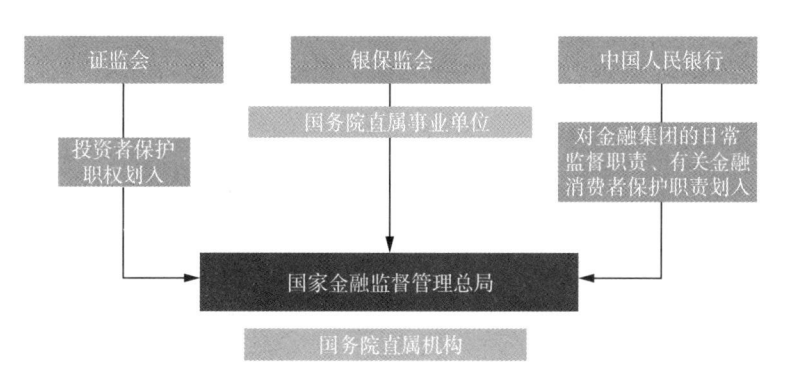

* 图6-4 组建国家金融监督管理总局

新的金融监管架构施行横向、纵向改革。横向改革重点是进一步厘清顶层金融监管框架。在机构调整上,央行负责货币政策及宏观审慎调控，国家金融监管总局和证券业协会负责金融机构行为监管，并且国家金融监管总局、证券业协会同属国务院直属机构。在监管职责上，企业债发行审核归证监会负责，金融消费者权益保护统筹归国家金融监管总局负责。而纵向改革的重点是理顺中央和地方层级监管效率。

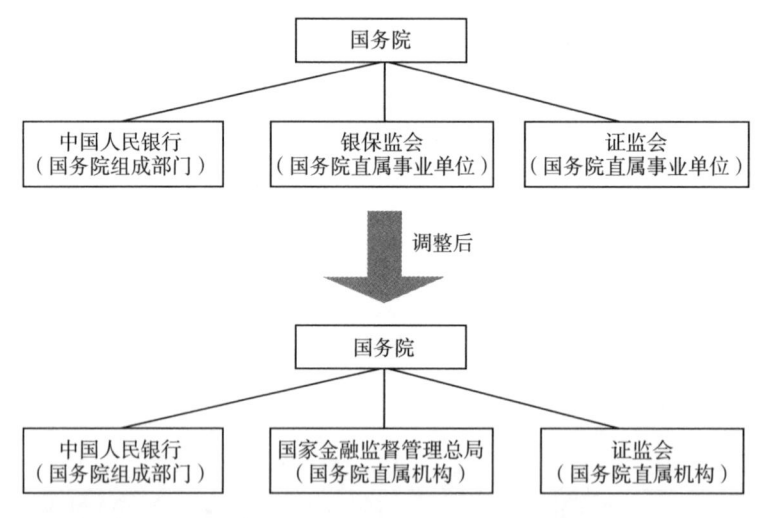

* 图6-5 证监会划为国务院直属机构结构

资料来源：民生证券研究院

2.中国特色现代金融监管体系的监管目标与监管要求

本轮监管改革强调金融监管的目标是防范金融风险，提高金融服务实体经济的质效，通过推动中国金融的高质量发展来促进中国经济的高质量发展。2023年10月召开的中央金融工作会议指出，要"依法将所有金融活动全部纳入监管，全面强化机构监管、行为监管、功能监管、穿透式监管、持续监管"。我国传统的金融监管模式是机构监管，即按照银行、证券、保险三种不同的机构类型来实施金融监管。功能监管是根据产品实质的不同来实施监管要求。行为监管与审慎监管相对应，更强调对违法违纪行为的检查、处罚，保护好金融消费者权益。穿透式监管可以分为三个层面，一是产品穿透，二是投资穿透，三是股权穿透。在实践中，一些金融资管产品层层嵌套，需要穿透其底层资产和投资结构。持续监管要求一方面保持监管政策的稳定性，另一方面保持监管行为的连续性，减少"朝令夕改"现象，给市场和机构明确的预期，以持续提高监管质效。这"五大监管"既是中国特色现代金融监管体系的要求，也包含了新时代金融监管的内容、对象和方向，是对我国传统金融监管体系逻辑上的重构。

（三）建立完备有效的现代金融监管体系

习近平总书记在省部级主要领导干部推动金融高质量发展专题研讨班开班式上强调，必须加快构建中国特色现代金融体系。完备有效的金融监管体系作为"六大体系"之一，是建设金融强国的必备要素。如何提升中国特色现代金融监管体系的完备性和有效性，事关我国金融改革的全局。

1.强监管严监管，坚决做到"长牙带刺"

金融监管要"长牙带刺"、有棱有角是建立完备有效的金融监管体系的必然要求。要不断提升监管的前瞻性、精准性、有效性和协同性：一是全面强化"五大监管"。坚持风险为本原则，要抓准入、抓法人、抓治理，强化机构监管。坚持依法将各类金融活动全部纳入监管，保护金融消费者合法权益，强化行为监管。坚持"同一业务、同一标准"原则，强化功能监管。

坚持"实质重于形式"原则,强化穿透式监管。坚持围绕金融机构全周期、金融风险全过程、金融业务全链条,强化持续监管。二是严格执法,敢于亮剑。深入整治金融市场乱象,做到坚持原则、敢于碰硬、一视同仁、公平公正。聚焦影响金融稳定的"关键事"、造成重大金融风险的"关键人"、破坏市场秩序的"关键行为",把板子真正打准、打痛。会同有关部门严肃处理违法违规第三方中介机构。强化监审联动、行刑衔接、纪法贯通,切实提高违法违规成本。三是进一步健全金融法治,做好法规政策的"立改废释",与时俱进完善审慎监管规则,扎紧制度的"铁篱笆"。加快监管大数据平台建设,充分运用科技手段,快速有效识别、精准锁定金融风险。

2.有效防范化解金融风险

加强监管能更加有效防范和化解风险,根据中国人民银行最新统计数据,截至2023年末,我国银行业金融机构不良贷款余额为3.95万亿元,较2023年初增加1495亿元。不良贷款率为1.62%。商业银行逾期90天贷款与不良贷款比例为84.2%,保持在较低水平。始终坚持市场化、法治化原则,加大力度推进风险处置,全年处置不良资产3万亿元。2023年,商业银行贷款损失准备金余额增加4768亿元,拨备覆盖率为205.1%,持续保持较高水平。2023年末,资产规模2000亿元以上银行流动性覆盖率为151.6%,净稳定资金比例为125.5%。资产规模2000亿元以下银行优质流动性资本充足率为269.4%。当前,我国金融业运行总体平稳,各类机构流动性指标均保持较高水平。下一步,要坚持目标导向、问题导向,坚决打好攻坚战和持久战,做到对风险早识别、早预警、早暴露、早处置，稳妥防范化解重点机构、重点领域金融风险，分类施策，牢牢守住不发生系统性风险底线。坚持依法合规开展监管，推动构建全覆盖、无盲区的金融监管体制机制。

3.强化保护金融消费者的合法权益

做好金融消费者权益保护工作，是践行金融工作政治性、人民性的集中体现，也是强化行为监管的重要内容。从国际金融监管的发展趋势看，行为监管的重要性日益凸显，其主要包含了"双峰监管"模式的理念。所谓"双峰监管"，即将金融监管机构功能分为两部分，一部分维护金融体系稳定即进行审慎监管，另一部分负责保护消费者合法权益即进行行为监管。保护金融消费者合法权益，对提升金融消费者信心、防范化解金融风险、维护金融安全与稳定、促进社会公平正义与社会和谐具有重要意义。

| 知识链接 |

"双峰监管"模式理论

"双峰监管"模式理论（Twin Peaks Model）是1995年由英国经济学家泰勒（Taylor）提出的。泰勒认为监管应该同时着重于审慎监管与行为监管两大目标，其中审慎监管主要目的是维护金融体系稳健运行，防止系统性金融风险的发生。审慎监管具体包括宏观审慎和微观审慎两个层面，宏观审慎着重于金融体系的稳定，微观审慎则旨在通过监管实现个体金融机构的稳健。而行为监管注重金融效率的提高，包括金融消费者保护、促进公平有效竞争、提高金融市场透明度、诚信建设与减少金融犯罪等五个方面。

"双峰监管"主要强调监管与效率的关系，主张将在监管目标、监管手段、专业技能等方面均有较大区别的行为监管与审慎监管分开，由不同的监管机构或部门承担。这样一方面可提高监管专业化程度，另一方面可以避免利益冲突，提高金融体系对实体经济的服务能力。"双峰监管"突出强调了行为监管的重要性，它认为行为监管与审慎监管均是维护金融体系稳健发展必不可少的重要手段。"双峰监管"为英国金融监管体制改革指明了方向。在2008年全球金融危机后的金融监管改革中，行为监管、宏观审慎监管、微观审慎监管一并成为国际金融监管改革的三条主线。

实行"双峰监管"的国家主要有澳大利亚、荷兰、英国。2011年，G20峰会通过了"二十国集团金融消费者保护高级原则"，从消费者保护的角度明确提出了行为监管的重要性。中国香港金融管理局新设立了银行操守部，增强行为监管力量。英国则建立了"准双峰"的监管体制，美国2008年发布的《现代金融监管结构蓝皮书》中建议建立类似的"伞+双峰"的监管体制。

同时，要加强金融监管内部治理。强化"对监管的监管"，切实做到"打铁还需自身硬"，真正实现横向到边、纵向到底。强化对权力运行的有效制衡，规范政策制定、市场准入、稽查执法、行政处罚与风险处置等工作流程，强化对重点岗位和关键环节的监督制约，打造一支政治过硬、专业精湛、清正廉洁的监管铁军。

加快构建中国特色现代金融体系离不开完备有效的现代金

融监管体系的构建，完备有效的现代金融监管体系对防范和化解金融风险、确保金融业稳健运行有着重要的现实意义。而全面加强金融监管，防范和化解金融风险，最终目的就是保障金融安全，提高金融服务实体经济的质效，促进经济高质量发展，而经济高质量发展又首先需要增强金融与经济的适配性。

二、有效增强金融与经济之间的适配性

2024年1月16日，在省部级主要领导干部推动金融高质量发展专题研讨班开班式上，习近平总书记从金融调控、金融市场、金融机构、金融监管、金融产品和服务、金融基础设施六方面提出加快构建中国特色现代金融体系，其中，明确要建立健全"结构合理的金融市场体系"。什么是"结构合理的金融市场体系"？结构合理的金融市场体系应该是银行市场、股票市场、债券市场、保险市场等协调发展，间接融资和直接融资比例合理，金融资源配置效率高，服务实体经济质效高，本质上是指与经济适配性强，能更好适应经济发展变化的金融结构体系。

（一）增强金融与经济的适配性是推动经济高质量发展的需要

提高金融体系的适配性。提高适配性，顾名思义，就是要使金融体系产出的金融资源更适应实体经济需求。

1.金融与经济适配性是金融服务实体经济的关键

金融是实体经济的血脉，金融的本质就是服务实体经济。适配性是金融运行规律内在的客观要求，是金融供给与需求、

金融服务与实体经济形成良性循环的必要条件。提升金融与经济适配性要求实现金融和实体经济发展的良性互动，促进国民经济畅通循环发展。党的十九大报告指出"深化金融体制改革，增强金融服务实体经济能力"，实体经济与金融良性互动发展是供给侧结构性改革的重要任务之一。实体经济与金融发展的良性互动本质上要求金融满足实体经济不同发展阶段的融资需求。这就要求金融既不能脱离实体经济过度发展，形成"虚假繁荣""脱实向虚"，也不能滞后实体经济发展，导致经济下滑。金融和实体经济适配性不强会引起实体经济的下滑、经济结构的扭曲或导致金融风险的出现，最终使金融发展停滞不前。金融与经济适配性，是保障金融服务实体经济的质效，推动实体经济高质量发展的关键。

2. 金融与经济适配性是金融安全的重要基础

金融安全是国家安全的重要组成部分，需要坚决贯彻总体国家安全观，全力支持保障中国式现代化稳步推进。金融安全一方面要通过金融服务增强经济发展的安全性，如围绕关键"卡脖子"技术、产业链供应链安全稳定等提供丰富的金融服务；另一方面要持续做好风险防范，推进重大风险化解，牢牢守住不发生系统性金融风险的底线，以保证金融自身的安全。随着经济社会发展变化，金融创新不断涌现，金融风险更趋隐蔽、传导链条长，不同领域金融风险更易于同频共振，造成的破坏性大。这对金融安全提出严峻挑战。适配性是安全性的重要基础，安全性是适配性的主要目标。

3. 金融与经济适配性是金融高质量发展的内在要求

金融服务实体经济、推进经济高质量发展首先要求金融实现自身的高质量发展，而不断提升金融与经济适配性是金融自身高质量发展的需要。金融发展要始终立足于我国世界第二大经济体、人口众多的国情，走中国特色金融发展之路，坚守服务实体经济的天职，切实提升服务理念、能力和质效，不断扩大金融服务供给总量，提升金融服务质量，优化金融服务结构，在支持实体经济做实做强做优中实现金融自身高质量发展，从而以金融业高质量发展促进经济社会高质量发展。

近年来，我国金融业为经济社会发展提供了丰富多元的金融服务，在促进实体经济发展中作出了巨大贡献。当前，实体经济发展呈现出诸多新特点，也对金融机构的服务方向、服务水平提出了全新的需求，而我国金融市场体系还存在结构不够合理、各市场之间发展不够均衡等问题亟待解决，以适应新时代经济发展的需要。

| 知识链接 |

欧债危机体现了金融与经济适配性的重要意义

现实中金融发展与经济活动脱钩的案例并不罕见，其中一个案例是欧债危机。这次危机暴露出欧元区内金融经济的不适配问题。2009年，希腊政府公布了政府债务远高于预期的数据。由于长期存在财政赤字和高债务水平，投资者开始对希腊政府债务的可持续性产生怀疑，导致希腊债券价格下跌，债务成本上升。同时，希腊债务危机降低了市场对整个欧元区的信心。投资者开始质疑意大利、西班牙、葡萄牙和爱尔兰等其他欧元区国家的债务可持续性，导致这些国家同样面临债务风险提高、债券利率上升的问题。同时，由于欧洲银行持有大量欧元区国家的债务，当这些债务质量下降时，银行资产质量受到威胁，引发银行危机。面对这一困境，欧盟和国际货币基金组织推出了一系列救助计划，要求受援国家实施紧缩政策，包括削减开支、提高税收和改革劳动力市场等，旨在稳定危机国家的财政和金融状况。然而，不适配的紧缩政策加剧了经济衰退，导致失业率上升。

在这场危机中，一些欧洲国家由于债务水平快速上升，经济增长率却相对较低，引发投资者对债务可持续性的质疑。同时，欧元区内实施的货币政策无法适应各成员国之间的差异，导致一些国家无法通过货币政策来应对自身的经济问题，最终演变成一场经济危机，引发了社会动荡。

（二）我国金融与经济适配性现状

1. 市场结构有待进一步优化

我国金融市场中银行业"一枝独秀"，2023年末，我国银行业金融机构资产在金融机构总资产中占比超过90%，证券业和保险业资产规模占比分别为3%和6.5%。我国2019—2023年银行业金融机构与证券业和保险业资产总额与占比结构如图6-6所示，反映出其他非银行金融机构发展不充分，股票市场、债券市场、保险市场等还需要加快发展。构建合理的金融市场体系，优化布局，调整结构，满足多元化市场融资需求，解决经济结构不均衡、不平等问题是我国金融市场未来的努力方向。

第 ⑥ 章　　→ 全面加强金融监管

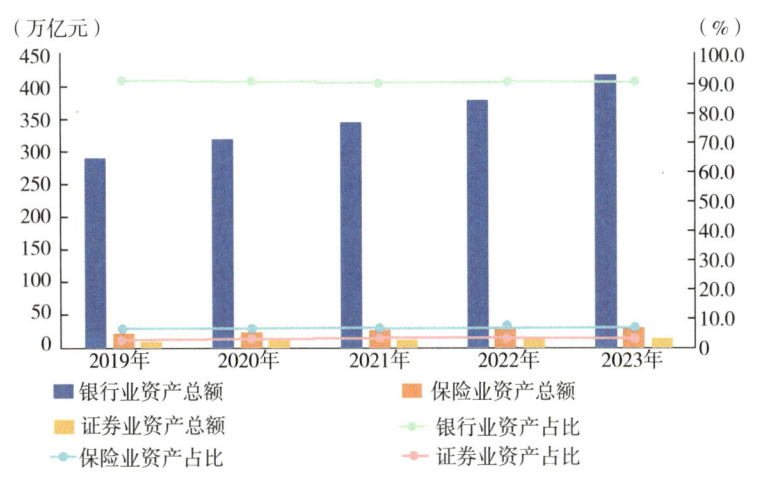

* 图6-6　2019—2023年我国金融市场结构
资料来源：中国人民银行官网、国家发展改革委官网

2.我国社会融资结构以间接融资为主，直接融资占比较低

直接融资市场发展滞后于实体经济需要。当前，我国金融体系规模很大，但融资结构不合理，间接融资与直接融资占比为7∶3，在直接融资中的债券融资与股权融资占比约为9∶1，存在"钱多本少"、"耐心资本"不足等问题。[1] 债券市场则基本是一个准信贷市场，当前债券品种单一且交易不够活跃。企业股权融资难度较大，资本金难以补充。依赖债务融资会加大财务杠杆，造成财务稳健性的压力。结构合理的金融市场体系是金融有效服务实体经济的根本前提，股权融资市场发育程度亟待提升，尤其是服务于科技创新和产业转型升级的股权融资市场不够发达，难以满足经济高质量发展的现实需要。根据国家

1.财政部党组理论学习中心组：《坚持深化金融供给侧结构性改革——学习〈习近平关于金融工作论述摘编〉》，《人民日报》，2024年4月23日。

统计局数据，2017—2022年，我国社会融资规模中，直接融资占比虽然有逐步上升趋势，但从增量来看，截至2022年底直接融资增量占比为29.2%（如表6-3所示），反观G20国家目前直接融资占比集中在65%~75%。我国社会融资依然以间接融资为主。

表6-3　2017—2022年中国社会融资规模情况

融资情况	2017年	2018年	2019年	2020年	2021年	2022年
社会融资规模（万亿）	19.4	19.3	25.6	34.9	31.4	32.01
直接融资增量（万亿）	4.0836	6.4365	8.5786	10.0533	10.3577	9.37
直接融资占比（%）	21.05	33.35	33.51	28.80	32.99	29.2

* 资料来源：国家统计局《国民经济和社会发展统计公报》

（三）有效增强金融和经济适配性，促进高质量发展

当前，我国经济已由高速增长阶段转向高质量发展阶段，正处在转变发展方式、优化经济结构、转换增长动能的关键时期。要增强金融和经济适配性，在后续的发展中仍然需要统筹协调，多措并举。

1. 不断完善金融市场体系

金融体系是内部各经济体间资金流动的综合体系，融合了政府金融监管、交易方式、金融资产等部分，并对各部分进行协调。金融体系与实体经济两者之间的协调度和适应度直接决定了实体经济的发展状况。金融经济的适配性要求金融体系不断完善金融基础设施建设，发展多层次、多样化的金融市场，培育各类金融机构，提升金融服务的覆盖范围和质量。要提升金融体系的规模和深度，提供更多、更好的金融产品和服务，

满足不同经济主体的需求。

2.优化融资结构，拓宽企业融资渠道

优化融资结构，紧紧围绕提高直接融资比重，健全多层次资本市场体系，完善资本市场投融资功能。推动股票、债券、期货市场协调发展。积极发展多元化股权融资，推动我国建设世界一流的交易所和投资机构，拓宽中小企业融资渠道，支持实体经济发展。

3.促进市场竞争

金融和经济适配性要求金融市场发挥高效的价值发现和资源配置功能，以确保资金流向最具效益和回报的经济活动。鼓励金融市场竞争和创新，以促进金融机构提供更多样化、灵活性和适应性强的金融产品和服务。通过开放市场准入、降低行业准入门槛、推动金融科技发展等方式，鼓励金融市场参与者提供更多的金融创新产品和服务，满足经济发展的需要，提高金融和经济的适应性和创新性。

4.加强监督和风险管理

金融和经济适配性要求金融机构有效管理和规避风险，以减少经济系统的不确定性，其中包括对金融市场的监管、对金融机构的风险评估和监督，以及对金融产品和交易的风险管理和定价等。通过建立健全的监管框架和制度，加强对金融机构的监督和管理，同时提升金融机构的风险管理能力，强化内部控制和风险评估，确保金融体系的稳定性和安全性。而随着大数据、人工智能、区块链、云计算等新兴技术的成熟及其在监管中的运用，金融监管智能化已然可期，可以提升金融监管效率。

5.促进金融包容性和可及性

金融和经济适配性要求金融机构提供足够的资金融通渠道,将可用资金引导到经济中的各个部门和行业,满足实体经济的融资需求。同时,加大金融服务的普惠性,提高金融的可及性和可负担性。通过促进金融科技的应用,拓展金融服务的覆盖范围,尤其关注农村或偏远地区、中小微企业的金融支持力度,提供合适的金融产品和服务,加大在贷款、融资、风险投资等方面的支持力度,满足广大人民群众和企业的金融需求。

6.正确处理金融风险防控与金融创新的关系

金融创新是推动经济发展的重要力量,而在金融创新过程中,又时刻伴生着金融风险,机遇和风险并存。但过度的金融创新,可能会引致资本的"脱实向虚"。因此如何平衡好金融创新与金融风险防控之间的关系,也是当前金融业快速发展环境下提高金融与经济适配性面临的重要课题。具体而言,金融机构在金融创新中要严格遵守经济发展规律,做好前期规划和市场调研工作,将金融创新的根本落脚点放在提高服务实体经济的效能上,预估可能发生的风险,切实防范金融风险的发生。同时,金融机构要建立健全风险管理体系和内部控制机制,确保金融创新的安全性和稳健性。监管部门则要加强金融监管,对创新金融产品和服务进行审慎监管,防止风险传播,确保金融机构稳定运行。而且,金融机构在创新的同时,需要注重社会效益和社会责任,服务实体经济,推动金融服务的可持续发展。2024年2月2日,新成立的国家金融监管总局开年就发力,发布了《固定资产贷款管理办法》《流动资金贷款管理办法》《个人贷款管理办法》,自2024年7月1日起施行。银行业金融机构信贷管理制度又迎来了进一步的完善。

此次重新修订"三个办法一个指引"和商业银行信贷业务实际与发展趋势相契合，有利于督促商业银行进一步提高信贷管理的精细化与规范化水平，进而提升金融服务实体经济的质效。

三、加快金融法治化建设步伐

中央金融工作会议聚焦加快建设金融强国，提出"要加强金融法治建设，及时推进金融重点领域和新兴领域立法，为金融业发展保驾护航"等一系列重要部署要求。社会主义市场经济本质上是法治经济。推进金融法治建设，是金融自身发展的需要，也是落实以法治国方略的基本要求。加快金融法治建设，严格执法，强化监管执行力度，是提高金融监管有效性的关键。

（一）金融法治的内涵与构成要素

厘清"金融法制"和"金融法治"的内涵是加快金融法治建设的前提和方向。

1."金融法治"与"金融法制"的区别

通常认为，法制是指立法、执法、司法、守法、法律监督的总称，法制包括静态的法律规则和动态的法的运行过程。法治则是指一种治国方略，是依法办事的原则，是将国家权力的行使和社会成员的活动纳入完备的法律规则系统。而从理论上看，"法制"和"法治"有几种不同：首先，两者产生的时间不同。人类社会有了法，就可以说有了"法制"。而"法治"则是近代资产阶级革命胜利后的产物。其次，两者的主要区别在于它们内涵的侧重点不同。"法制"的侧重点在于形式意义上的法律制度及其完善和实施;"法治"的侧重点则在于社会公众法律至上观念的形成。最后,两者对"法"的要求不同。"法治"要求良法之治,体现的是正当价值;而"法制"无此要求,它体现的只是秩序价值。将新时代全面加强金融监管、金融工作的法治化表述为"金融法治"更具有现实和理论意义。

2.金融法治的内涵

金融法治有以下几方面内涵:一是金融法治观念深入人心;二是构建完善、科学、有机结合的金融法律体系;三是金融法治渗透金融工作各个方面,并且得到了很好的遵守;四是金融执法和司法应依法、正当、合理地进行。

3.金融法治建设构成要素

金融法治建设构成要素包括完备的金融法律体系、健全的金融司法体制和程序、先进的现代金融法律文化和有效的金融法律监督网络。其中,金融法制完备是金融法治实现的前提。完善的金融执法和司法制度是金融法治实现的关键。有法可依是法治的前提,但唯有执法才能将书面的法律法规通过借助执法者的力量变成规范社会生活的事实。否则,制定出来的法律只是一纸空文。先进的金融法律文化是金融法治的基础。法律制度的有效构建和运作依赖于相应的法律文化土壤,实现金融法治除解决立法与执法问题外,还需要加强以金融诚信为道德中心的金融法律文化建设。有效的金融法律监督网络是金融法治的保障。

(二)金融法治建设是金融高质量发展的保证

全面加强金融监管,防范化解金融风险的目的是维护金融安全和稳定。金融安全和稳定是金融高质量发展的前提,而金融法治建设是金融安全和稳定的强有力保证。

1.金融法治建设是保障金融安全的根本

金融安全是国家安全的重要组成部分。党的二十大报告指出:"加强和完善现代金融监管,强化金融稳定保障体系,依法将各类金融活动全部纳入监管,守住不发生系统性风险底线。"法律的生命力在于实施,金融监管的有效性和权威性来自法律的执行。金融安全,必须由金融法规保障;金融风险,也要依法防范、依法化解、依法处置。世界金融发展史证明,金融业再发达,金融活动再活跃,金融产品再丰富,如果没有金融安全作保证,没有良好的金融稳定环境,则全部枉然。

2.金融法治建设是全面加强金融监管的保障

金融监管的目标是维护金融市场的稳定与健康发展,主要包含三方面内容:一要保障金融机构的合规运营,确保其合法、规范、安全。二要维护金融市场的公平竞争环境,防止市场操纵、内幕交易等非法行为的发生。三要保护投资者的权益,提高市场透明度,防范金融风险。金融法治建设包括完善金融法律制度体系,要在法律框架内进行金融监管;加强司法保护,通过加强法院对金融案件的审理,维护市场秩序和公平竞争;加强行政执法能力,加强对违法金融行为的打击力度。通过这些措施,才能确保金融监管目标的实现和有效实施。金融法治建设是金融监管的基础和前提,只有在法治环境的保障下,金融监管才能发挥有效作用,确保监管的公正、透明和可预期性,从而最终实现监管的目标。

3.金融法治建设是防范金融风险的"防火墙"和"隔离层"

防范金融风险的发生,是金融安全和稳定最为重要的方面。

建设 金融 ⎯⎯⎯→ 强国

金融稳定的落脚点，主要应放在金融风险的防范上，而不是风险发生后的化解与处置上。因为化解与处置工作做得再好，也会造成损失，甚至是比较大的损失。只有把重心放在金融风险的防范方面，不发生风险，才是最重要的，也是最好的结果。因此，依靠制度、依靠法治，落实金融机构主体责任和地方政府属地责任，将防范风险放到金融工作的突出位置。对于因履职不到位的要依法追究责任，从而才能有效建立起防范风险的"防火墙"和"隔离层"。

（三）我国金融法治建设取得的成就与面临的挑战

党的十八大以来，我国金融法治建设取得巨大成绩。一是金融法治体系日益健全。经过多年坚持不懈的立法工作，我国已基本形成以《中华人民共和国商业银行法》《中华人民共和国保险法》等金融法律为核心，以行政法规、部门规章为主干，以规范性文件为重要组成的金融法律制度体系。二是金融执法更加健全。2021年7月，中共中央办公厅、国务院办公厅印发了《关于依法从严打击证券违法活动的意见》。三是金融司法不断优化。从2018年8月到2022年，在上海、北京、成都相继成立了三家金融法院。金融法院的设立，标志着我国金融审判专业化建设进入新的阶段。

| 知识链接 |

我国成立三家金融法院

2018年8月20日，上海金融法院正式揭牌成立，标志着金融审判专业化建设进入新的阶段。2021年3月18日，我国第二家金融法院——北京金融法院正式成立。2021年10月20日,中共中央、国务院印发《成渝地区双城经济圈建设规划纲要》。2022年2月28日,全国人民代表大会常务委员会通过了《关于设立成渝金融法院的决定》,2022年9月28日成渝金融法院正式揭牌。金融法院的设立,有助于培养一支业务精练的专业化审判队伍,提高金融审判水平。2022年1月,最高人民法院修改并发布了《关于审理证券市场虚假陈述侵权民事赔偿案件的若干规定》,废除了起诉前置程序,完善了虚假陈述民事赔偿诉讼的要件,织牢了惩治"首恶"和"帮凶"的法律责任之网。

然而,新时代金融法治建设也面临着挑战:

1. 外部金融环境的挑战

当前,面临百年未有之大变局,国内外经济金融环境发生深刻变化,不稳定、不确定、不安全因素明显增多,金融风险诱因和形态更加复杂。我国进入了战略机遇和风险挑战并存的发展时期,各种"黑天鹅""灰犀牛"事件随时可能发生。

2. 金融风险的挑战

当前环境下,金融业务存在较高风险,特别是在新形势下,金融风险更具复杂性和多样性。金融稳定是经济平稳发展的基础。2008年爆发的金融危机充分凸显了金融风险对经济社会造成的严重危害,并对金融市场的稳定和金融法治深入推进都带来了巨大挑战。目前我国在对系统性金融风险的监测识别、系统性金融风险的处置以及问题金融机构的救助等方面的法律法规有待完善。走中国特色金融发展之路客观上要求继续完善相关金融法律制度，加强金融法治建设，同时还需要及时推进绿色金融等重点领域和新兴领域的立法和修订工作。新形势下亟须加快立法进程，做到有法可依，执法必严。

3.金融创新的挑战

金融的活力在市场，金融的秩序在法规。近年来，随着互联网、大数据、云计算、人工智能、区块链等新技术在金融领域的应用，新的金融业态、金融产品、金融服务不断涌现，这一方面满足了多样化的金融需求，另一方面也带来了诸如信息泄露、网络安全等问题，以及在为重大战略、重点领域和薄弱环节提供更好金融支持的同时，又出现了新的金融风险。如何突破现有法律局限尽快修改不合理的法律制度，为金融创新预留空间，满足实体经济创新发展的融资需求，同时新的法律法规又要防范风险，保护公民和企业的合法权益，这些均迫切需要法治充分发挥定分止争、保护权益等作用，给金融创新以清晰引导和明确边界。此外，还需要及时推进金融重点领域和新兴领域的立法和修订工作。

（四）加强金融法治建设，为金融高质量发展保驾护航

1.树立正确的法治观念，加强普法教育，增强金融法治意识

良法才能善治。加强金融法治观念的普及和深入是金融法治建设的首要任务。继续加大普及金融法治观念教育，做到金融法治真正深入人心，只有这样，才能加强金融行业的自律性，促进金融行业的健康发展，最终实现金融法治化。各级党政领导干部和广大企业领导，都要学一些基本金融知识和金融法律知识，以加深对金融工作、金融法规和金融政策的了解，提高

运用和驾驭金融手段的本领，学会运用法律手段管理经济，增强维护金融秩序的自觉性和防范金融风险的能力。在加强金融法治意识的过程中，不仅要重视全社会信用观念的建立，还要强化公众和投资者的风险防范意识和合法投资观念，从而为金融业的健康发展创造一个良好的法治环境。

2.推进金融立法工作，尽快建立完善相关立法制度

习近平总书记强调，要及时推进金融重点领域和新兴领域立法，建立定期修法制度，不断适应金融发展实践需要。根据当前金融领域的改革和发展要求，推动重要法律法规及时修订，补齐制度短板。随着金融市场的发展，新业态、新业务、新主体不断出现，如果游离于监管之外"野蛮生长"，极易滋生风险，形成隐患，这就要求金融立法与时俱进，积极研究新业态、新业务、新主体，提升金融立法的包容性和匹配性，消除监管空白和监管盲区，消除非法展业空间，坚持在市场化、法治化轨道上推进金融创新发展。

3.从金融执法来看，要依法加强金融监管

加强金融监管部门的组织建设和能力建设，提升监管的广度和深度。提升对金融机构的监管和风险评估能力，加强金融机构的审计、检查和调查，确保金融机构合规性和稳定性。及时跟进金融科技发展，针对金融创新和新业态，制定相应的监管政策和规则，不断提升监管机构对金融市场的监管水平，防范金融风险，确保金融体系的健康发展。

4.坚持法治和德治相结合，加强新时代金融领域廉洁文化建设

金融法治建设是严惩金融腐败的利器。2023年10月中央

金融工作会议强调，"坚决惩治违法犯罪和腐败行为，严防道德风险"。金融工作具有鲜明的政治性、人民性，必须坚持以人民为中心的价值取向，不断满足经济社会发展和人民群众日益增长的金融需求。要坚决贯彻落实全面从严治党要求，依法严惩金融领域腐败，一体推进不敢腐、不能腐、不想腐。坚持依法治国和以德治国相结合，一手抓法治，一手抓德治，既重视发挥法律的规范作用，又重视发挥道德的教化作用，实现法律和道德相辅相成，法治和德治相得益彰。加强新时代金融领域廉洁文化建设，坚持诚实守信、以义取利、稳健审慎、守正创新、依法合规。创新完善权力监督制度和执纪执法体系，确保依法惩治腐败不留"暗门"、不开"天窗"，坚决防止"破窗效应"，以有案必查、有腐必惩、执法必严、违法必究的决心持续推进金融领域腐败治理。

第 7 章

有效防范和化解金融风险

防范化解金融风险，特别是防止发生系统性风险，是金融工作的根本性任务，也是金融工作的永恒主题。

　　——习近平总书记在全国金融工作会议上的重要讲话（2017年7月14日）

第 ⑦ 章　有效防范和化解金融风险

2023年10月召开的中央金融工作会议强调，要"以全面加强监管、防范化解风险为重点"。"凡事预则立，不预则废"，有效防范和化解金融风险，及时处置中小金融机构风险、建立化解地方政府债务风险的长效机制、促进金融与房地产良性循环，维护金融稳定、守住不发生系统性风险的底线是实现金融高质量发展的基本前提，是维护人民财产安全的重要举措，是保障金融业健康发展的现实需要，是加快建设金融强国，为实现民族复兴伟业保驾护航的关键环节。

一、有效防范和化解金融风险是当前金融工作的根本性任务

从2023年《政府工作报告》提出"有效防范化解重大经济金融风险"，到中央金融工作会议将"坚持把防控风险作为金融工作的永恒主题"列为坚定不移走中国特色金融发展之路的"八个坚持"之一，可以看出，防控化解金融风险是金融服务实体经济的根本保障，更是当前金融工作的根本任务。我们要打好防范化解金融危机的攻坚战和持久战，抓住重点领域关键风险点，剖析风险成因，实现金融监管全覆盖，提高金融监管有效性，为经济社会发展提供更高质量的金融服务。

（一）金融风险的隐蔽性强、破坏性大

1. 金融风险的概念、类型和特点

风险是对未来一种不确定性发生损失的预期和判断，即产生损失的可能性或不确定性。风险是由风险因素、风险事故和损

失的可能性三个要素构成的。风险在社会经济生活中无处不在。

金融风险是风险的一种，指由金融变量的变动所引起的资产组合未来收益的不确定性。金融风险根据风险来源分为市场风险、信用风险、操作风险、法律风险等；按照是否分散，可将金融风险分为系统性风险和非系统性风险。金融风险具有不确定性、相关性、高杠杆性、扩散性、隐蔽性、周期性等特点。

（1）不确定性。指金融风险的发生具有不确定性，影响金融风险的因素事先难以完全掌握。

（2）相关性。指金融机构的经营产品是货币，而货币的特殊性，决定了金融与经济是密切相关的。

（3）高杠杆性。指金融企业的负债率普遍偏高、财务杠杆大、负外部性大，高杠杆经营是金融企业的一个重要特点。

（4）扩散性。指由于金融机构之间存在复杂的债权、债务关系，一家金融机构出现危机可能导致多家金融机构接连倒闭的"多米诺骨牌"现象。

（5）隐蔽性。指由于金融机构经营活动的不完全透明性，在其不爆发金融危机时，可能因信用特点而掩盖了金融风险不确定损失的实质。

（6）周期性。金融风险受经济循环周期和货币政策变化的影响，呈现规律性、周期性特点。

2.系统性金融风险的内涵和特点

关于系统性金融风险学术界有诸多探索，2021年12月31日中国人民银行出台的《宏观审慎政策指引（试行）》对系统性金融风险首次进行了明确定义，系统性金融风险是指可能对

第⑦章 → 有效防范和化解金融风险

正常开展金融服务产生重大影响，进而对实体经济造成巨大负面冲击的金融风险。

《宏观审慎政策指引（试行）》将系统性金融风险的主要来源分为时间和结构两个维度。其中时间维度上的系统性金融风险是指主要通过一致性金融活动长时间累积而形成，表现为金融杠杆的过度扩张或收缩，由此导致风险顺周期的自我强化和自我放大。结构维度上的系统性金融风险一般由特定机构或市场的不稳定所引发，通过金融机构、金融市场、金融基础设施间的相互关联等途径扩散，表现为风险跨机构、跨部门、跨市场和跨境传染。

《宏观审慎政策指引（试行）》对系统性风险的定义主要从其潜在影响出发，重点强调了风险积累的长期性和传染范围的广泛性。这正是对金融风险不确定性的最好注解，对明确系统性金融风险防范化解工作中的重点内容具有重要指导作用。因此，系统性金融风险中的"系统性"不仅表现为其影响范围会扩散至整个金融系统甚至实体经济领域，还隐含着其形成的过程也是由经济运行中多个风险点多点并联、共同累积的结果。

系统性金融风险主要有突发性、顺周期性、传染性和严重负外部性等特征。一是突发性，是指系统性金融风险一般是在受到某个冲击事件后突然爆发，而在爆发之前往往不会对金融市场和宏观经济产生巨大负面影响，甚至没有明显的征兆。二是顺周期性，是指其风险程度伴随着宏观经济的周期运行而形成演进。当宏观经济上行时，风险点压力整体减小，系统性风险随之降低；而当宏观经济下行时，多个关联风险点相互作用，导致系统性风险急剧上升。三是传染性，体现在两个方面：一方面是传染的范围广。一个风险点的爆发可能扩散至整个金融市场，甚至影响到实体经济运行；另一方面是传染速度快。由于金融市场中信息的快速传递性，单个风险爆发会迅速跨市场、跨地域传播开来，很难及时采取应对措施。四是严重负外部性，是指一旦系统性金融风险爆发可能会同时导致金融市场瘫痪、金融体系崩溃、实体经济空心化、经济增长停滞。因此，防范和化解系统性金融风险对维护国家财政货币稳定和保障经济运行发展具有重要意义。这也是系统性金融风险与一般金融风险的最本质区别。

3. 从系统性金融风险到系统性危机

系统性金融风险无论是在理论上还是在实践中都是非常复杂的话题。美国著名作家马克·吐温曾说，历史不会重复，但总会惊人的相似。每一次经济危机都是系统性危机，每一次危机的影响都集中反映在银行，银行每一次都首当其冲。1929年到1933年美国大萧条时期，银行业经历了三轮破产。在20世纪90年代的日本经济危机中，日本银行体系面对泡沫破裂、不良资产累积、大量银行因破产被兼并的局面。1997年亚洲金融危机中，韩国32家银行中就有20家破产。尽管2008年全球金融危机爆发后国际监管机构通过不断"打补丁"来减缓系统性金融风险的累积，减少银行引发风险的频率，但瑞信银行、硅谷银行等事件让全球金融系统处于危险境地。"灰犀牛"造成的危害是如此巨大。

历史证明，系统性金融风险通常不是由外生因素引起的随机事件，而往往是金融部门信贷急剧增长和部门内的其他金融失衡现象（尤其是资产价格泡沫）所导致的，即系统性金融风险起因于金融机构事前的风险选择，是内生的。而且从每一家因为系统性风险破产的银行中都可以看到危机因偶然因素爆发，但这种表面突发性的系统性风险造成的系统性危机背后却又有着必然性，也就是说从风险到危机不是不可以管理、不可以避免的。

（二）目前一些重点领域金融风险及成因

1.当前我国金融风险隐患

当前我国金融风险总体可控，但依然在一些领域存在较高的金融风险。从宏观层面看，当前最大的金融风险是信用过度扩张的高杠杆风险。金融高杠杆风险反映在实体经济部门，就是目前的地方政府、企业、居民的过度负债问题。2018年末，多个地方政府债务率仍超过或逼近国际通行的100%警戒线。中观层面主要表现为交叉传染的金融风险，如影子银行风险。银行业通过理财、信托等渠道开展的跨市场业务引致的交叉金融风险、互联网金融风险。从微观层面看，主要是单体金融机构风险，表现为信用风险、流动性风险、声誉风险等。

实际上，在过去的10年中，防范化解金融风险一直是金融工作的一个重要主题：在2017年全国金融工作会议列出的三项任务中，防范金融风险是重要任务之一；2015年中央经济工作会议首次提出供给侧结构性改革，并将"去杠杆"作为供给侧结构性改革"三去一降一补"的重要任务之一。"去杠杆"一方面致力于提升实体经济效率，另一方面致力于防范化解金融风险。2023年中央金融工作会议明确了今后一段时期内需要重点关注和化解的金融风险，包括中小金融机构风险、地方政府债务风险和房地产风险三个领域。

2.高杠杆是金融风险的根源

金融风险频发是多重复杂因素共同作用的结果。高杠杆是宏观金融脆弱性的总根源。金融风险源于实体经济,实体经济的高杠杆意味着实体部门过度负债,在金融领域体现为信用的快速扩张。2016年,我国宏观杠杆率为247%,其中企业部门杠杆率达到165%,高于国际警戒线。

从金融部门杠杆率来看,在2008年全球金融危机爆发前,我国金融部门资产方的杠杆率约为25%、负债方的杠杆率约为34%,2019年第三季度金融部门资产方杠杆率上升到了54.7%、负债方杠杆率上升到了58.1%,而到了2020年第三季度金融部门资产方杠杆率迅速上升至55.6%、负债方杠杆率迅速上升至62.2%。从金融部门负债方来看,过去一年间杠杆率上升了4.1%。[1]

3. 高债务引发金融风险的重点领域

过度信用扩张或者高负债形成金融机构一定的脆弱性,过高的杠杆较容易导致金融资源分布扭曲、期限错配问题严峻、资金使用效率低下。一旦受到外界冲击,金融机构不良资产负债率就会快速攀升,容易发生流动性风险、偿付性风险等。从实体经济部门杠杆率来看,在政府、非金融企业与居民三个部门中,一旦某个部门债务积累过高,相应偿债能力不足,三个部门之间会相互影响,金融风险会在实体经济和金融系统之间相互传染扩散。

金融风险往往都体现为债务的风险,金融危机往往起源于高债务引发的债务危机,可能是宏观总债务过高,也可能是某一部门债务率过高。有研究表明,2017年以来,我国杠杆率的

---

[1]. 张明、潘松、李江、孔大鹏:《中国系统性金融风险:部门分布、内外冲击与化解策略》,《俄罗斯研究》,2021年第4期。

第 ⑦ 章 → 有效防范和化解金融风险

结构显示金融风险的几个重点领域：地方政府债务风险、房地产风险、中小金融机构风险。如果实体经济部门和地方政府、房地产都出现比较大的高债务杠杆，最后必然会体现为金融机构的高风险。其中，中小金融机构更为脆弱，风险隐患最突出，所以中小金融机构风险是最需要重点防范的领域。

上述三个金融重点领域风险之间紧密联系，容易造成风险的叠加。由于地方政府财政收入高度依赖于土地出让和房地产交易，地方城投平台很多业务都离不开房地产开发，土地价值则关系到城投平台的土地抵押能力，所以房地产风险极易加重地方政府债务风险。而房地产和城投的风险最终又会蔓延到金融机构。在这个过程中，金融风险与财政风险相互影响，导致公共风险和私人风险相互叠加、相互轮动。

（三）深刻理解有效防范化解金融风险的重大战略性意义

1.防范化解金融风险是社会经济政治稳定的重要保障

习近平总书记指出，金融安全是国家安全的重要组成部分，是经济平稳健康发展的重要基础。金融机构承担着储蓄保值增值、支付结算、资金融通等重要职能，其核心内容是保护金融参与者的财产安全和权益。防范化解金融风险直接关系最广大人民群众的切身利益，没有金融安全，国家整体安全就难以得到有效保障。守护好广大人民群众的钱袋子，才能切实维护社会政治稳定。

2.防范化解金融风险，保持金融业健康稳定发展是推动经济高质量发展的前提

防范化解风险是金融业的永恒主题。当前，我国金融业风

险易发高发、点多面广，结构失衡问题突出。金融是现代经济的血液，金融业不稳定，势必会危及整个国民经济的发展和社会的稳定。"一着棋活，全盘皆活；一着失误，全盘皆输。"防范化解金融风险，有效应对"灰犀牛""黑天鹅"事件的到来，保持金融稳定和安全，为实体经济发展创造良好的金融环境，实现经济高质量发展，是金融工作的根本性任务。

3.防范化解金融风险是实现对外开放新局面的重要举措

当前，世界经济复苏缓慢，国际贸易保护主义与逆全球化抬头，俄乌冲突持续演化，中美贸易摩擦不断，我国面临着复杂严峻的外部环境。党的十八大以来，我国坚持对外开放基本国策，扩大全方位开放新格局，深度融入世界经济体系。在推进开放的同时，高度重视并切实做好金融风险防控工作显得尤为重要。

总之，要统筹好安全和发展的关系。安全是发展的前提，发展是安全的保障。安全的基础如果不牢，发展的大厦就会地动山摇。要强化底线思维，打好防范化解金融风险的攻坚战和持久战，抓住重点领域，积极化解中小金融机构、地方政府债务与房地产领域存在的金融风险，实现金融监管全覆盖，提高金融监管有效性，为经济社会发展提供更高质量的金融服务。

| 知识链接 |

"黑天鹅"事件

"黑天鹅"一般指那些出乎意料发生的小概率高风险事件，一旦发生，影响足以颠覆以往任何经验，具有不可预测性。

欧洲人在发现澳大利亚之前，一直以为天鹅全是白色的。然而，在到了澳大利亚之后，他们竟然发现了黑色羽毛的天鹅。就是这一只黑天鹅，打破了欧洲人的错误观念：原来天鹅不仅有白色的，还有黑色的！

后来美国著名投资人塔勒布在2007年出版的《黑天鹅》一书中提出该概念。塔勒布认为，人类总是过度相信经验和理性，忽视不确定性和随机性，从而导致了对风险的低估和无准备。如2008年金融危机等。

1997年亚洲金融危机即为"黑天鹅"事件。泰国政府宣布泰铢与美元挂钩后，当天泰铢就贬值近20%。随后，超出意料地引起马来西亚林吉特、新加坡元、菲律宾比索、印尼盾等下挫。这场金融危机使大部分东亚国家货币贬值、国际股市暴跌、多国社会秩序陷入混乱，甚至政权更迭。

二、建立长效机制以有效化解地方政府债务风险

地方政府债务风险是当前我国经济中的一个突出风险点。随着地方政府债务规模逐步扩大以及偿债高峰期到来，由地方政府债务引发的一系列问题引起政府、市场和社会各界高度关注。2023年10月中央金融工作会议指出："建立防范化解地方债务风险长效机制，建立同高质量发展相适应的政府债务管理机制，优化中央和地方政府债务结构。"这为下一阶段更加有效地防范化解地方政府债务风险指明了方向。

（一）地方政府债务内涵与构成

地方政府债务是指地方政府、经费补助事业单位、融资平

台公司等直接借入、拖欠的，或因提供担保、回购等信用支持，或因公益项目建设地方政府需承担兜底责任的债务统称。从法律的角度讲，债是指按照合同的约定或按照法律的规定，在当事人之间产生的特定的权利和义务关系。地方政府债务是指地方政府作为债务人按照协议、合同的约定或法律的规定向债权人（可以是各类民事主体）承担的资金偿付义务。

目前地方政府债务包含以下四种：一是地方政府通过信用的手段取得的收入（债券和借款等）；二是地方政府的欠款和挂账（欠发工资、社保基金拖欠、工程款拖欠等）；三是地方政府担保的部分债务（地方政府担保的借款和债券的发行）；四是地方政府隐性债务（历史上通过平台公司融资形成的债务）。中国地方政府债务的分类与演变如图7-1所示。

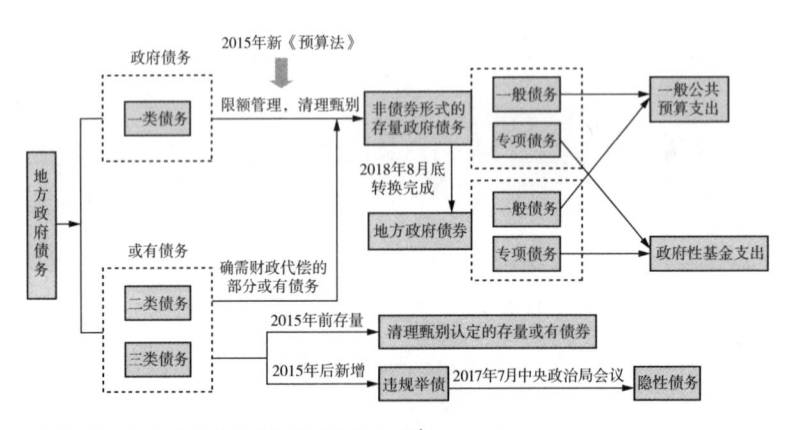

* 图7-1 中国地方政府债务的分类与演变[1]

1.游宇、耿曙、李妍、黄一凡：《财政重整与地方政府债务管控制度化——基于一个市辖区的案例研究》，《公共管理学报》，2020年第2期。

（二）我国地方政府债务风险及现状

根据财政部发布的数据，截至2022年末，全国地方政府法定债务余额35.1万亿元，加上纳入预算管理的中央政府债务余额25.9万亿元，全国政府债务余额61万亿元。按照国家统计局公布的2022年GDP初步核算数121.02万亿元计算，全国政府法定负债率（政府债务余额与GDP之比）为50.4%，低于国际通行的60%警戒线，也低于主要市场经济国家和新兴市场国家。此外，值得指出的是，我国防范化解地方政府债务风险的制度体系已逐步建立，地方政府债务处置工作取得积极成效。截至2022年末，北京、广东与上海部分区县完成了隐性债务清零，其他地区隐性债务规模也大为缩小，各省份的融资成本也呈波动下降态势。由此可以看出，当前中国地方政府债务风险总体可控。与此同时，随着国际国内宏观环境的变化，不能放松警惕，要密切关注财政经济运行中存在的一些风险因素导致地方政府债务风险呈现新特点，这有可能导致地方政府债务风险扩大化。一是由于财政收入压力，地方政府债务规模持续增长，用于借旧还新问题。二是专项债规模增长会增加未来偿债压力的问题。三是区域间风险差异扩大。四是隐性债务风险需重点关注。

1.地方政府债务规模扩大，专项债务占比高

Wind数据显示，2023年地方债发行总计9.32万亿元，净融资规模5.66万亿元，两项均创历史新高。地方债发行规模相比往年大幅增加，主要是因为再融资债发行增加约2万亿元。根据财政部发布的数据，截至2023年12月末，全国地方政府债务余额407373亿元，控制在全国人大批准的限额之内。其中，一般债务158688亿元，专项债务248685亿元；政府债券405711

亿元，非政府债券形式存量政府债务1662亿元。2017年至2023年，我国地方政府债务余额从16.47万亿元增加到40.74万亿元，增长了147%（如图7-2所示）。其中，专项债务余额从2017年的6.14万亿元增加2023年的24.86万亿元，专项债务在地方政府债务余额中占比从2017年的37.3%增加到2023年的61%（如图7-3、图7-4所示）。专项债务规模和占比均呈增长趋势。

* 图7-2　2017—2023年地方政府负债余额及增长率变化
数据来源：财政部网站

从风险指标看，国际上在研究地方政府债务问题时普遍使用的衡量债务压力指标是负债率、债务率、偿债率、融资成本等。负债率是政府债务余额和GDP的比值。衡量经济规模对债务的承担能力，该指标的警戒线是60%。债务率是指政府债务余额和当年综合财力的比值，是衡量地方政府偿债能力的关键指标，IMF给出的风险控制参考区间为90%-150%。我国将地方政府债务的整体风险警戒线定为100%。偿债率指偿还债务本息额和当年综合财力的比值，警戒线一般是20%。融资成本指标主要通过各省区域城投企业融资成本观察市场对各地隐性债务的风险定价情况。融资成本过高是地方债务高企的重要原因。[1]

* 图7-3　2017—2023年地方政府债务结构变化
数据来源：财政部网站

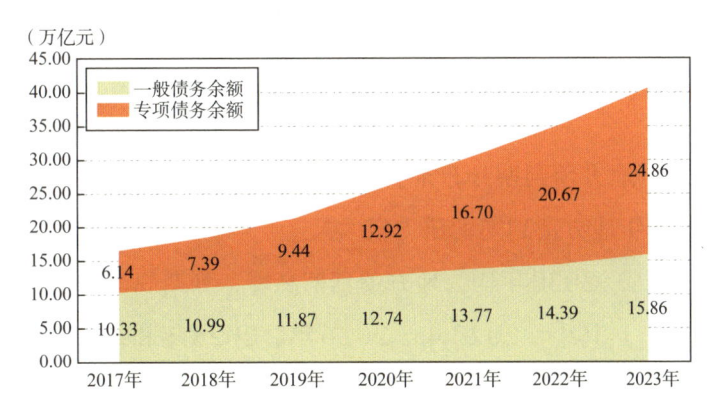

* 图7-4　2017—2023年地方政府债务结构变化
数据来源：财政部网站

1.张明、孔大鹏：《中国地方政府债务：特征事实、潜在风险与化解策略》，《比较》，2023年第3期。本文对融资成本不展开论述。

根据财政部统计的相关数据，我国地方政府负债率和债务率在2017年到2023年间呈明显上升趋势，2022年地方政府债务率已突破100%警戒线，也接近IMF提出的风险上限，这一方面会制约政府债务额度扩长，也会增加地方政府还本付息的压力（如图7-5所示）。

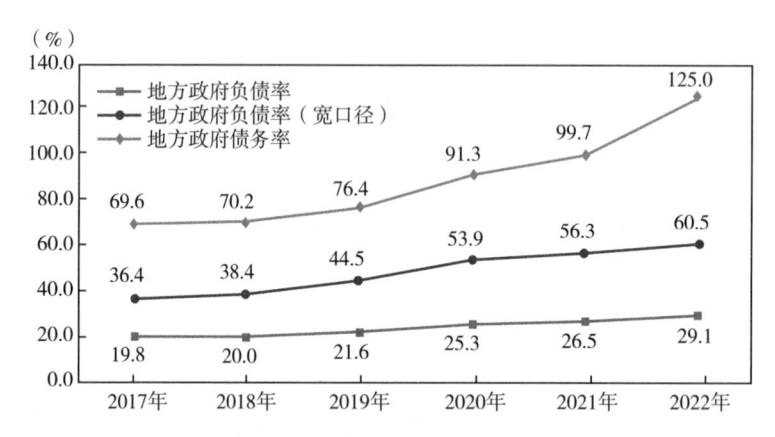

* 图7-5 2017—2023年地方政府负债率债务率变化
数据来源：财政部网站

2. 从地方债到期分布来看，2023年、2026年、2028年和2030年地方债到期的压力较大[1]

2020—2030年均为地方债到期高峰，到期规模均在2万亿元以上。其中，2023年、2026年、2028年和2030年到期规模均突破3万亿元，如图7-6所示。

---

1. 罗志恒：《负重前行：2023年财政债务形势总结与2024年展望》，中国首席经济学家论坛，2023年12月22日。

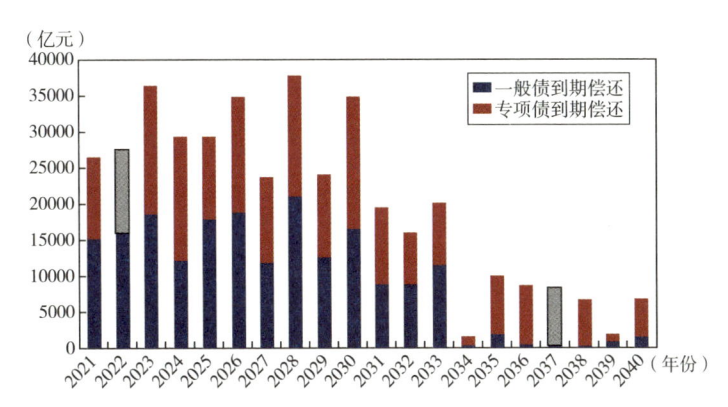

* 图7-6 地方政府债务到期情况
资料来源：企业预警通、粤开证券研究院

3. 隐性债务规模大，风险突出

当前尤其要关注地方政府隐性债务问题。一般认为，地方政府隐性债务是与2015年新《预算法》实施后的债券融资的显性债务相对应的。隐性债务，是指地方政府在法定债限额之外，直接或间接承诺以财政资金偿还、违法提供担保等方式举借的债务。地方政府隐性债务的主要载体是城投企业，其债务形式多样，包括贷款、城投债、信托贷款与委托贷款组成的非标融资、融资租赁、PPP项目、政府基金等。其中贷款、城投债、信托贷款与委托贷款组成的非标融资是城投企业最主要的三种债务形式。根据国际货币基金组织发布的国别报告，截至2023年底，我国地方政府融资平台债务余额大致为60万亿元。[1] 显然，如将地方政府隐性债务考虑在内，地方政府面临着较大的偿债压力。

审计署公布的《国务院关于2023年度中央预算执行和

---

1. 李红霞、袁潇潇：《地方政府债务风险：评价、预警及防控》，《财政监督》，2024年第14期。

其他地方财政收支的审计报告》指出，24个地区通过在金融资产交易所违规发行融资产品、集资借款等方式向社会公众融资，至2023年底余额为373.42亿元，形成政府隐形债务112.58亿元，进一步扩大了地方政府隐性债务规模。由于隐性债务流动性隐蔽、债务风险复杂，也增加了监管部门的工作难度。

4.区域差异大，重点地区城投债风险值得关注

根据中诚信国际测算，2023年底地方政府债券规模或达41万亿元，付息规模将达1.19万亿元，占地方广义财政收入的比重或达6.6%，考虑隐性债务后的付息支出占比将超过20%。财力薄弱地区财政还本付息压力更大，2022年已有11个省份将超过10%的财政收入用于地方债付息，青贵吉黑等区域比例更高；若加上隐性债务后付息压力更不容忽视，2022年各省份地方政府负债率情况如图7-7所示。2023年前三季度5

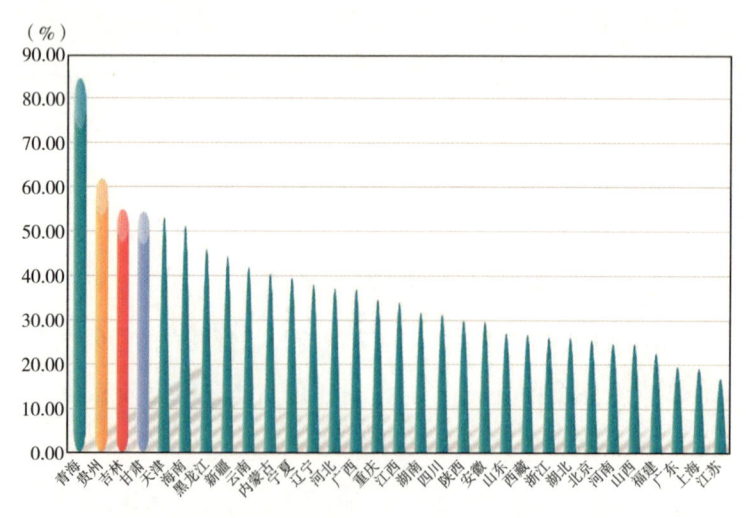

* 图7-7 2022年各地方政府负债率情况

个省份城投债借新还旧比例高达100%，均为西部及东北省份，影响财政及债务的长期可持续性。

坚决守住不发生系统性风险的底线，积极有效防范化解地方政府债务风险，其要旨在于创造良好的防控风险的宏观环境，避免风险显性化冲击经济社会持续稳定发展。

（三）地方政府债务成因及影响

要理解中国的地方政府债务，必须将其放到中国特色的发展模式中，才能更深刻理解其成因。我国地方政府举债的主要目的是搞地区建设，进而推动地区经济发展。事实上，地方政府债务的扩张很大程度上源自1994年的分税制改革，这极大地压缩了地方政府的税收比例，却将当时规模很小的土地收益划给了地方政府，从此奠定了地方政府走向土地财政的制度基础。[1] 1994年的分税制改革改变了"分灶吃饭"体制下中央财政收入比重及整体税收占GDP比重的"双降"局面，调动了中央与地方"两个积极性"，建立了稳定的政府间收入分配关系和稳定的宏观税负。随着经济发展过程中政府支出边界的逐步扩大，中央与地方财权与事权不匹配使地方的财政压力增加，地方的财政支出占比由1994年的69.7%持续提升至2022年的86.3%，中央与地方收入占比分别为46.5%和53.5%，仅靠中央对地方的转移支付是"小马拉大车"，无法满足地方的支出责任。而地方政府在财政收入之外，依托土地出让和地方融资平台举债逐渐形成了被称为"土地财政"的第

---

[1] 赵燕青：《土地财政：历史、逻辑与抉择》，《城市发展研究》，2014年第1期。

二财政收入。[1]

1. 财政事权与支出责任划分问题

近年来,地方政府为不断增加城市吸引力、提升城市竞争力,通过改善投资环境、加强基础设施建设等方式进行经济建设和招商引资,而这其中所产生的大量资金需求,与地方政府的财政实力不匹配。同时地方和中央之间事权与财权的责任划分也不明确,地方和中央的共同事权范围互相涵盖。尽管近年来通过中央对地方的大量转移支付,财政投入不断增加,但事权与财权的不协调导致地方财政仍存在严重收支不平衡问题,因此地方政府不得不扩大地方政府债务规模,以满足不断增长的资金需求。

2. 从政策环境和经济环境来看

减税政策、疫情冲击、房地产市场下行等是地方政府债务风险扩大的外部性因素。除政府这一举债主体的自身因素外,外部环境因素也是造成地方政府债务风险增加的重要原因,特别是对短期内地方政府债务压力的增加有着显著的影响。一方面,大规模减税降费的实施、疫情期间政府财政支出的增加都增大了地方政府一般性预算收支的压力,降低政府偿债能力的同时,还增加了政府的举债动机。另一方面,当前经济下行压力增加,房地产市场整体延续下行态势,许多地区土地出让持续低迷,这造成了地方政府土地出让金收入增速总体呈下降趋势。2023年1—6月全国政府性基金预算收入同比下降16%,

---

1. 章俊:《从国际经验看化解中国地方债务的出路》,《清华金融评论》,2023年8月24日。

弥补财政收支缺口的能力越来越弱，造成了地方政府对举债融资的依赖性增强，同时也增加了地方政府债务违约的风险。

3.金融机构及其影子银行等创新业务的推波助澜

地方政府通过城投平台融资的主要方式是银行贷款。随着我国利率市场化改革的持续推进，商业银行的存贷款利差不断降低，贷款市场竞争加剧，盈利能力下降，商业银行需要培育新的利润增长点。地方融资贷款因具有资金规模大且有地方政府的隐性担保，所以得到了金融机构的明显青睐。有的地方政府通过自身对某地区资源的控制优势来影响商业银行（尤其是中小银行）的决策，以满足自身的资金需求。这导致银行贷款高集中度的情况，一方面这类贷款的资金项目周期长、收益低，另一方面商业银行资金来源主要是活期存款，这便可能引起银行资金负债的期限错配，加剧了银行的经营风险，近年来一些中小银行风险都是此类创新业务所致。[1]

4.缺乏风险预警机制

现行的地方政府债务管理缺乏风险预警机制，也缺乏专门的监督管理机构。对于举债规模和用途缺乏社会公众的监督，而举债规模和对应的风险也并未设定严格规范的预警机制。所以，一旦部分地方出现过度举债，由于缺乏风险预警，容易导致恶性循环，地方政府财政隐患陡增，加大了地方政府债务风险。

5.地方政府债务风险带来的影响

我国地方政府隐性债务主要来源于金融系统。当前，各类银

---

[1] 周景彤、范若滢：《金融在防范化解地方政府债务风险中的作用》，《清华金融评论》，2019年第7期。

行业金融机构关联度明显提升，债务风险极易因债务关联而在各区域金融机构之间相互溢出，催生区域金融风险。地方政府债务扩张所致的债务风险一旦爆发，可能会迅速传染至银行等金融机构，加速金融风险积累，还极有可能通过金融系统的传导蔓延，引发系统性金融风险。

（四）有效防范化解地方政府债务风险举措

第一，实现经济高质量发展，为防范化解地方政府债务风险提供有力支持。经济发展是解决一切问题的根本，化解地方政府债务风险也不例外。地方政府债务是在我国快速城市化和经济增长中形成的，也必须依靠发展的手段来化解。从理论上来讲，衡量债务负担一般用的是债务与GDP之比，经济增速和债务负担呈负相关。如经济增长与财政收入的速度超过债务增长的速度，债务融资的公益性项目保持正常运行，项目的风险就不会外溢。如经济停滞，风险就会剧增。当前我国正处于新旧动能转换时期，保持一定的经济稳定增速对有效防范化解地方政府债务风险极为重要。在中长期内，要建立防范化解地方政府债务风险的长效机制，提高地方政府债务融资项目投入与产出的匹配性，实现地方财政收支高质量发展，降低风险隐患；在短期内，则应保持适度扩张的宏观经济政策，以防止宏观政策过快收紧对经济复苏产生不利影响。

第二，加强地方政府债务监督管理，建立科学的风险预警与防范机制。一是制定地方政府债务监督管理相关法规，使地方政府债务的监督管理有法可依。二是加强财政和审计部门对地方政府债务的监督，将地方政府债务作为预算执行审计的内

第 ⑦ 章　　→ 有效防范和化解金融风险

容予以关注，将地方政府债务纳入经济责任审计的范畴，使对政府债务的监督制度化和常态化。三是建立公开透明的地方政府债务信息报告制度，及时向中央政府报告财政账户收支情况，并向社会公示进而接受监督。四是建立完善风险预警机制。根据债务与其偿还能力设置科学的风险指标与预警体系，对地方政府债务风险进行跟踪监管，密切监控系统风险。

第三，理顺中央政府和地方政府的关系。建立事权和支出责任相适应的制度，将部分事权上移，减轻地方政府财政支出压力。积极转变政府职能，理顺政府与市场的关系。规范地方政府的债务管理，避免地方政府利用投融资平台来履行支出责任。中央和地方政府首先要按照事权划分相应承担和分担支出责任。中央可通过安排转移支付将部分事权支出责任委托地方承担。对于跨区域且对其他地区影响较大的公共服务，中央通过转移支付承担一部分事权支出责任。同时要理顺政府与市场的关系，坚持有所为、有所不为，把有限的政府财力投入公益性较强的公共产品和服务上。

第四，进一步拓宽地方政府融资渠道。长期以来，银行借款一直是地方政府债务资金的主要来源，导致大量风险在银行聚集，不利于经济社会的稳定发展。要通过资产证券化的方式，增强地方政府债务的流动性，分散风险，以缓解地方政府巨大的支出压力和债务压力。要规范基础设施建设融资行为，并积极引入社会资金，来满足不同类型基础设施建设的差异化融资需求。推动地方政府融资平台的转型，根据不同地方的实际特点，选择合适的转型路径。进一步鼓励地方债的发展，加大对项目收益专项债券品种的创新。在地方债的发行准备工作中积极引入第三方机构参与，提高地方政府债券管理的专业化程度。

第五，优化中央和地方政府债务结构。这是未来防范化解地方政府债务风险的一个重要方式。当前地方政府债务占比高，中央政府债务占比低，中央政府加杠杆空间大。地方政府举债成本高、周期短，中央政府举债成本低、周期长。因此，有必要提高中央政府债务比重，通过转移支付的方式缓解地方政府收支矛盾。2023年10月24日，十四届全国人大常委会第六次会议表决通过了全国人民代表大会常务委员会关于批准国务院增发国债和2023年中央预算调整方案的决议，明确中央财政将在2023年第四季度增发2023年国债1万亿元，集中力量支持灾后恢复重建和弥补防灾减灾救灾短板，成为稳增长、惠民生的重要举措。以本次中央增发1万亿元国债为标志，未来中央财政可能会承担更多加杠杆的责任。同时，结合各地政府债务实际情况，统筹运用多种财政和金融手段，通过信托贷款、融资租赁等非标准化债权资产进行展期，通过债务置换把原短期、高成本债务转换成中长期、低成本的政府债券；通过政策性银行或商业银行的低息资金降低债务成本等，延长债务期限，降低利息成本，缓释地方政府短期偿债压力，从而改善地方政府债务组成结构和期限结构。

| 知识链接 |

巴西的三次地方政府债务危机及化解

20世纪80年代至90年代，巴西曾三次发生地方政府债务危机，对巴西的财政稳定和经济发展产生了重大影响。

第一次是20世纪80年代末世界石油危机导致巴西外债违约。由于缺少监管，外债逐渐成为巴西地方债务的最脆弱环节，公共部门（联邦政府、地方政府、国有企业）外债占GDP的比重不断攀升。在世界石油危机的冲击下，巴西州政府的外债难以偿付。

第二次债务危机发生于1993年前后。地方政府逐渐挤向地方政府债券来扩张债务，随着联邦政府收紧地方政府债券融资，各州债务再次难以为继，出现对联邦金融机构的债务违约。

第三次债务危机发生于1997年，各类债务纷纷违约，很多州银行也出了问题。巴西公务员工资福利作为地方政府的最大支出，成为第三次债务危机的导火索。

这三次危机均是在中央政府与地方政府的协商下通过债务重组的方式加以化解。第一次是只救助、未改革；第二次是救助与改革未联动；第三次则从财政体制改革等方面入手，救助不仅全面考虑各类债务，还以救助换回财政改革，解决了未来的道德风险问题，最终获得成功。三次债务危机使联邦政府认识到，只有彻底解决财政体制的问题，才能根治地方债务危机的隐患。2000年以来，巴西又经过数年努力，逐渐形成相对成熟的央地财政关系，建立了现代财政体制。

资料来源：徐忠：《巴西是怎么走出地方债务危机的》，新浪财经，2023年11月27日。

三、稳妥化解房地产风险和守住不发生系统性风险底线

房地产是国民经济的支柱产业，房地产健康发展是经济高质量发展的重要内容。近年来，我国房地产市场呈现减速态势，不同地区房地产需求分化，房地产库存增加并伴随投资放缓，部分房地产企业面临经营亏损风险、流动性短缺风险和债务违约风险，甚至有些地区房地产面临烂尾断贷挑战。房地产一头连着发展，一头连着民生，如何统筹金融安全和发展，有效防范化解房地产风险，对于加快建设金融强国，实现人民安居梦有着重要意义。

（一）房地产风险

1.房地产是产业链枢纽，牵一发而动全身

房地产业是以土地和建筑物为经营对象，从事房地产开发、建设、经营、管理以及维修、装饰和服务及融多种经济活动为一体的综合性产业。房地产业属于第三产业，是具有基础性、先导性、带动性和风险性的产业。房地产业主要经济活动贯穿房地产生产、交换、分配、消费诸环节。房地产业主要包括土地开发，房屋的建设、维修、管理，土地使用权的有偿划拨、转让，房屋所有权的买卖、租赁，房地产的抵押贷款以及由此形成的房地产市场。现实生活中，人们习惯称从事房地产开发经营的行业为房地产行业。房地产业牵一发而动全身，较长的产业链条决定了房地产业的繁荣发展会带动上下游产业的发展和就业，反之亦然。

2.房地产市场风险及风险类型

房地产市场风险是指由于房地产市场的波动引发的不确定性，其中包括由投资、供求、规模、价格等各种因素的波动所引起的房地产市场的不确定性。房地产市场风险主要包括房价泡沫风险、供给过剩风险和流动性风险。泡沫风险的典型特征是房价持续较快上涨而且涨幅显著高于同期居民收入涨幅，一旦诱发房价涨幅超过收入涨幅的短期因素发生变化，泡沫风险就会很快爆发。供给过剩风险指由于市场供应量明显超过需求量而形成的一种风险。流动性风险是房地产资金来源出现问题诱发的风险。房地产风险一旦爆发就会对经济社会形成较大冲击，如出现三种风险叠加的情况，那么房地产风险的化解将会需要较长时间。

（二）房地产高速发展与风险隐患

1.房地产是国民经济支柱产业

中国房地产业具有双重历史使命，既要拉动经济又要改善民生。这种双重使命一直伴随着整个中国式现代化的过程。1949年新中国成立至今，我国住房制度从20世纪五六十年代政府统筹分房到住房领域初步建立起低租金福利房供给制度，再到1978年房地产市场化改革，我国房地产已走过了70多年的发展历程。从1978年改革开放初期全国性的城镇住房制度改革，到1998年住房制度从福利性分配转变为货币化分配，标志着中国房地产向全新的市场化时代迈进，拉开了中国住房制度改革的序幕。随着中国人口稳定增长、住房需求增加，房地产作为"三驾马车"中带动经济发展的国民经济的主导产业在中国经济30年高速发展中扮演着非常重要的角色，我国的房地产业经过几十年的发展，对居民安居乐业、民生改善、国家的经济增长和社会稳定起到了重要的推动作用。

观察2000年到2020年我国宏观经济发展，房地产和基建投资是拉动经济增长的重要动力。根据国家统计局公布的数据，表7-1描述了我国房地产2000—2023年间的变化，可以看出2000年房地产增加值在GDP中占比4.1%，房地产增加值跃升为73425亿元，在GDP中占比达到7.2%。20年内房地产增加值占GDP的比重上涨76%。国家统计局统计数据显示，2020年房地产增加值已经超过2019年北京和上海GDP之和。总的来看，20年间，房地产业对经济的贡献率基本保持在稳步增长的水平。

2."房住不炒"，房地产迎来调控

房地产业自"98房改"以来一直保持着一路高歌猛进的发展态势。2016年底，针对我国房地产市场周期性反复调控带来房价持续上涨的问题，中央经济工作会议首次提出"房住不炒"的概念，党的十九大报告提出新时期住房发展思路与目标，坚持房子是用来住的、不是用来炒的定位。2021年，房地产调控政策收紧，在"房住不炒"和"稳地价、稳房价、稳预期"政策引导下，房企降杠杆取得一定成效，房地产过热发展态势迎来了明显的拐点，逐渐回归理性。2021年房地产对GDP贡献率由2020年的7.2%回落到6.7%。2023年我国房地产业增加值占比5.8%，这一比例明显低于美国和日本在相同发展阶段时的10%左右（如表7-1所示）。

表7-1 2000—2023年房地产增加值占GDP比重

年份	房地产增加值（亿元）	GDP（亿元）	房地产增加值占GDP比重（%）
2023	73723	1260582	5.8
2022	73766	1204724	6.1
2021	77216	1149237	6.7
2020	73425	1013567	7.2
2019	70445	986515	7.1
2018	64623	919281	7.0
2017	57086	832036	6.9
2016	49969	746395	6.7
2015	42574	688858	6.2
2014	38086	643563	5.9
2013	35340	592963	6.0
2012	30752	538580	5.7
2011	27781	487940	5.7
2010	23327	412119	5.7
2009	18761	348518	5.4
2008	14600	319245	4.6
2007	13714	270092	5.1
2006	10321	219438	4.7
2005	8483	187319	4.5
2004	7152	161840	4.4
2003	6157	137422	4.5
2002	5335	121717	4.4
2001	4706	110863	4.2
2000	4141	100280	4.1

* 资料来源：国家统计局

2021年以来，房地产持续低迷，融资困难，导致各房企流动性较差，甚至出现了流动性风险。少数高杠杆企业则出现债务违约，如恒大集团总负债高达3000亿美元，其中60%是房地产开发项目，涉及全国多个城市1000多家项目子公司，且部分项目已经停工。这些房企出现资金短缺甚至资金链断裂的流动性压力，造成项目进展停滞，甚至发生烂尾风险。多家房地产企业风险持续暴露，不仅影响房地产业及其上下游行业，更影响严重依赖土地财政的地方政府。加之2020年新冠疫情冲击后世界主要经济体采取超常规的宽松货币政策以支持经济复苏，利率下降，房价攀升造成全球金融脆弱性和风险持续积累。国内国际环境给房地产业未来发展带来挑战，由房地产业风险引发系统性金融风险的担忧再次引起全社会的关注。

（三）房地产市场风险引发系统性金融风险传导

1. 房地产波动与金融风险深度关联

房地产风险升级对金融安全产生外溢影响。房地产业是资金密集型行业，具有开发周期长、高杠杆的特点，房地产开发企业在整个开发周期从供给端开发贷款到需求端消费按揭贷款都靠金融机构杠杆作用，对外部资金来源依赖性较强。房地产融资既有房地产企业开发贷款，也有居民按揭贷款，另外还有很多与房地产相关的金融投资理财产品。房地产风险上升对商业银行住房信贷资产价值产生冲击，造成房地产金融产品价格波动加剧，风险上升伴随价格下降，导致部分房企经营困难，出现"烂尾楼"或交房滞后现象，以致购房者采取断贷断供等举措规避风险，贷款违约风险加大；相关金融机构面临较大的资金偿还风险，造成金融机构不良资产攀升，可能进一步引发系统性金融风险。

2.居民杠杆率攀升隐含潜在风险

近年来商品房销售量价齐升,住房按揭贷款规模迅速膨胀,居民杠杆率快速攀升。由于中国居民家庭及金融资产配置结构较为单一,投资渠道有限,个人按揭贷款因抵押资产保值性高而成为银行居民贷款的主要投向。根据中国人民银行2019年的《中国家庭财富调查报告》,我国城镇居民家庭的实物资产中74.2%为住房资产,居民家庭具有较高的住房拥有率,93.03%的居民家庭拥有1套住房。2022年末,金融机构个人住房贷款余额38.8万亿元,年均增速达35.64%。中国银行业已成为全球第二大个人住房贷款市场。国家资产负债表研究中心(CNBS)的数据显示,我国居民杠杆率在1994年底到1995年初是最低点,为2.7%;截至2023年3月底升至63.3%。也就是说,如果一个家庭总资产是100万元的话,那么其中有63.3万元是借的。而截至2022年底美国的居民杠杆率为75.2%,日本的居民杠杆率为67.9%,欧元区的居民杠杆率为58.3%,德国的居民杠杆率为55.7%。

3.经济"脱实向虚",累积泡沫风险

房地产价格上涨引起的宏观经济杠杆不断攀升,经济"脱实向虚",累积泡沫风险。大型房企纷纷涉足金融行业,并普遍持有金融牌照,再次强化了房地产与金融的风险传导。从资产负债率看,根据2018年第四次全国经济普查数据,房地产业资产负债率为76.7%(其中房地产开发经营业的资产负债率为78.3%),金融企业资产负债率高达85.2%。

从宏观杠杆率[1]看，2017年至2019年我国宏观杠杆率总体稳定在253%左右。根据中国科学院金融发展实验室发布的报告：2020年、2021年我国宏观杠杆率分别为270.15%、272.5%，2023年我国宏观杠杆率大幅攀升，从2022年末的274.3%上升到287.8%。房价泡沫风险不断累积。

2020年，我国房地产相关贷款占银行业贷款的比例达到39%，且还有大量债券、股本、信托等资金进入房地产行业，因此房地产是现阶段我国系统性金融风险方面最大的"灰犀牛"。[2]我国政府此前同步收紧供给和需求的房地产调控机制虽在短期内控制住了房价，却也带来了金融风险的积累。

| 知识链接 |

"灰犀牛"事件

"灰犀牛"比喻大概率且影响巨大的潜在危机，这个危机有发生变化或改变的可能，是可预测的。

这个词是由美国学者米歇尔·渥克于2013年达沃斯论坛上提出来的。灰犀牛是非洲大陆上的巨无霸，体重达2~5吨，它平时性情温和，只要不侵犯到它的领域或者挑衅它，它基本不会对人或者其他动物造成威胁。当在非洲大草原旅行时，碰到灰犀牛，它们缓慢而稳定地向我们冲来，如不及时采取措施，就会造成灾难性的后果。

---

1. 宏观杠杆率是指非金融企业部门、政府部门、住户部门的债务余额与国内生产总值（GDP）之比。宏观杠杆率反映了债务性融资规模与经济发展的比例关系，是防范化解金融风险、维护金融稳定的重要决策依据。
2. 郭树清：《完善现代金融体系》，《〈中共中央关于制定国民经济和社会发展第十四个五年规划和二〇三五年远景目标的建议〉辅导读本》，人民出版社，2020年版。

渥克认为，人类总是有惰性和侥幸心理，而忽视了主动和及时的行动，从而导致了对风险的高估和无效应。

4.房地产风险引发系统性金融风险的路径

房地产风险具有传导性功能，房地产行业涉及链条较长，房地产主体包括开发商、消费者、金融机构、地方政府等。从整个房地产开发周期看，市场主体行为导致的风险从而引发系统性金融风险主要体现在土地交易阶段、项目开发阶段与销售阶段。具体路径如图7-8所示。[1]

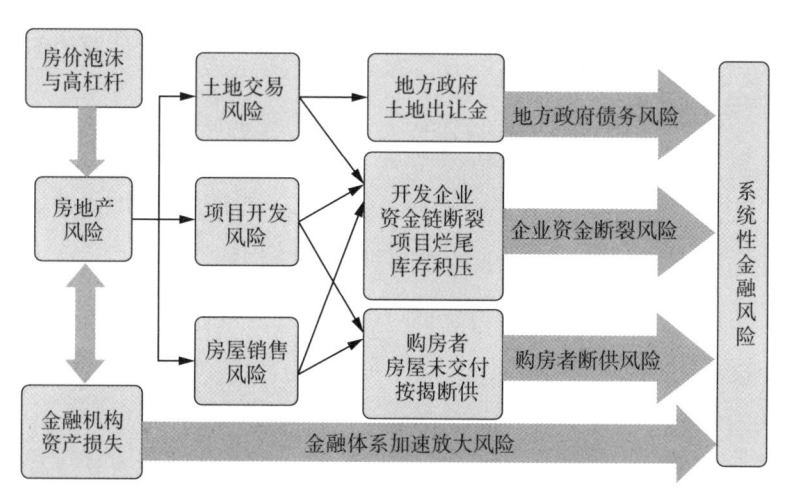

* 图7-8 房地产风险引发系统性金融风险的基本路径

表面上看，房地产风险的出现，在于去杠杆政策的刺激。但实际上，经过多年的高速增长，房地产本身也进入了调整期，

1.刘世香、张金鑫：《房地产风险引发系统性金融风险问题探讨》，《上海房地》，2022年第5期。

表现为红利减退造成的市场支撑力不足，以及高杠杆模式的不可持续。

目前，房地产市场运行依然十分困难，根据国家统计局公布数据显示，截至2023年末，商品房销售面积为111735万平方米，与上年相比下降8.5%；商品房销售额达116622亿元，与上年相比下降6.5%。2024年1月17日国家统计局发布2023年12月70个大中城市商品住宅销售价格变动情况，数据显示，70个大中城市二手房价格环比全部下跌，一线城市降幅收窄。房企债务去库存化推进不畅，包括万科在内的部分大型房企遭到穆迪等国际信评机构调降信用评级或展望评级。房地产开发投资跌势延续，2023年房地产开发投资累计同比下降9.6%，连续20个月负增长。[1]

更需关注的是，2024年新一轮偿债高峰期将至，叠加2023年销售市场表现不及预期，仍有部分"千亿房企"面临债务违约风险。防止民营房企债务违约风险蔓延，是重塑行业发展信心的关键。坚持融资支持与风险防控并重，积极稳妥处置债券违约暴露前的风险，多管齐下纾解房地产"灰犀牛"风险，牢牢守住不发生系统性风险底线。

（四）稳妥有效防范和化解房地产金融风险

2023年12月召开的中央经济工作会议强调，要统筹化解房地产、地方债务、中小金融机构等风险，严厉打击非法金融活动，坚决守住不发生系统性风险的底线。积极稳妥化解房地

1.连平：《房地产支持政策密集出台成效几何？》，《华夏时报》，2024年1月24日。

产风险，一视同仁满足不同所有制房地产企业的合理融资需求，促进房地产市场平稳健康发展。积极稳妥、有力有序有效地支持房地产行业防范化解风险，仍是重中之重。这也是统筹安全和发展，加强金融强国建设的有力保障。

1.全面加强房地产市场各环节的监管

房地产市场涉及土地、规划、建设、销售、物业管理等多个部分，市场参与者除房地产开发企业和购房者外，还包括银行金融机构、中介机构等多方主体，任何一个部分、一方主体的违规违法行为，都会扰乱市场正常秩序，影响调控政策效果。因此，需要进一步拓宽监管范围，强化自媒体管理，坚决查处房地产开发、销售等各个环节未批先建、随意调整容积率、发布虚假广告和数据、制造抢房假象、首付贷、非法预售、捆绑销售、捂盘惜售、炒买炒卖、哄抬房价等违法违规行为。应积极推进房地产市场诚信体系建设，通过失信披露制度和守信激励制度，发挥评价、激励、惩戒作用，全面提高房地产市场各环节的监管水平，整顿和规范市场秩序及调控秩序。

2.因城施策、因地施策、协同施策，推动房地产平稳健康发展

深刻把握房地产平稳健康发展的内涵，明确各地区调控政策重点。从市场角度看，稳定是房地产健康发展的应有之义，必须深入研判不同地区房地产形势，对风险较高地区房地产进行监督预警，确保不出现系统性风险。党的十九大报告指出"以城市群为主体构建大中小城市和小城镇协调发展的城镇格局"，城市群正在成为我国城镇化的主体形态。针对城市群中不同城市的房地产市场调控，不仅要继续坚持因城施策，而且要

结合城市群内部各个城市间房地产风险空间关联关系进行协同施策以配合调控。避免房地产价格大幅波动、下挫是需要重点关注的内容。保持房地产循环畅通，针对高库存的问题，坚持"房子是用来住的、不是用来炒的"定位，激发刚需，可以通过适当降低首套房首付比例，调整信贷支持政策，促进房地产逐步去库存。同时建立房地产市场调控城市间协同机制，防止中心城市房地产风险向周边城市扩散蔓延。

3."先立后破"，探索房地产风险化解新模式

房地产事关民生，民生无小事，枝叶总关情。人民群众对幸福最朴素的期待就是安居乐业，安居才能乐业。目前当务之急是让房地产行业回到平稳发展轨道，一方面避免风险进一步蔓延外溢，另一方面房地产仍是国民经济支柱产业，要用好信贷、债券、股权支持房企融资"三支箭"，加快构建房地产发展新模式，以满足刚性和改善性住房需求为重点，努力让人民群众住上好房子。加快推进保障性住房建设、"平急两用"公共基础设施建设、城中村改造等"三大工程"。"三大工程"主要着眼于房地产市场的长期健康运行与稳定增长，力图解决结构性问题、供需错配与需求断层等长期问题。其中，城中村改造解决的是新市民、年轻人与外来人口的住房需求，主要是低成本的、职住平衡的配租型住房需求；保障性住房解决的是户籍无房户、人才群体、工薪阶层的配售型保障需求，解决商品房需求断层的问题；"平急两用"公共基础设施解决的是新时期对居住生活安全的配套设施诉求。"三大工程"与扩大房地产内需相结合，均是在供给侧结构性改革上做文章，以匹配需求。

4.立破结合，稳进有度

2023年中央经济工作会议中，"先立后破"首次被提升至经济工作总基调的地位。鉴于房地产行业持续偏弱运行，并由此带来的经济下行压力以及房地产风险的化解方式，都要遵循"先立后破"的总基调。所谓先"立"，即控制好风险，保证平稳过渡，"立"后再"破"，以谋求新发展。具体做法是"完善相关基础性制度"，既要强监管，又要"一视同仁"满足融资要求，最后构建"新模式"，完成转型。当前国内国际总体形势复杂多变，我国经济已经处在转型升级的关键阶段。利用辩证思维、立足经济建设为中心，平衡好"破"和"立"、"稳"和"进"的关系，做到"立破结合，稳进有度"是我们未来经济工作的关键，也是防范化解房地产风险，构建房地产发展新模式的方向。

| 知识链接 |

中国超大城市和特大城市

据住建部《2021年城市建设统计年鉴》和第七次人口普查数据，"超大城市"包括上海、北京、深圳、重庆、广州、成都和天津7个城市，"特大城市"则包括武汉、东莞、西安等14个城市。2023年，苏州也宣布跻身特大城市行列，至此国内超大、特大城市共22个。

四、及时处置中小金融机构风险

我国金融部门的风险主要体现在中小金融机构的业务风险上。中小金融机构尤其是中小银行与地方政府债务和房地产有着千丝万缕的联系，"你中有我，我中有你"。2014年借棚户区改造的"东风"与支持中小金融机构发展的政策，中小银行贷款业务随着房地产市场的繁荣得到迅速发展壮大。2019年后随着房地产风险的逐渐释放，中小银行扩张之路按下暂停键。但在迅速发展时期，部分中小金融机构已积累了诸多风险。在全球经济下行压力下，2018年恒丰银行被爆出1600亿元不良资产、2019年包商银行因被民营资本"掏空"严重资不抵债被接管、锦州银行风险事件、2020年华夏人寿被接管、2022年河南数家村镇银行出现客户取款难等事件不断浮现。

（一）中小金融机构风险关乎群众财产安全和金融安全

2023年12月，钛媒体国际智库在报告《房间里的大象——我国中小银行的困境与突围》中这样描绘："在中国的金融版图上，4000余家中小银行如同遍布的细小血管。它们不仅为地方经济输送着养分，也成为连接普通民众与金融市场的桥梁。"报告形容中小银行面临的风险困难恰似"房间里的大象"是显而易见又常常被忽视的重要问题，但其带来的严重影响已然给予我们警示。

中小金融机构是我国金融体系的重要组成部分，是促进经济转型发展，推动高质量发展的重要力量。中小金融机构经营机制较为灵活，是服务中小微企业的主力军。其作为精准润泽实体经济的毛细血管，更是联系着百姓生活，千企万家，在服务实体经济中作出了巨大的贡献，同时也得到了飞速发展，中小金融机构的风险不仅关乎基层群众的财产安全，还影响着整个金融安全。2023年《政府工作报告》中就明确指出，"一些中小金融机构风险暴露"。2023年10月中央金融工作会议专门强调，"及时处置中小金融机构风险"，12月11日至12日举行的中央经济工作会议提到，要统筹化解房地产、地方债务、中小金融机构等风险。我们可以看到，关于中小金融机构风险话题贯穿2023年全年。2024年1月30日，国家金融监督管理总局在2024年工作会议上部署2024年重点任务，将推进中小金融机构改革化险放在了年度重点任务目标的第一位，足见这一问题的重要性与紧迫性。及时处置化解中小金融机构风险，加强监管，完善公司治理，防范风险跨区域、跨市场传递共振，促进中小金融机构健康高质量发展是当前的重要任务，对维护我国金融安全稳定发展具有十分重要的意义。

（二）中小金融机构发展困境与经营风险现状

当前，宏观环境复杂多变，在金融科技的助推下，金融行业转型发展的速度加快，大型商业银行加速下沉，一定程度上挤压了中小银行的盈利空间，加上中小金融机构缺乏风险管理与数字化转型人才等原因，造成其出现经营困难，风险不断积累的现状。

1.中小金融机构盈利能力不足，整体分化严重

我国的中小型金融机构呈现出数量大、资产少的特点，作为中小金融机构代表的中小银行是服务民营企业、小微企业、"三农"等的重要金融力量。据国家金融监督管理总局2024年1月25日披露：全国共有中小银行3912家，主要是城市商业银行、农村信用社和村镇银行等几类中小银行机构，总资产110万亿元，在银行业整体总资产中占比为28%。3912家中

小银行涉农贷款、小微企业贷款余额分别为21万亿元、29万亿元，占整个银行业涉农贷款、小微企业贷款的比例分别为38%和44%。占比约九成的中小银行仅占有不足三成的资产，这无疑会制约中小金融机构的盈利能力。同时中小金融机构内部分化较严重。以中小银行为例，2022年城市商业银行、农村商业银行的资产利润率分别为0.54%与0.53%，均低于0.75%的行业平均水平（如表7-2所示）。

表7-2 2022年各类银行的经营管理能力

类别	国有大型银行	股份制银行	城市商业银行	农村商业银行	民营银行
净息差（%）	1.90	1.99	1.67	2.10	3.94
ROA（%）	0.88	0.79	0.54	0.53	1.03
总资产增速（%）	12.90	6.88	10.69	9.44	8.61
净利润（亿元）	12932	5064	2553	2081	176

* 资料来源：国家金融监管总局网站

2.中小金融机构资本充足率偏低

资本充足是商业银行经营的底线，也是监管部门开展银行业审慎监管的核心。资本充足率不足，很难依靠自有资金来承担金融风险。2022年末，我国商业银行资本充足率为15.2%；国有大型银行、股份制银行、城市商业银行、农村商业银行、民营银行资本充足率分别为17.76%、13.57%、12.61%、12.37%、12.40%（如表7-3所示），各类银行资本充足率均保持在较高水平。比较可以看到，国有大型银行资本充足率均高于行业平均水平；城市商业银行、农村商业银行、民营银行资本充足率相对较低，这反映出中小银行面临更高的资本补充压力。

3.风险抵补能力较弱

2022年末，我国商业银行拨备覆盖率为205.8%；我国国有大型银行、股份制银行、城市商业银行、农村商业银行、民营银行拨备覆盖率分别为245.04%、214.18%、191.62%、143.23%、282.54%（如表7-3所示）。可以看到，城市商业银行和农村商业银行拨备覆盖率低于行业平均水平，反映出现阶段城市商业银行、农村商业银行等中小银行风险抵补能力要弱于大银行。特别是，2022年末农村商业银行拨备覆盖率仅为143.2%，与其他类型银行相比存在较大差距，反映了其风险抵补能力的不足。

表7-3　2022年各类银行的风险抵补能力

类别	国有大型银行	股份制银行	城市商业银行	农村商业银行	民营银行
不良贷款率（%）	1.31	1.32	1.85	3.22	1.52
拨备覆盖率（%）	245.04	214.18	191.62	143.23	282.54
资本充足率（%）	17.76	13.57	12.61	12.37	12.40
不良贷款余额（亿元）	12113	5120	4776	7546	166

* 资料来源：国家金融监管总局网站

4.高风险机构占比高

根据央行公布的2022年四季度金融机构评级结果，高风险银行346家，其中，城市商业银行、农合机构（包括农村商业银行、农村信用社、农村合作银行）和村镇银行的数量分别为16家、202家和112家，占比高达95.4%。2022年末，我国商业银行不良贷款率为1.63%，城市商业银行和农村商业银行不良率分别为1.85%、3.22%，农村商业银行信用风险较为突出，是行业平均水平的2倍左右（如表7-3所示）。从风险情况看，以农合机构和村镇银行为主体的中小金融机构显性和隐性的风险不容小觑。

当前，监管部门积极推进中小银行改革化险，开展兼并重组，减量提质。2023年，中小银行加速洗牌。根据国家金融监管总局披露的银行业金融机构法人名单，2018年末，全行业共4034家中小银行（包括城市商业银行和农村金融机构）；到2023年末，已减少至3920家。其中，农村金融机构（包括村镇银行、农村商业银行、农村信用社、农村资金互助社和农村合作银行）在2018年末时为3900家，到2023年末，减少至3795家。

（三）防范化解中小金融机构风险，夯实高质量发展基础

目前，作为我国金融安全基本盘的大型金融机构总体稳健，风险主要集中在中小金融机构。必须加大力度推进中小金融机构改革化险。

1.深化金融供给侧结构性改革，充实中小金融机构资本

坚持从源头出发、改革化险一体化推进。用好专项债作为补充中小银行资本的政策，增强资本实力，避免发生流动性风险。创新多元化资本工具，进一步拓宽中小银行资本补充渠道，根据资产规模、盈利能力等维度指标，出台更为具体的中小金融机构资本补充细则。加强对中小金融机构的政策支持，加大贴息和低成本资金支持，以增强其抗风险的能力。中小金融机构也应制定合理的流动性管理策略，确保资金来源多样化，做好资金的配置与运用，提前做好资金缺口的预测和应对措施，充分降低可能发生的流动性风险。中小金融机构应加强对借款

人的信用评估，采用科学的评估模型和数据分析手段，准确评估借款人的还款能力和信用状况，降低信用风险，增强盈利能力。从根本上防控中小金融机构的金融风险、提升中小银行机构的运营能力和抗风险能力，进一步夯实资本基础，确保中小金融机构的可持续发展，提高服务实体经济质效。

2.完善公司治理，加强监管

中小金融机构要建立健全公司治理结构，优化股权结构，聚焦主责主业，规范公司治理主体的履职要求，建立相互制衡、运行高效的公司治理机制。完善内部管理机制，提高风险管理水平，确保公司运营的合规性。加快数字化转型，增强其持续发展与风险防控的内生能力。监管部门要加大对中小金融机构股东穿透式监管力度，强化对股东资质的穿透审核及对其行为的严格监管，提高准入门槛，下大力气解决股东"越位"和"缺位"的问题，严防其利用职权进行利益输送和违法违规的关联交易，有效缓释存量风险。在压实公司治理职能、经营回归正轨的基础上，再进行风险处置。

3.发挥自身特色优势，谋求科学发展

中小金融机构要回归服务实体经济本源，明确战略定位，立足当地做精做细，利用自身资源禀赋条件结合当地经济发展特色与区域优势，把握国家重大战略及地方产业发展带来的机遇，进行差异化经营、专业化发展，以本区域内中小微企业、"三农"经营者和本地居民为主要客户群体，持续创新完善相关产品服务体系，深耕当地，补齐短板，为实体经济提供更加稳健、可持续的金融服务。同时要避免过度追求短期利益而忽视风险的行为。

4. 稳妥处置中小金融机构不良资产

对于问题中小金融机构采取应治则治、可救必救，无法救助的要进行果断"关停并转"，争取在最短的时间内将中小金融机构信用风险事件对经济和金融发展造成的负面效应降到最低。标本兼治，建立健全金融稳定长效机制，严格中小金融机构准入标准和监管要求，加强对中小金融机构的风险评估，建立风险预警机制，及时发现和处置现有风险，监管部门要与地方党委政府和相关部门共同制定"一行一策"，谋划实施改革化险路径及相应措施，全力推进中小金融机构改革化险，落实机构、股东、高管、监管、属地、行业六方责任，推动形成工作合力。积极稳妥防控重点领域风险，强化信用风险管理，加大不良资产处置力度。加大对改革重组银行风险处置模式推广力度。拓宽地方中小金融机构不良资产处置渠道，逐步构建不良资产市场统一监管框架，建立全国统一的不良资产交易平台，持续做好地方高风险中小金融机构风险处置工作。[1]

同时，在多措并举稳妥有序化解风险的同时，要把握好时度效，有计划、分步骤地开展工作。"把握好时度效"要求在推动中小金融机构改革化险工作时，一要抓住有利时机适时推进；二要准确掌握好限度，一方面要坚定改革化险的决心，另一方面要稳妥有序推进，防范产生次生风险；三要真正实现改革化险效果，推动中小金融机构稳健发展，防范化解系统性金融风险。[2]

---

1. 王力：《化解中小金融机构风险的思考》，《银行家》，2024年第2期。
2. 徐贝贝：《把握好时度效 积极稳妥推进重点领域改革化险》，《金融时报》，2024年2月2日。

第 8 章

统筹推进金融开放与安全

要着力推进金融高水平开放,确保国家金融和经济安全。

——习近平总书记在中央金融工作会议上的重要讲话（2023年10月30日）

第 ⑧ 章　→ 统筹推进金融开放与安全

纵观历史上的金融强国，都具有高度开放的特征。开放是中国式现代化的鲜明标识，推进金融高水平开放是实现金融强国建设目标的必由之路。"坚持统筹金融开放和安全"是2023年10月底中央金融工作会议坚定不移走中国特色金融发展之路的"八个坚持"中的重要内容。安全是发展的前提，发展是安全的保障。金融高水平开放一定要以国家金融和经济安全为基石，做到开放和安全并重，统筹好开放和安全的关系，守住开放条件下的金融安全底线才能推动金融高质量发展，加快建设金融强国。

一、稳慎推进人民币国际化

一个国家的货币能够在多大程度上来行使国家的结算、清算、储备、投资功能，是一个国家经济实力和金融实力的综合反映。一国的货币成为国际储备货币是金融强国的基本特征。建设金融强国，人民币国际化是必然趋势，也是一个自然过程。

（一）国际货币体系演进与人民币国际化
1. 货币国际化与人民币国际化内涵

货币国际化通常是指一种货币的使用突破国别界限，在国际市场上作为一般等价物发挥积极作用的经济现象[1]。国际货币有支付手段、计价标准和价值储藏功能（如表8-1所示）。国际货币各职能的形成通常是从贸易支付起步，逐渐扩展到投资领

1.谭小芬：《金融学前沿文献导读》，中国财政经济出版社，2020年版。

域，再延伸至融资功能，最后成为储备货币。货币国际化是某种货币逐步具有交易媒介、记账单位与价值储藏等功能的过程，最终成为国际金融市场的主导货币[1,2]。

成为国际货币需要一系列的条件，如一国的经济规模、中央银行公信力、货币内在价值稳定性、货币可兑换性、深度发达的金融市场以及国家的政治和军事实力等，这些都决定着货币的国际地位。

表8-1 货币国际化职能

货币功能	官方用途	私人用途
价值储藏	国际储备	货币替代和投资
交易媒介	外汇干预工具	贸易和金融交易结算
记账单位	驻锚货币	贸易和金融交易计价

* 资料来源：高海红、余永定：《人民币国际化的含义与条件》，《国际经济评论》，2010年第1期。

人民币国际化是指人民币能够跨越国界，在境外流通，成为国际上普遍认可的计价、结算及储备货币的过程。经常项目下的人民币国际化主要体现为人民币可直接用于跨境贸易的计价与结算；资本项目下的人民币国际化体现为离岸人民币市场的发展和在岸人民币金融市场的逐步开放。一般认为，人民币的国际化进程大致可分为三个阶段，即边贸结算、一定区域的人民币海外市场、完整的国际化（如图8-1所

---

1. 高海红、余永定：《人民币国际化的含义与条件》，《国际经济评论》，2010年第1期。
2. ［美］布林德：《美元作为国际货币的作用》，《东部经济期刊》，1996年第2期。

示）。事实上，人民币国际化是人民币跨境贸易和投资使用发展到一定程度后水到渠成的结果。

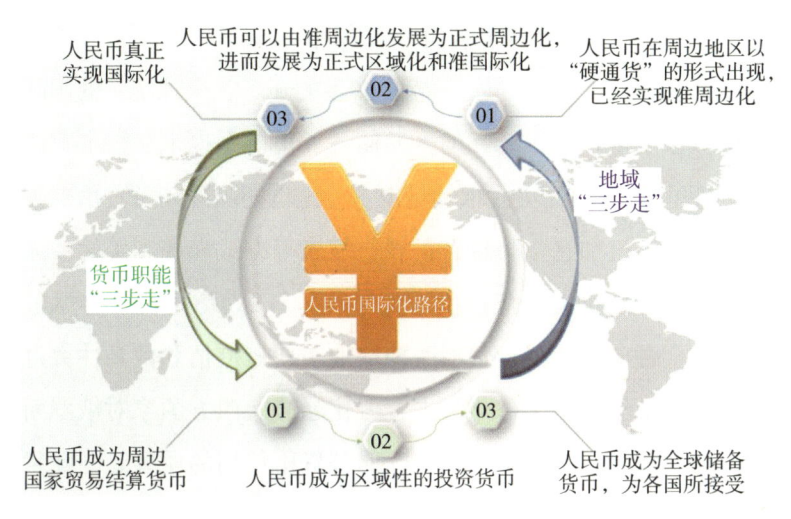

*图8-1 人民币国际化的可选路径

2.国际货币体系演变

1944年布雷顿森林体系建立了以黄金为基础、以美元为国际储备中心货币的新型的国际货币制度，从而确立了美元的霸主地位。这种以一国货币作为最主要国际储备资产的体系具有内在矛盾，亦即美国耶鲁大学教授罗伯特·特里芬在1960年出版的《黄金与美元危机——自由兑换的未来》一书中提出的著名的"特里芬难题"（Triffin Dilemma）：由于美元与黄金挂钩，而其他国家的货币与美元挂钩，美元虽取得了国际核心货币的地位，但各国为了发展国际贸易，必须用美元作为结算与储备货币，这样就会导致流出美国的货币在海外不断沉淀，对美国国际收支来说就会发生长期逆差；而美元作为国际货币核心的前提是必须保持美元币值稳定，这又要求美国必须是一个国际贸易收支长期顺差国，两个要求互相矛盾，因此是一个悖论。"特里芬难题"告诫我们：依靠主权来充当国际清偿能力的货币体系必然会陷入两难困境进而走向崩溃。

1971年后，随着布雷顿森林体系的瓦解，全球统一的国际货币体系不复存在，新兴的多元储备货币体系也未从根本上解决"特里芬难题"，美元依然是占主导地位的国际储备货币。美联储可以通过加息、降息、扩表、缩表等方式来控制美元的流通性，从而对世界经济产生重大影响。自2008年全球金融危机后，金融监管加强、贸易摩擦增加，新冠疫情和俄乌冲突进一步加剧了经济逆全球化和去金融化趋势。西方国家对俄罗斯的金融制裁直接引发对美元国际储备货币信用的质疑。国际货币体系开始从由美元主导向多极化演变。这也是布雷顿森林体系解体后，国际货币体系稳定的内在要求。

3.人民币国际化的开启

1997年亚洲金融危机中人民币表现良好，开始受到国际社会的普遍关注。2009年，我国开启了人民币国际化的步伐，2015年1月，中国人民银行首次正式明确"人民币国际化"提法。人民币国际化是改革国际货币体系的必然趋势，是完善和促进国际货币体系多元化和合理化的需要，人民币国际化也是顺应中国经济发展和改革开放客观需要的自然过程，不以挑战、取代其他货币为目标。

（二）人民币国际化的历程

我国在实施人民币国际化道路上一直是采取循序渐进，低调审慎的态度。

1. 人民币国际化的正式起步（2009—2012年）

随着国际贸易和直接投资的快速增长，我国政府逐年开放人民币的跨境使用政策。2009年，中国人民银行等部门发布的《跨境贸易人民币结算试点管理办法》，标志着人民币国际化进程的正式启动，成为人民币国际化的重要里程碑。自2012年6月起，中国境内（不含港澳台地区）所有从事跨境贸易及其他经常项目业务的企业都可以选择以人民币进行计价和结算。这一政策的推出为国际贸易提供更多的灵活性和选择性。同时，此举也有助于提高人民币的国际认可度和使用率，推动人民币的国际化进程。

2. 人民币国际化的加速推进（2012—2015年）

2012年1月，国家发展改革委发布《"十二五"时期上海国际金融中心建设规划》，提出"十二五"时期上海国际金融中心建设的发展目标是：瞄准世界一流国际金融中心，全面拓展金融服务功能，加快提升金融创新能力，不断增强上海金融市场的国际内涵和全球影响力，力争到2015年基本确立上海的全球性人民币产品创新、交易、定价和清算中心地位。

在这一时期，人民币国际化出现两个较为突出的阶段性特征。首先是资本项目可兑换性增强。政府出台一系列政策支持资本项目开放，使跨境资本流动更便利，为人民币在国际间的使用提供了便利条件。其次是人民币单边升值预期稳定。人民币的升值预期带动跨境贸易和人民币资产投资需求增加，促进了离岸市场活跃度。稳定的升值预期使国际市场对人民币的认可度和接受度不断提高，推动人民币国际化程度的迅速提升。

3.人民币国际化的波动阶段,伴随小幅提升(2015—2017年)

2015年8月人民币汇率改革推进,完善了人民币汇率形成机制。同年10月,中国人民银行构建的人民币跨境支付系统(Cross-border Interbank Payment System,CIPS)正式投入使用,但这些措施的推出使人民币名义有效汇率小幅下降,降低了海外投资者的投资意愿,影响人民币发挥价值储藏职能,人民币汇率进入波动期。2016年,人民币正式加入IMF的SDR货币篮子,成为第五种国际货币。人民币在全球外汇储备中的份额逐渐增加,也体现出国际社会对人民币国际使用功能的认可。图8-2分季度描绘了世界各国央行官方宣布的外汇储备中人民币的总规模。人民币作为外汇储备总体保持规模攀升趋势,由2016年末的907.77亿美元最高上升至2021年末的3372.6亿美元,近年规模有所回落。由于各个国家的官方外汇储备的货币构成(COFER)是严格保密的,目前该数据共包含

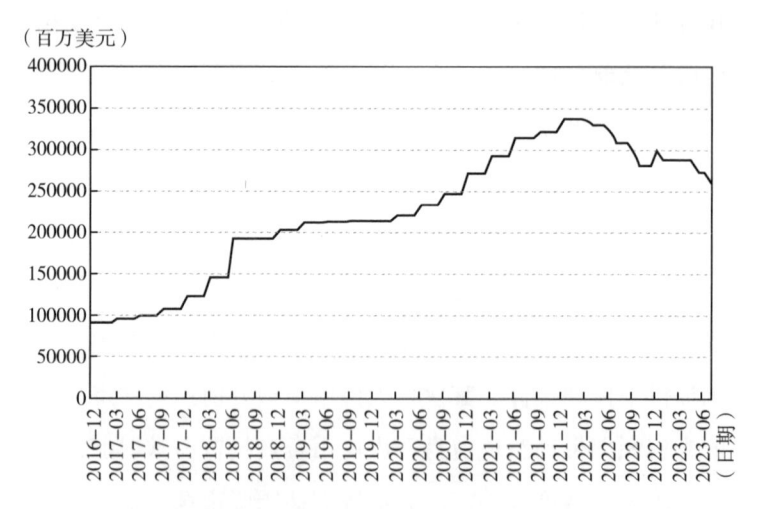

* 图8-2 人民币占世界官方外汇储备货币规模(季度)
资料来源:国际货币基金组织IMF

149个国家，包括IMF成员国、非成员国和经济体，以及其他持有外汇储备的实体。

4.人民币国际化的平稳发展阶段（2018年至今）

经过相对调整阶段，人民币国际化进入了平稳发展阶段。人民币的贸易、投融资和价值储藏等国际货币职能在这一阶段中都取得突破性进展。在贸易结算方面，2021年人民币的跨境收付金额达到7.94万亿元，同比增长17.3%。在投融资方面，证券投资业务成为人民币跨境支付增长的主要推动力。在价值储藏方面，2022年第三季度，人民币在官方外汇储备中的占比达到2979万亿美元。

观察2012—2023年人民币跨境贸易额变化，2019年人民币跨境贸易额变化情况，从年总量上看，人民币跨境贸易额基本逐年攀升，并在2019年后具有较大的飞跃，如图8-3所示。分月度上看，2019年后的人民币跨境贸易额在不同的月份存在较大的差异，2012—2023年每一季度月末数据往往处于高位，如图8-4所示。

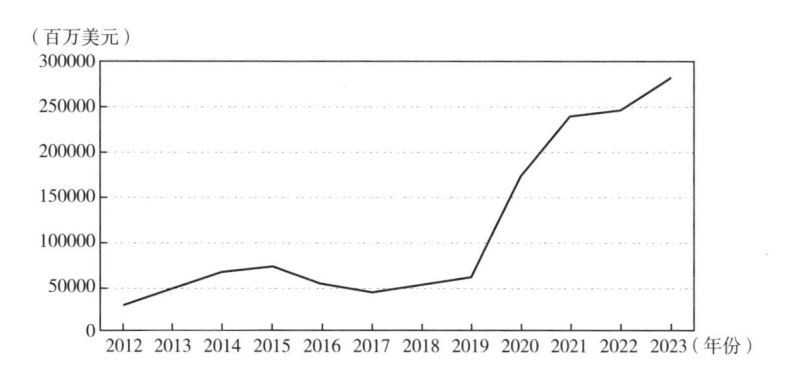

* 图8-3　2012—2023年人民币跨境贸易结算额

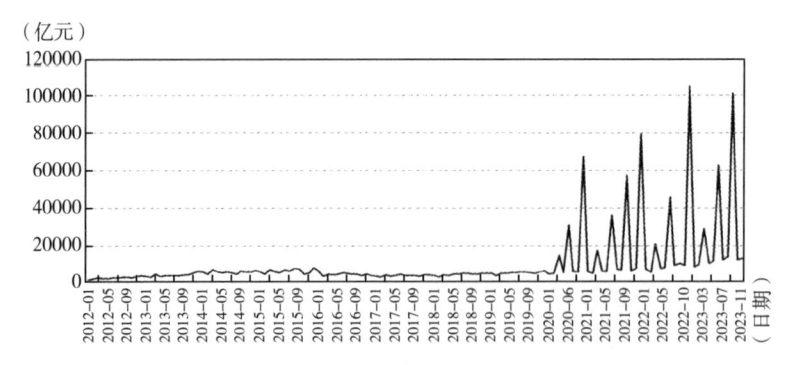

* 图8-4　2012年—2023年11月人民币分月度跨境贸易结算额示意图
资料来源：CSMAR国泰君安数据库

根据中国人民银行发布的《2022年人民币国际化报告》，2021年以来，人民币国际化各项指标总体向好，人民币支付货币功能稳步提升，投融资货币功能进一步深化，储备货币功能不断上升，计价货币功能逐步增强。2021年，银行代客人民币跨境收付金额合计为36.6万亿元，同比增长29.0%，收付金额创历史新高。环球银行金融电信协会发布的数据显示，人民币国际支付份额于2021年12月提升至2.7%，超过日元成为全球排名第四位的支付货币，2022年1月进一步提升至3.2%，创历史新高。

同时，受全球经济下行以及新冠疫情的影响，主要发达国家纷纷实施量化宽松的货币政策来刺激经济，导致世界经济长期低迷，美元和欧元等主要国际货币持续走低，全球进入"低利率"时代。相比之下，中国凭借出色的疫情防控成果在国际社会中树立了负责任的大国形象。经济基础方面，中国以全球领先的经济增长速度为人民币国际化奠定了坚实的基础。贸易结算方面，中国金融市场对外开放发展态势良好，宽松的金融环境为吸引国际资本参与中国金融市场提供有利条件。投融资方面，因高安全性和收益率，人民币离岸债券市场逐渐受到海外投资者的青睐。价值储藏方面，人民币在国际经贸往来中的地位不断上升，占全球官方外汇储备比重逐年提高。2023年以来，人民币国际化进程呈现出显著的提速之势。2023年1月至11月人民币跨境收付金额为38.9万亿元，同比增长24%。其中，货物贸易中使用人民币结算的占比为24.4%，同比上升7个百分点，为近年来最高水平。截至2023年底，全球人民币储备规模2167亿美元，较2016年底增长1.88倍；人民币储备份额为2.29%，增长1.12倍。环球银行金融电信协会发布的2023年11月份数据显示，人民币上升为全球第四位支付货币。目前人民币在全球贸易融资中的占比升至第二位，已有80多个境外央行或货币当局将人民币纳入外汇储备。人民币跨境支付系统（CIPS）服务水平不断提升。2023年主要币种官方外汇储备情况如表8-2、图8-5所示。

表8-2　主要币种官方外汇储备规模情况　　　　（百万美元）

货币品种	世界官方外汇储备货币规模
美元	6497937.03
欧元	2150465.22
人民币	260119.62
日元	598732.55
英镑	530358.55
其他货币	426632.91

* 资料来源：国际货币基金组织，数据截至2023年9月

面对新时代、新形势，如何正确看待当前国际货币体系多元化发展趋势，正确认识人民币的发展机遇，推进人民币国际化进程，是我们建设金融强国必须慎重面对的问题。

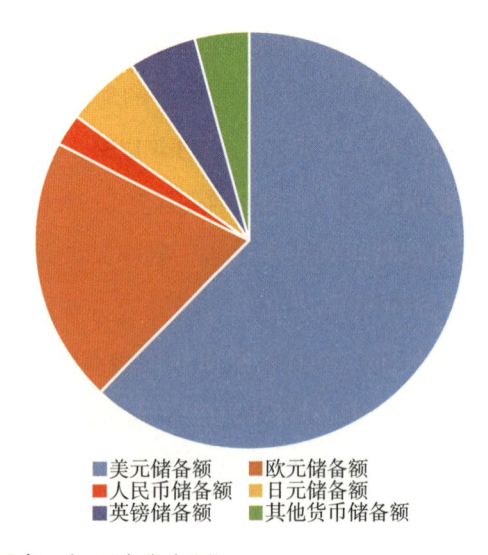

* 图8-5 世界官方外汇储备货币结构
资料来源：国际货币基金组织，数据截至2023年9月

"二战"后国际货币体系演化包含美元代替英镑、马克国际化、日元国际化、欧元诞生等重要事件。历史是一面多棱镜，从不同角度和截面折射出时代的印记，总结这些事件的经验和教训，于不同的路径中寻找货币国际化的逻辑，似乎更有助于我们回答上述问题，推进提升人民币国际化。

（三）其他国家货币国际化进程经验与借鉴

1. 日元国际化历程

第二次世界大战后，日本推行"贸易立国"与"科技立国"政策，凭借着较好的工业基础，经济得到迅速恢复和发展。1964年，日本加入国际货币基金组织和经合组织，这标志着日元国际化的开端。20世纪50年代到70年代末，日本经济处在黄金期，1968年日本超越德国成为世界第二大经济体。日元的

第 ⑧ 章 → 统筹推进金融开放与安全

国际化开始受到关注,但日本政府担忧跨境资本流动对国内宏观经济的稳定性产生负面影响,对日元国际化持谨慎态度。加上当时日本金融体系比较封闭,过度管制和发展缓慢也未给日元国际化提供生长的土壤。随着1973年布雷顿森林体系的解体,日元开始采用浮动汇率制度,并逐步放松资本管制。1980年12月,日本大藏省颁布实施新《外汇法》,日元经常项目基本上实现了自由可兑换;对资本项目的可兑换,也由原则上限制兑换,转变为原则上放开管制。

20世纪80年代,日本对美国的贸易顺差大幅扩大,迫于美国的压力,在本国金融市场尚未发展成熟的情况下,日本政府仓促"上阵",加快日元国际化进程,陆续出台金融自由化和日元国际化的改革措施:取消利率管制、拓展债券市场、废除金融机构的分业经营限制、放宽外国金融机构的准入、促进非居民对日元的使用,以及建立东京离岸市场等。日元国际化的程度在20世纪90年代初期有了明显提升,1990年日本在各国储备货币中的比例占到8%,超越英镑(3%),日元成为仅次于美元和德国马克的第三大国际货币。

而广场协议后[1],日元汇率的急剧升值对日本经济造成较大的冲击。随着20世纪90年代初期日本资产泡沫的破灭,日本经济陷入长期低迷,经济停滞使日元在全球外汇储备的占比不

1.广场协议(Plaza Accord):指1985年9月,由美、德、法、英、日五国财政部部长及中央银行行长在纽约广场饭店举行会议,达成关于五国政府联合干预外汇市场的协议。该协议的核心内容是通过政府干预外汇市场,以解决日本之前与以美国为代表的四国存在着较大的贸易顺差的问题。为了缩小日本与西方过高的贸易顺差,西方国家希望通过日元的升值,来降低商品出口竞争力。

断下降。后受到欧元诞生的挑战，日本政府对日元国际化从渐进改革变为大力推动、全面放开。亚洲金融危机后，日元国际化的战略转向通过推动日元区域化间接实现日元国际化。然而，日本经济的长期不振使日元错失了成为区域货币的良机。

自1992年起，由企业连续倒闭潮引发的金融紧缩，使日本政府将目光转向提振国内经济和国内金融市场。经济动荡给日元国际化以沉重打击。日元在贸易计价、资本交易、外汇市场以及外汇储备中的影响力甚至降至低于1980年的水平。日元的国际化呈现出"失去的十年"之状。

2.德国马克的国际化历程

1948年德国马克问世，揭开了"二战"后欧洲货币格局重建的序幕。德国凭借完善的工业基础，以及全球对德国工业制品需求的强劲增长创造了经济奇迹。经济发展带来了巨大的贸易盈余，德国自1951年开始改变在欧洲支付同盟中的国际收支逆差状况，开始了连续10年的经常项目顺差。为满足货币在对外贸易中的应用需求，1958年德国马克正式实现经常项目可兑换。20世纪六七十年代，布雷顿森林体系面临崩溃，美元危机爆发，德国央行以控制通货膨胀为主要货币政策目标成功地维持了德国马克币值的稳定，这无疑提升了国际社会对德国马克的信心。随着布雷顿森林体系解体，德国马克1972年被国际货币基金组织纳入储备货币，迅速成为世界第二大储备货币。

德国货币当局因担心大规模的国际热钱进出会对本国的经济和通胀产生不良影响，故在1960—1980年对马克的国际化一直持审慎态度。政府推出一系列限制措施：包括限制非居民投资境内股票、债券和货币市场；限制本国银行向非居民存款支付利息；对境外投资者持有债券的收益征税，增加其投资马克债券的成本等主动限制马克的国际化，并限制境外马克使用。

与此同时，德国政府自20世纪70年代后期开始不断致力于本国金融市场的发展，逐步放松金融管制，积极完善金融要素市场，金融市场的广度和深度得以进一步提升，抗风险能力增强。这一期间德国马克的外汇交易量及以德国马克计价的债券发行量均成倍增长，在全球市场中的比重显著提升。德国政府顺势而为，1984年完全放开资本项目，正式实现了资本账户的可兑换。此时，德国马克国际化条件已经具备。

1985年后德国不断放宽金融市场政策，促进了德国马克的国际化进程，马克占全球外汇储备的比例由1970年的约2%增长到1989年的约20%。自20世纪90年代起，德国政府当局致力于欧洲区域货币的发展，德国马克逐步成为欧洲地区的中心货币。根据国际货币基金组织数据，被欧元取代前，德国马克在全球外汇储备占比稳定在13%~14%，稳居全球第二位。

（四）德国与日本货币国际化启示与人民币国际化展望

1. 货币国际化进程的启示[1]

德国与日本都是工业强国，发达的工业体系为其带来了巨大的经常账户顺差及外汇收入，也为其创造了货币国际化的有

---

1. 高远、蔡思捷：《人民币国际化发展历程回顾与展望》，《中国货币市场》，2022年第2期。

利条件。但经过50多年的发展后，双方的货币国际化道路出现了不同的走向，德国马克的国际化之路较为成功。德国马克在全球外汇储备的占比长期维持在高位，即便是在被欧元取代后，德国仍是欧元的主导国。日元的国际化之路相对不成功，随着日本经济的长期停滞，日本政府几乎放弃了货币国际化的目标。中国和德国、日本两国一样，都拥有完备的工业体系，这为人民币国际化创造了有利条件。

德、日两国货币国际化的发展历程启示我们：货币汇率的稳定、经济的平稳增长以及本国金融市场的成熟是货币国际化之路成功的关键。人民币的国际化道路应根据国情循序渐进，力求在保证货币汇率稳定和经济平稳增长的基础上逐步扩大市场影响力。与此同时，应不断发展境内及离岸金融市场，只有在本国金融市场发展成熟、金融要素市场完善的基础上，才能实施人民币的完全开放。

2.人民币国际化进程的展望

2020年底，党的十九届五中全会提出了"稳慎推进人民币国际化"，"稳慎"指既稳妥又慎重；2022年底，党的二十大报告提出"有序推进人民币国际化"，"有序"比"稳慎"相对偏进取些；2023年10月底，中央金融工作会议提出，要加强优质金融服务，扩大金融高水平开放，服务好"走出去"和"一带一路"建设，稳慎扎实推进人民币国际化。"稳慎扎实推进人民币国际化"，措辞又较"有序"偏谨慎，要求人民币国际化步伐一要体现稳妥慎重，二要基础扎实牢固。

从2020年到2023年，三年间人民币国际化的定位发生了三次更新，从最新的"稳慎扎实"表述可以反映出，国家对金融开放过程中伴随的风险与挑战高度关注，也为人民币国际化道路指明了方向。

（五）稳妥推进人民币国际化的举措

1.强基固本，夯实经济基本面，实现经济高质量发展

经济强、货币强，主要国际货币的地位与其经济实力呈显著正相关。经济稳步增长是人民币国际化的前提和基础。中央金融工作会议要求着力做好科技金融、绿色金融、普惠金融、养老金融、数字金融"五篇大文章"，这是中国经济结构优化与高质量发展的重点领域。积极推进市场化经济改革，通过提高全要素生产率为经济增长提供新动力，是激发中国经济增长潜力的关键，也是人民币国际化持续发展的重要保证，经济发展将为人民币国际化奠定坚实基础。

2.加强金融体制改革

建立健全金融体制和市场机制，完善符合国情的金融开放政策以及金融监管、税收制度等相关法律法规，为中外金融机构提供一个良好的政策制度环境，为推进人民币国际化做好金融领域的准备。建立市场决定利率的机制，提高利率市场的竞争性和效率。推动汇率形成机制的改革，增加人民币汇率的市场决定性，提高人民币的自由兑换程度。

3.加强与"一带一路"沿线国家和地区的人民币业务合作，鼓励商业银行在涉外经营业务中使用人民币

以"一带一路"跨境合作为主线，促进境内外双向投资的便利化，提升人民币计价结算职能，改变单独依靠贸易结算推动人民币国际化的现状。进一步拓展离岸人民币市场，扩大人

民币使用规模和范围,使人民币使用常态化,助力人民币被更多国家纳入官方储备。

4.加快人民币跨境支付系统建设,夯实人民币国际化基础设施

人民币跨境支付系统在助力人民币国际化等方面发挥着重要作用,结算效率更高,业务链条较短,成本也比较低,基本可以覆盖各时区市场参与者的交易需求。2021年末,境内外共有1259家机构通过直接或间接方式接入系统,极大提高了人民币跨境支付业务处理效率。未来随着跨境贸易以人民币结算的业务量和占比持续提升,建议吸收更多先进跨境支付结算系统的发展经验,不断优化升级CIPS系统,使人民币全球清算服务网络更加高效、便捷。

| 知识链接 |

人民币跨境支付系统(CIPS)建设情况

目前已在29个国家和地区授权31家人民币清算行,覆盖全球主要国际金融中心。CIPS服务区域扩大、服务水平提升。截至2023年9月末,CIPS共有直接参与者102家,间接参与者1377家,业务范围覆盖全球182个国家和地区的4344家法人银行机构。

5.建立人民币国际化的监测和评估机制

一是建立统一的统计和数据体系,确保对人民币的国际使用情况和变化趋势进行准确、全面的监测。二是通过定期的评估和分析,了解人民币国际化的进展情况,评估其对经济、金

融和国际地位的影响。三是加强与其他国家及国际组织的合作,分享实践经验,共同开展监测和评估工作,提高对人民币国际化的监测与评估能力,保障人民币国际化在守住安全底线的前提下稳步推进。

二、金融开放助推高质量发展

人民币国际化一直伴随着金融的开放,人民币国际化是金融开放的一部分。金融开放是人民币国际化的前提,只有实现高质量发展、高水平开放,才能增强国际市场对人民币的信任感和认可度。金融开放是中国对外开放的重要组成部分,也是实现加快建设金融强国目标的必由之路。

(一)金融开放的内涵

1.金融开放的概念

国际学者常用"金融自由化"(Financial Liberalization)来囊括"金融开放"(Financial Openness)的范畴。金融深化和金融抑制理论主张取消政府对金融的管制,过渡到由市场力量起主导作用的"金融自由化"阶段,实现"金融深化"。学术界对金融自由化的研究主要包括对内、对外两部分,对内指消除国内金融抑制,促进金融自由化;对外指放松跨境资本流动的金融管制。

金融开放主要包括两方面内容:金融市场开放和资本项目开放。前者指允许外资机构在本国从事银行、证券和保险等金融业务,以及允许本国金融机构在其他国家从事这些业务。后者指允许资本跨境自由流动,允许本外币之间自由兑换。金融开放的目标是促进金融体系的国际化、提高金融市场的竞争力和效率,推动金融创新和金融业的发展,为实现高质量发展提供支持。

2.金融开放是一把"双刃剑"

理论上,资本的国际化可以在更广的区域内实现资源的优化配置,有利于技术转移,改善企业治理状况以增强竞争力,提高市场效率,即开放可以促进经济发展,但同时有学者证明,金融账户的开放对经济促进作用是有条件的。良好的人力资源条件和法律制度基础都是金融开放起促进作用的底层原因[1]。

从实践来看,一国资本账户的开放对该国经济增长往往有促进作用,但这种促进有条件限制,一旦突破"门槛",资本账户将导致巨额资本流动甚至使金融体系的脆弱性放大,对该国经济增长产生不利影响。国际经验表明,金融开放是一把"双刃剑",一些国家得益于金融业开放,国内金融效率和竞争力得以提升,一些国家在金融开放过程中则不断暴露出经济和金融结构性问题,最终演化成金融危机,如20世纪末发生的拉美债务危机和亚洲金融风暴等。当前,中国外部形势非常复杂,地缘政治冲突加剧,国际环境不确定性增加。金融开放一方面给中国经济发展带来很多红利,另一方面也可能引起跨境资本的大幅流动,威胁金融稳定。由金融开放带来的外源性风险对一国经济金融稳定与安全产生的影响越发突出。金融开放的风险如图8-6所示。

---

1. 杨凯生、杨燕青、聂庆平:《中国系统性金融风险预警与防范》,中信出版社,2021年版。

第 ⑧ 章　→ 统筹推进金融开放与安全

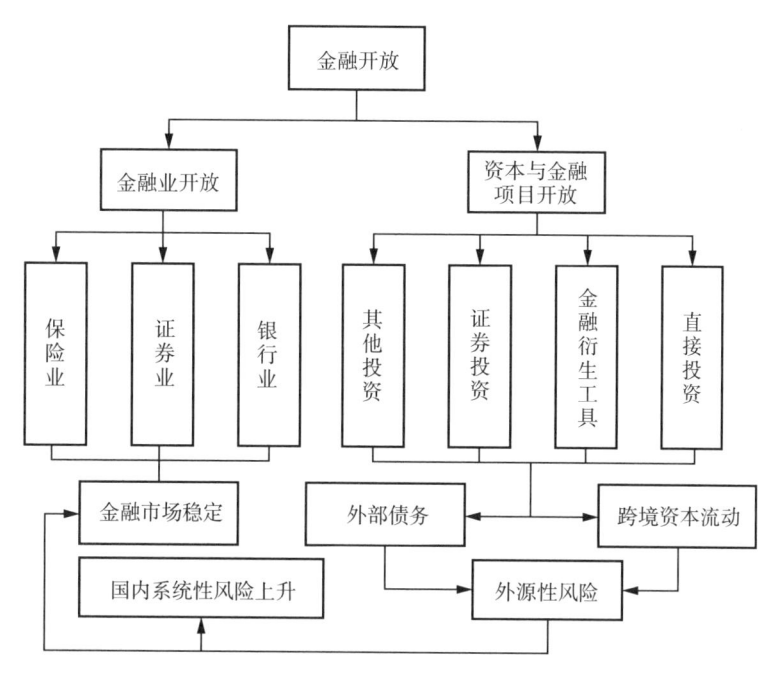

* 图 8-6　金融开放的风险

（二）我国金融开放发展历程

党的十九大报告强调，对外开放是中国的基本国策。习近平主席在2018年博鳌亚洲论坛上指出："中国开放的大门不会关闭，只会越开越大。"从1978年改革开放至今已46年，中国改革开放的46年也是金融业开放并发展壮大的46年。根据金融发展特点，可以将我国的金融开放进程分为起步阶段、发展阶段和常态化阶段。

1.起步阶段（1978—1993年）

随着1978年改革开放政策的实施，我国逐步开放和改革金融市场。这段时期金融开放的主要目标是通过扩大外汇储备规模来服务于国内的经济建设。

这一时期主要有四大标志性事件：1979年日本输出入银行在我国设立代表处，这是我国金融机构对外开放的重要事件。1980年深圳经济特区的成立，为吸引外资提供了平台。1983年《关于侨资、外资金融机构在中国设立常驻代表机构的管理办法》的颁布，从法律层面上对外资金融机构进入中国市场后的合法权益进行保护，基本解决了外资金融机构的后顾之忧，展示了我国金融业欢迎外资的态度。1992年美国友邦保险在上海设立分支机构，标志着我国保险行业对外开放起步[1]。

1993年，在中国全部的外汇交易中，官方外汇市场的交易规模占比仅为15%~20%[2]，政府对外汇市场的管控能力越来越弱，外汇市场的管理制度亟待转型[3]。截至1993年，全国共建立108家外汇调剂中心，形成外汇调剂市场体系，实现80%的外汇资源配置；外资银行一共在华设立76家营业性机构，总资产规模达到89亿美元[4]。

2.发展阶段（1993—2001年）

这一阶段，继续推进金融改革和开放，加快金融市场的发展和国际化进程，初步建立起适应社会主义市场经济体制的外汇管理体制框架。

1.王爱检、方云龙、王璟怡：《金融开放40年：进程、成就与中国经验》，《现代财经（天津财经大学学报）》，2019年第3期。
2.吴立雪：《人民币国际化进程中的障碍及管控研究》，上海社会科学院，2019年5月1日。
3.徐杨帆：《人民币国际化的金融开放约束与突破》，广西大学，2022年6月1日。
4.徐奇渊、李婧：《国际分工体系视角的货币国际化：美元和日元的典型事实》，《世界经济》，2008年第2期。

1993年，中共中央出台《关于建立社会主义市场经济体制若干问题的决定》，国务院颁布了《关于金融体制改革的决定》，在顶层设计上完成了对中国金融开放政策初步探索。1994年，人民币官方汇率与市场汇率并轨，实行以市场供求为基础的、单一的、有管理的浮动汇率制度，建立全国统一规范的外汇市场。1996年7月实现人民币经常项目完全可兑换，为企业创造了宽松的营商环境。

1996年，在上海浦东设立人民币业务试点，外资金融机构的业务经营范围逐步放开，外资银行在中国的业务范围得到拓展。到2001年底，外资银行在中国开设的营业性机构数量已达到177家，总资产规模达到450亿美元。中国第一家外资入股的保险公司和第一家中外合资证券公司分别于1994年与1995年相继成立。

3.金融开放加速期（2001—2018年）

2001年12月11日中国正式加入世界贸易组织，这标志着我国金融领域对外开放进入一个新阶段。我国金融开放开始由政策初探向制度性调整转变。其间发生的重要事件有：2004—2006年，四大国有商业银行先后引入"战略投资者"，并成功上市；2005年7月，央行又对人民币汇率形成机制进行改革，开始逐步形成以市场供求为基准、参考一篮子货币汇率进行调整、实行有管理的浮动汇率制度[1]；2015年，"8·11汇改"调整人民币兑美元中间报价机制，建立起相对市场化的人民币汇率

1.叶辅靖、原倩：《我国金融开放的历程、现状、经验和未来方向》，《宏观经济管理》，2019年第1期。

形成机制；2016年10月人民币正式加入SDR货币篮子。

在促进资本市场互联互通方面，2002年，颁布《合格境外机构投资者境内证券投资管理暂行办法》，允许合格的境外机构投资者以特定额度投资中国资本市场。QDII、QFII、RQFII制度的顺利推行为资本市场互联互通提供现实渠道。2014年11月和12月分别推出沪港通和深港通，允许境内和境外投资者在上海和深圳的证券市场交易股票和债券，为资本市场互联互通奠定了制度基础。

4.金融开放持续深化步稳蹄疾（2018年至今）

2018年以来，金融开放政策频出，以石油人民币计价体系建立和放款持股比例限制为代表，我国金融业已经进入深度开放的新时代。

目前，外资金融机构已经成为中国金融业的一支重要力量。截至2023年底，外资银行在华共设立了41家法人银行、116家外国及港澳台银行分行和代表处，营业性机构总数量已经有888家，总资产已达3.86万亿元，境外保险机构在境内已经设立了67家营业性机构和70家代表处，外资保险公司总资产达到2.4万亿元，在境内保险行业市场份额已达10%。截至2023年底，共有1124家境外机构进入我国债券市场，持债规模3.7万亿元。

人民币国际化稳中有进。环球银行金融电信协会的数据显示，2023年9月，人民币在全球贸易融资中占比为5.8%，同比上升1.6个百分点，排名上升至第二位。自此，已有80多个境外央行或货币当局将人民币纳入外汇储备。

2023年12月，首家自设立起就由外资股东全资控股的证

第 ⑧ 章　　→ 统筹推进金融开放与安全

券公司——渣打证券（中国）有限公司、外商独资企业联博基金陆续获得中国证监会颁发的《经营证券期货业务许可证》，计划在2024年上半年展业，成为我国金融市场对外开放不断深入的生动写照。

首家外资全资控股证券公司（渣打证券）、首家外资独资寿险公司（友邦人寿）、首家外资全资控股期货公司（摩根士丹利）、首家外资全资控股公募基金公司（贝莱德）……多个第一陆续诞生，这些正是中国金融开放深化的结果。

中国的金融开放是为建设金融强国，实现中国式现代化以推动中华民族复兴伟业的开放，如何把握金融开放的"度"，如何在把握好开放的节奏和路径的同时，把握好金融风险和金融监管的平衡，以实现金融高水平开放，促进高质量发展，是我们目前面临的重大课题。历史是最好的教科书，世界上一些国家金融开放的经验给我们提供了很好的借鉴。

（三）金融开放的国际经验

1. 美国金融开放历程[1]

美国金融开放的历程从新兴工业化国家到世界强国的演变基本贯穿了整个20世纪。美国的汇率和利率市场化直到金融自由化都是逐步分阶段完成的。

在金融定价机制的市场化方面，美国汇率和利率市场化是逐步实施的。1976年通过《牙买加协定》，美国建立了浮动汇率制度，1978年接受国际货币基金组织的相关条款后，美国

---

1. 吴光豪：《金融开放的内涵、国际经验及启示》，《北方金融》，2018年第6期。

才真正实行浮动汇率制度。1970年放松大额存单的利率限制，1971年准许证券公司进入货币市场基金，初步实现利率市场化。直到20世纪80年代美国才实现利率的完全市场化，1980年美国国会通过了《解除存款机构限制和货币管理方案》。在金融市场的双向开放方面，1994年，美国国会通过了《里格尼尔银行跨州经营与跨州设立分行效率法》，废除了银行跨州扩张的壁垒，允许跨州开展业务并设立分支机构。1981年美联储在境内设立美国国际银行设施（IBF），即美元本币离岸金融市场，以方便非居民以离岸货币进行金融交易。

经过一系列的金融自由化改革，美国形成了以美联储为核心的"双线多头"伞形监管结构。"双线"是指监管包括联邦政府和州政府两条主线，"多头"是指有多个履行金融监管职能的机构。如美联储对金融控股公司的法人主体进行监管，而金融控股公司的子公司仍大体沿用分业监管模式。

2.阿根廷金融开放历程

阿根廷曾被誉为拉丁美洲的粮仓，有丰富的能源、农业自然资源，是拉丁美洲的主要经济体之一。"二战"之前，阿根廷经济增长率与美国相当，人均GDP甚至高于英国和法国等发达国家，世界各地移民纷纷踏上了富饶的潘帕斯草原。人们说，100多年过去了，"潘帕斯草原上的雄鹰"依然在绿茵场上狂奔，阿根廷的经济却止步不前。昔日风光为何不在？这还要从阿根廷的金融开放历程说起。阿根廷的金融开放历程可概括为三个阶段：

第一，20世纪70年代全面启动金融开放阶段。早在1971年，阿根廷就开始了利率市场化的尝试，不到一年便夭

第 ⑧ 章　→ 统筹推进金融开放与安全

折了。1975年，面对国内低迷的经济，再加上美国等发达国家的施压，阿根廷实施了比较激进的金融开放政策，再度推行利率全面市场化，取消所有利率管制措施，不到两年时间便完成了利率全面市场化。同时阿根廷放弃固定汇率制度，实施了爬行钉住汇率制度[1]。在外汇管制方面，阿根廷大幅放宽经济账户、资本账户管制。在金融体制方面，则全面放开外资市场准入和业务准入限制，扩大银行业务范围，允许本国银行经营外币业务，放开价格管制之后阿根廷本币贬值，国内外利差扩大，导致外债成倍增长，经济出现负增长，国际收支失衡，整个国民经济陷入混乱。

第二，1990—2001年快速推进金融开放阶段。1989年颁布《新外国投资制度》，对外国投资的具体形式与性质完全放开，取消了全部法律门槛。推动资本项目实现完全自由兑换。1991年颁布《自由兑换法》，开始实行货币局制度，并将基础货币的变动建立在外汇储备变动基础上，以法律形式确定了本币与美元1∶1的固定汇率。1992年出台《免税法》鼓励外资进入，进一步加快资本市场开放进程。1997年，外国资本控制的银行资产由1992年的12%上升到52%，促进了经济暂时恢复。但大量短期投机资金流入流出，增加了经济金融的风险。2000年阿根廷的外商直接投资骤降90%左右，2001年阿根廷政府宣布延期偿付债务1320亿美元，相当于其GDP的50%，最终演变为经济、政治、社会三重危机，为

1.爬行钉住汇率制度，指允许汇率在一定区间内浮动，并随时间逐步调整的汇率管理制度。其旨在逐步引导汇率走向更加市场化的水平，同时避免汇率剧烈波动时对经济造成冲击。

阿根廷的经济和社会发展带来巨大灾难，并严重影响了整个拉美经济发展。

第三，2001年以来谨慎推进金融开放阶段。颁布《国家危机与汇兑制度改革法案》，用浮动汇率制度取代货币局制度。关闭了外汇市场，加强外汇管制，谢绝国际货币基金组织干涉其经济金融运行。加强金融管制使阿根廷经济稳步复苏，然而受2008年美国次贷危机的影响，2009年开始阿根廷经济再次陷入衰退。自20世纪80年代以来，阿根廷经济增长缓慢，已在中等收入阶段徘徊了半个世纪，被经济学家作为中等收入陷阱[1]的典型。

3. 启示与展望

一是对外开放要依据本国国情逐步有序开放。美国金融开放的时间和节奏极少受国际环境的影响，金融开放的独立性较强。美国依据国内经济金融状况有序推进，并呈现出长期性、渐进性的特点，最终实现了货币国际化、浮动汇率、金融机构国际化，以及资本账户开放等金融目标。二是建立与金融开放相适应的监管体系。美国金融自由化过程中，进行的伞形监管改革，在金融开放过程中针对行业发生的重大变化及时调整了监管政策，保证了金融开放的稳步推进。三是金融开放要与实体经济需求相匹配。美国国际银行基础设施开创了在岸方式设

---

1. 中等收入陷阱（Middle Income Trap），是世界银行2006年在《东亚经济发展报告》中提出的概念，指当时的拉丁美洲和中东国家，经济虽在增长，贫困率在下降，但始终无法成为高收入国家。后来指当一个国家的人均收入达到中等水平后，由于不能顺利实现经济发展方式的转变，导致经济增长的动力不足，最终出现经济停滞的一种状态。

立纽约离岸金融中心的先河，满足本国非居民的需求，让美国非居民和企业获得了比之前更加优惠的监管和税收条件。加上当时美国的科技和金融创新的力量，都推动了美国金融开放的进程。阿根廷则完全相反，金融开放与其实行的金融发展战略和国内经济基础不匹配，金融过度开放，以债务危机为起点，接连爆发危机，金融监管政策也缺乏预见性、及时性与有效性，导致了危机范围迅速蔓延，影响范围远超金融领域，导致了阿根廷今天的发展局面。

（四）统筹金融开放与安全

金融高水平开放是实现高质量发展的内在要求。无论是提高我国金融业的全球竞争能力，还是更好满足实体经济发展和百姓生活需要，都要求扩大金融高水平开放。中央金融工作会议明确："要着力推进金融高水平开放，确保国家金融和经济安全。坚持'引进来'和'走出去'并重，稳步扩大金融领域制度型开放，提升跨境投融资便利化，吸引更多外资金融机构和长期资本来华展业兴业。"这为下一阶段金融业对外开放指明了方向。金融高水平开放意味着我国金融领域将在目前开放水平的基础上进一步扩大开放，不论是金融开放的质和量，还是开放的领域、水平、层次和方式，都要向国际金融开放的更高水平迈进。双向开放、制度型开放、便利化是金融高水平开放的重要特征。要依托我国超大市场优势，在扩大国际合作中提升能力，建设更高水平开放型经济新体制。回顾历史是为了更好地为现实服务，吸取国际上一些国家金融开放的经验教训，通过金融高水平开放促进高质量发展要从以下方面着手。

1. 以制度型开放为重点推进金融高水平对外开放

金融高水平对外开放的重点是制度型开放。制度型开放与商品、要素流动型开放不同，是以规制、规则、管理、标准为主的开放，具有全面、系统与稳定的特点，是一种高层次、高水平的开放。金融制度是经济社会发展中重要的基础性制度。金融业制度型开放是制度型开放的重要组成部分。要稳妥有序推进金融市场全面制度型开放，落实"准入前国民待遇加负面清单"管理制度，对标国际高标准经贸协议中金融领域相关规则，提高国际经贸规则标准制定中的话语权和影响力。精简限制性措施，增强开放政策的透明度、稳定性和可预期性。不断提升跨境投融资的便利化水平，努力营造审慎经营和公平竞争的制度环境。

| 知识链接 |

国民待遇、"准入前国民待遇"

根据国际法的一般原则，国民待遇是指本国给予入境的外国人（包括自然人与法人）与本国人（包括自然人与法人）相同的待遇。在国际经济交往中，国民待遇通常见诸货物贸易、服务贸易、知识产权贸易和投资等各个领域。在投资领域，按照这种待遇发生时段的不同，国民待遇可以分为准入前国民待遇和准入后国民待遇两大类。

准入后国民待遇是指国民待遇通常在投资完全建立后才能开始享受，即在外资企业建立后的运营中给予外国投资者及其投资不低于本国投资者及其投资的待遇。

准入前国民待遇是指在企业设立、取得、扩大等阶段给予外国投资者及其投资不低于本国投资者及其投资的待遇，其核心是东道国给予外国资本市场准入的国民待遇。从根本上来说，市场准入本身就为国民待遇的重要组成部分。因此，与准入后国民待遇相比，准入前国民待遇是一种更加完整、更加全面的国民待遇。

2.加强上海国际金融中心的竞争力和影响力，巩固提升香港国际金融中心地位

回顾世界金融强国的发展史，无论是荷兰，还是英国和美国，都以功能健全的国际金融中心为支撑。进一步推进高水平制度型开放，势必需要一个本土的、强大的国际金融中心，这也是建设金融强国的需要。中央金融工作会议提出"增强上海国际金融中心的竞争力和影响力，巩固提升香港国际金融中心地位"。加快建设国际经济中心、金融中心、贸易中心、航运中心、科技创新中心，是党中央赋予上海的重要使命，也是上海实现高质量发展的必由之路。党的十八大以来，上海持续推进"五个中心"建设，城市能级和核心竞争力大幅跃升。在加快建设金融强国的进程中，上海作为国际金融中心，无疑成为金融强国建设的主战场。加强上海国际金融中心建设，进一步提升其能级，不断巩固其人民币金融资产配置和风险管理中心的地位，增强其对全球资源配置功能。将上海国际金融中心打造为人民币国际清算中心、人民币跨境投融资中心、全球人民币资产交易中心以及全球人民币资产定价中心。要充分发挥香港国际金融中心和背靠内地的独特优势，由过去的"引进来"向"双向通"发展，真正发挥连接中国与世界的桥梁和纽带的作用。

| 知识链接 |

上海国际金融中心建设的发展历程

上海是太平洋西岸的重要港口城市,是我国近代金融业的重要发祥地,19世纪40年代开埠后,因上海独特的窗口作用、优越的地理条件和迅速发展的工商贸易业,吸引了大量国内外金融机构入驻,金融业在上海有着举足轻重的地位。20世纪30年代,上海就发展成为远东最大的国际金融中心,上海证券交易所是远东最大的证券交易所。

改革开放后,随着我国综合国力的提升,因上海具备的金融优势,加上国家政策的扶持,上海作为国家重点打造的国际金融中心,实力远超国内其他城市。1986年10月13日,国务院在对《上海城市总体规划方案》的批复中明确指出:"上海是我国重要的经济、科技、贸易、金融、信息、文化中心,要把上海建设成为太平洋西岸最大的经济贸易中心之一。"

1991年,邓小平同志在视察上海时说:"上海过去是金融中心,是货币自由兑换的地方,今后也要这样搞。中国在金融方面取得国际地位,首先要靠上海。"2009年,国务院颁布《关于推进上海加快发展现代服务业和先进制造业 建设国际金融中心和国际航运中心的意见》(国发〔2009〕19号),从国家层面对上海国际金融中心建设的总体目标、主要任务和措施等进行了全面部署,提出:到2020年,要把上海"基本建成与我国经济实力以及人民币国际地位相适应的国际金融中心"。从此,上海国际金融中心建设步伐加快,19号文件也成为上海建设国际金融中心进程中一个重要的转折点。经过多年的不懈努力，2020年上海已基本建成与我国经济实力以及人民币国际地位相适应的国际金融中心，为后续进一步建设发展奠定了坚实基础。

"十四五"时期是上海国际金融中心建设在基本建成的基础上迈向更高发展水平的开局起步阶段。《上海国际金融中心建设"十四五"规划》（以下简称《规划》）提出了1个总体目标和6个具体目标。总体目标为：到2025年，上海国际金融中心能级显著提升，服务全国经济高质量发展作用进一步凸显，人民币金融资产配置和风险管理中心地位更加巩固，全球资源配置功能明显增强，为到2035年建成具有全球重要影响力的国际金融中心奠定坚实基础。

《规划》中的6个具体目标可概括为打造"两中心、两枢纽、两高地"。"两中心"即全球资产管理中心生态系统更加成熟，更好满足国内外投资者资产配置和风险管理需求；金融科技中心全球竞争力明显增强，助推城市数字化转型。"两枢纽"即国际绿色金融枢纽地位基本确立，促进经济社会绿色发展；人民币跨境使用枢纽地位更加巩固，"上海价格"国际影响力显著扩大。"两高地"即国际金融人才高地加快构筑，金融人才创新活力不断增强；金融营商环境高地更加凸显，国际金融中心软实力显著提升。

当前，在金融强国建设的进程中，上海肩负着党中央的殷切期盼和光荣使命。金融要素市场是国际金融中心的核心功能。上海聚集了货币、股票、债券、期货、票据、外汇、黄金、保险、信托等各类金融要素市场，是全球金融要素市场最完备的地区之一。2023年，上海跨境人民币结算量突破20万亿元，在全国结算总量中比重超过40%，继续保持首位。近年来，中外资金融机构集聚效应明显，全国6家新设外资独资公募基金、国内五大行参与设立的外资控股合资理财公司、超过一半的新设外资控股券商全部落户上海。截至2023年末，上海合格境外有限合伙人（QFLP）试点企业达90家，合格境内有限合伙人（QDLP）试点达63家；上海持牌金融机构1771家，其中外资机构548家，占比超过30%。目前，上海已经形成股权投资机构的集聚效应。根据中基协公布的数据：截至2023年底，注册在上海的私募股权及创业投资管理人1843家、管理基金8950只、管理规模2.3万亿元，股权投资在投项目1.95万余个，在投本金超过1万亿元，均位居全国前列。

参考资料：

1.上海市金融办：《上海国际金融中心建设发展历程》，2015年7月2日。

2.张淑贤：《增强全球资源配置功能 提升上海国际金融中心能级》，《证券时报》，2024年4月8日。

3.加强金融基础设施建设

金融基础设施在平衡金融市场中风险与效率的矛盾、控制结算风险、探测防范化解各类市场风险和可能引发的系统性风险方面发挥着重要的作用。要加强人民币清算、结算体系建设，加大在绿色金融、普惠金融、人民币跨境支付方面的基础设施投入，完善国际间金融基础设施协调机制。通过加强金融基础设施建设，把握好、控制住金融开放风险，提高金融体系的稳定性，让金融开放实现收益最大化。

4.更好统筹金融开放和安全，坚持稳中求进工作总基调

坚持高质量发展和高水平开放良性互动。把握好推进高水平金融开放的节奏和力度，坚持"引进来"与"走出去"并重。要做到扩大开放与防范风险同时部署，既不能坐失良机，又不能急躁冒进。一是全面加强金融监管等层层审计，切实提高金融监管的有效性。二是建立高标准、全方位的监管体系，健全宏观审慎加微观监管"两位一体的管理架构"，建立健全安全审查机制和事中事后监管机制，加强对跨境资本流动的管控。三是加强国际金融监管合作，共同应对跨境资本异常流动，提高开放条件下的宏观审慎监管水平，完善金融风险监测、评估、预警和处置机制，增强风险防控能力。

金融强国之强，除了传统意义上的金融体系规模等指标，还着眼于金融服务的效率、货币在国际上的竞争力以及参与国际金融治理话语权等方面。深化金融业对外开放，推动经济高质量发展，需要深度参与国际金融治理。提高参与国际金融治理能力是建设金融强国的重要一环，互利共赢是中国参与国际金融治理的金融战略。

| 知识链接 |

正面清单管理模式和负面清单管理模式

在现实中，一国是根据本国的经济发展状况以及承担的国际法义务来确定本国具体实施国民待遇的范围、领域、措施，通常有两种方式——正面清单管理模式和负面清单管理模式。

正面清单管理模式是指政府允许的市场准入主体、范围、领域等均以清单方式列明。负面清单管理模式是指政府禁止的市场准入主体、范围、领域等均以清单方式列明。在国际经济交往领域，正面清单管理和负面清单管理主要是针对市场准入的国民待遇而言的。

具体到外商投资领域，正面清单是指凡是针对外资的与国民待遇、最惠国待遇相符的管理措施，均以清单方式列明；负面清单是指凡是针对外资的与国民待遇、最惠国待遇不符的管理措施或业绩要求、高管要求等方面的管理措施均以清单方式列明。显然，在正面清单模式下，外资只能在清单范围内享有国民待遇；而在负面清单模式下，外资能够享受到清单范围之外所有的与东道国国民相同的待遇。

三、提高参与国际金融治理能力

全球金融治理指国际社会通过制度、规则、组织，对全球的货币交易和金融活动进行协调和管理。国际金融治理能力是指一个国家或地区在国际金融领域中所能发挥的影响力和能力，包括国际金融规则的制定和变革、国际金融机构的治理和影响力、国际金融政策的制定和执行等方面。国际金融治理能力的强弱直接体现着一个国家的国际话语权，影响着一个国家在全球金融体系中的地位和利益，对实现国家经济发展和维护国际金融秩序具有重要意义。

20世纪90年代以来，随着布雷顿森林体系的逐步瓦解，国际金融市场充满动荡，地区性金融危机频发引致的国际金融

第 ⑧ 章 → 统筹推进金融开放与安全

危机在全球范围的传导和扩散，对全球整体金融秩序的稳定与发展产生了极大的负面影响。新兴市场国家的崛起，对现有国际金融体系也造成一定冲击，国际金融治理体系面临着深刻变革。国际社会开始认识到优化国际金融治理的重要性与必要性。中国作为国际社会的重要一员，在2008年金融危机后，积极参与到国际金融治理过程中。

（一）中国参与国际金融治理的现状

2008年起，中国主动参与到推动国际金融治理机制的改革中，通过广泛合作建立金砖国家新开发银行、亚洲基础设施投资银行（AIIB）等国际金融机构，积极参与构建国际金融治理体系；通过参加国际金融组织和多边框架规则改革，积极引导金融发展议程，创新全球金融治理理念，提出构建平等的国际金融新秩序，提升发展中国家的制度性话语权，共同提高国际金融治理效率。中国参与国际金融治理的角色也开始发生了深刻变化，从国际金融治理规则的被动接受者逐渐成为规则改革的主动参与者和执行者，并成为改革的积极推动者和重要贡献者，还提出并推行全球金融治理体系的"中国方案"。

中国全面融入全球金融治理体系中具体表现为加入全球金融治理机构和遵守相关国际规则等方面。中国始终积极参与二十国集团（G20）、国际货币基金组织、国际清算银行、金融稳定理事会多边开发银行等机制，同时，广泛遵守、执行主要全球金融治理国际规则，譬如《巴塞尔协议Ⅲ》《证券监管目标和原则》和《金融市场基础设施原则》等。中国全方位、多层次、务实灵活地参与全球经济治理和政策协调，共同促进全球经济增长，维护国际金融稳定，但这并不意味着中国已成为全球金融治理的引领者。尽管我们以"互利共赢"的理念参与国际治理却依然引发了从"中国威胁论"到"修昔底德陷阱"的猜疑[1-2]，使中国始终徘徊在以西方为主导的全球金融体系的外围。中国在提升国际金融话语权，深度融入全球金融治理体系等方面仍面临着一些挑战。

一是在国际金融治理机构的代表性和影响力有待提升。作为世界第二大经济体，中国在全球经济中发挥着重要作用，对全球金融稳定与发展具有重要的影响力。中国通过提出"一带一路"倡议、亚洲基础设施投资银行等一系列国际合作倡议，推动了国际金融规则的变革和完善，在国际金融治理结构改革中取得了一定的进展。但在一些国际金融治理机构的决策层面，中国的代表人数和话语权相对较低，影响力相对不足。

二是缺乏制定国际金融规则的主导权。发达国家由于拥有较强的经济实力和较丰富的资源，在国际金融规则制定的过程中占据着主导地位，更容易制定符合自身利益的规则。中国尽管参与了一些国际金融治理机构与多边合作机制，但作为新兴市场经济体，中国与发达国家之间的利益分歧和博弈较为明显，在国际金融规则制定上面临一定的挑战。

三是风险管理和监管能力亟须加强。随着我国金融市场的

1.修昔底德陷阱，指一个新崛起的大国必然要挑战现存大国，而现存大国也必然会回应这种威胁，这样使战争变得不可避免。此说法源自古希腊著名历史学家修昔底德，他认为，当一个崛起的大国与既有的统治霸主竞争时，双方面临的危险多数以战争告终。
2.高杰英、王婉婷：《国际金融治理机制变革及中国的选择》，《经济学家》，2016年第8期。

扩大和开放，各种金融风险也相应增加，对金融体系的稳定性构成威胁。科学技术的快速发展带动了虚拟货币、区块链、互联网金融等新兴领域的发展，尤其是数字货币出现及数字化金融治理对国际金融治理提出新的挑战。数字货币有可能从底层颠覆现有的货币金融体系。数字货币跨境支付网络或出现，将导致不同金融市场之间的联系性和传染性明显增强，金融风险的跨境性和全球化特征明显，亟须通过国际合作共同应对跨境金融风险，提升全球金融体系的稳定性。

（二）提高参与国际金融治理能力的着力点

随着我国科学技术迅猛发展与金融领域进一步对外开放，货币、资本、信贷与保险等金融市场之间的联系性和传染性明显增强，中国金融业开放和金融领域的风险防控有必要从全球金融治理着眼[1]。"十四五"规划纲要中，我国首次明确提出"推动主要多边金融机构深化治理改革""提高参与国际金融治理能力"等要求。

在G20杭州峰会开幕式上，习近平主席在致辞中从多个角度为经济复苏开出了"药方"，指出："二十国集团应该不断完善国际货币金融体系，优化国际金融机构治理结构，充分发挥国际货币基金组织特别提款权作用。应该完善全球金融安全网，加强在金融监管、国际税收、反腐败领域合作，提高世界经济抗风险能力。"中国参与国际金融治理要着眼于能力建设，推进人民币国际化，参与制定国际金融规则，营造有利的国际环

---

1. 温彬、霍天翔：《扎实有序推进金融业开放》，《中国外汇》，2018年第9期。

境，维护国际金融秩序稳定，并始终秉承着开放、包容、共赢的理念，为构建人类命运共同体努力。

第一，稳妥推进人民币国际化，打造中国金融核心竞争力。人民币国际化是中国参与完善国际金融治理的重要内容，也是能否有效提升中国在国际金融治理中制度性话语权的关键指标。从本质上说，国际金融和货币体系的重要改革内容就是要打破美元的霸权地位，实现国际货币储备多元化。要借助人民币国际化机遇积极参与金融全球治理。要厘清人民币国际化的顺序，进一步做好人民币离岸市场建设，丰富人民币资产供给，做实国家间货币互换，扩大人民币影响力，利用经贸合作的纽带，推动人民币区域化与国际化发展路径，提升人民币国际地位，打造核心竞争力，增强全球平衡能力，实现共同发展。

第二，培养良好金融生态环境，推动金融机构"走出去"。金融机构是全球治理的重要主体，是直接影响全球经济利益流动，引导全球秩序趋势的关键，也是贯彻落实中国金融引领全球治理的主要载体。要加强政策引导、培养良好环境，丰富"走出去"主体，主导国际多边金融机构，解决发展突出问题，强化政策性金融机构的引导支持定位，鼓励商业机构"走出去"形成多层次体系，体现差异化定位，完善国际经营网络，打造全球服务能力，尤其是在"一带一路"沿线国家，原则上都要有中资银行进入，充分地发挥中国金融对"走出去"国家战略的引领作用。

第三，参与推动多层次和多领域的金融治理改革，提升话语权。多层次、多领域国际金融治理改革，需要多方协同。中国作为新兴国家中的重要一员，参与国际金融治理改革，一是要加强自身金融体系改革，放宽金融业的市场准入、改进金融监管能力等；进一步完善中国跨境金融法律体系，拓宽国际视野，提高参与国际金融治理的能力。二是要积极开展双边、多边国际合作，寻求建立既对标国际规则，又符合中国发展实际的合作治理机制，推动其他治理主体共同参与当前国际金融治理改革。三是继续推进国际金融机构自身的改革，促进和推动IMF转变决策。增加发展中国家的拟定权和投票权等，打破一些西方国家对决策和投票程序的长期垄断。

第四，参与构建联合监管机制，守住开放条件下金融安全底线。参与国际金融管理，需要在良好的环境下构筑科学合理的国际金融联合监管机制，并规范化运营，从而促进稳定健全的国际金融新秩序的形成和发展。一是提高国际金融市场的监管水平。完善中国自身的信息公开披露体系，彻底解决信息获取与运用不对称问题。二是不断提升对流动性资本的管理能力，建立相应的管理制度。在大力发展自有金融体系的同时，要不断加大对金融投资的控制力度，对国际市场资本自由流动各环节进行严密监控，使之能以规范的渠道和合理的方式实现资源的合理配置，防范国际短期投机资本的不良发展。三是完善国际金融协调合作治理机制，推动国际货币体系和金融监管改革，在全球范围内建立有效的监督与管理体系，形成对跨国性金融机构的统一系统监管模式。积极参与构建全球金融安全网，完善人民币汇率形成机制。严格遵守公平、公正、公开原则，规范市场，增加市场的透明度，避免金融危机和风险的发生。

第 9 章

加强党的领导是建设金融强国的组织保障

加强党中央对金融工作的集中统一领导,是做好金融工作的根本保证。

——习近平总书记在中央金融工作会议上的重要讲话（2023年10月30日）

第 ⑨ 章 → 加强党的领导是建设金融强国的组织保障

习近平总书记指出:"坚持和加强党的全面领导,关系党和国家前途命运,我们的全部事业都建立在这个基础之上,都根植于这个最本质特征和最大优势。"坚持党对一切工作的领导,既是党和国家的根本所在、命脉所在,也是全国各族人民的利益所在。坚持党中央对金融工作的集中统一领导是加快建设金融强国,实现中华民族伟大复兴的中国梦、实现"两个一百年"奋斗目标最强有力的组织保障。

党领导金融的总体格局是,坚持党中央集中统一领导,完善党领导金融工作的体制机制,加强制度化建设,金融部门要按照职能分工,各司其职,负起责任。地方各级党委和政府要按照党中央决策部署,做好本地区金融发展和稳定工作,做到守土有责,形成全国一盘棋的金融风险防控格局。

一、坚持党中央的集中统一领导是建设金融强国的根本保证

中国共产党是中国特色社会主义事业的坚强领导核心与最高政治领导,党的中心工作是经济建设。金融是现代经济的核心,是国家竞争力的重要组成部分,加强党对金融工作的全面领导是建设金融强国的根本保障。

(一)坚持党对金融工作的领导是中国金融发展的制度优势

习近平总书记强调:"金融制度是经济社会发展中重要的基础性制度。"科学有效的金融制度安排是国民经济高效与平稳运行的重要保障。2023年中央金融工作会议围绕奋力开拓

中国特色金融发展之路强调了"八个坚持",其中,将"坚持党中央对金融工作的集中统一领导"放在首位,这是中国特色金融发展之路的基本要义,也是中国金融制度的本质特征、最大优势。中国共产党的领导是做好金融工作的"根"和"魂",是建设金融强国最关键的组织保障。坚持党对金融工作的集中统一领导彰显了金融工作的政治性,体现了金融制度在国家治理体系中的重要地位,也为切实走好中国特色金融发展之路提供了根本保证。

(二)加强党的集中统一领导是完善中国特色现代金融体系的前提

金融现代化是中国式现代化的重要组成部分与支撑,金融现代化要求建立中国特色的现代化金融体系。建设中国特色现代金融体系,首先需要突出"中国"特色,而中国特色现代金融体系的基本特征是政治性与人民性。政治性即坚持党的领导;为中国人民谋幸福,为中华民族谋复兴是中国共产党的初心和使命,体现了中国共产党全心全意为人民服务的人民性。加强党中央对金融工作的集中统一领导,就是要深刻领悟中国特色现代金融体系以不断满足人民日益增长的金融需求为中心的价值取向。

(三)加强党的领导是完善中国特色现代金融企业制度的根本原则

在中国特色的现代金融企业制度中,所谓"中国特色"就是指把党的领导融入企业的公司治理环节中,把企业党组织内

第 ⑨ 章 → 加强党的领导是建设金融强国的组织保障

嵌到公司治理结构中。2016年10月10日，习近平总书记在全国国有企业党的建设工作会议上强调，坚持党对国有企业的领导是重大政治原则，必须一以贯之；建立现代企业制度是国有企业改革的方向，必须一以贯之。这两个"一以贯之"是相互联系的。现代金融企业是现代金融体系的重要组成部分，也是金融业的微观主体，加强党对现代金融企业的集中统一领导就是要确保党中央决策部署在金融系统中落地见效。尤其是国有大型金融机构，作为金融市场中的运行主体，服务实体经济的主力军，肩负着维护金融稳定压舱石的使命，其国有控股的股权结构是公司治理的产权基础，决定了其对于贯彻落实党中央决策部署是否坚决彻底具有很强的引领和风向标作用。因此，加强党的建设，并将其有机融入公司治理的各个环节。明确党委在公司治理中的法定地位，突出党委在金融机构重大事项中的决定性作用，形成良好的现代公司治理机制，毫不动摇地坚持和加强党的领导，保证现代金融企业建设始终朝着正确的方向前进，是现代金融企业在金融强国建设中遵循的根本原则。

中国共产党领导中国金融事业发展的伟大历程，是中国共产党党史的重要组成部分。回眸百年风雨历程，我们党不断探索和把握金融及经济发展规律，牢牢把握金融事业发展和前进的方向，指引中国金融事业实现了从无到有、从小到大、从弱到强的一次又一次跨越式发展。

中国共产党历来高度重视对金融工作的领导。中国的金融事业是在党的领导下，伴随着中国革命、建设与改革进程逐步形成和发展起来的。革命战争年代，中国共产党领导下的红色金融事业萌芽与发展,促进了红色政权的诞生与壮大。我们党通过"扁担银行""马背银行"等形式发展生产、整顿货币、打击伪钞,打破了敌对势力对根据地的经济封锁,为革命的全面胜利奠定了物质基础。新中国成立后,党加强对经济金融工作的统一领导,治理通货膨胀,实现了货币主权的完整与货币制度的统一,促进了国民经济的快速恢复和社会主义建设的开始。改革开放以来,金融业在党的领导下发生了历史性转变,金融工作的体制机制得到进一步加强,金融机构分门别类日益健全,现代化金融体系逐步形成,金融体制逐步向市场化、法治化、国际化迈进,金融作为经济血脉的作用不断凸显。同时,我们成功抵御了1997年亚洲金融危机和2008年美国次贷危机引发的国际金融危机的冲击,有力支撑了宏观经济的持续健康发展。

| 知识链接 |

扁担银行

1934年10月,中华苏维埃共和国国家银行随中央革命根据地红军转移,银行14名同志和上百名运输员奉命组成中央纵队第15大队,由毛泽民同志率领开始了二万五千里长征。这支由上百人组成的特殊队伍,用扁担挑起中央红军的全部家当——金子、银圆和部分纸币"红军票"行军转移,被称为"扁担银行",还有一些人专门负责背着沉重的印钞机、铸币机等工具。这就是流动着的中华苏维埃共和国国家银行。

红军到达遵义后,战士们急需休整,购买药品、衣物

第 ⑨ 章 → 加强党的领导是建设金融强国的组织保障

等补给,但手里只有少量在当地不能流通的红军票。当时红军缴获了一批食盐。盐在当地是紧俏商品,军阀们抬高盐价盘剥百姓。红军向老百姓平价出售盐,唯一条件就是要用红军票购买。老百姓就用银圆兑换红军票或卖给红军商品来换取红军票。红军票于是就有了信用,成了能够流通的纸币。部队也买到了急需物资。

12天后,红军决定转移。为了不让百姓蒙受损失,他们在城中设立许多兑换点,贴布告限时3天让百姓将手中红军票兑换成银圆。红军此次发行纸币的全过程,说明只有顾及人民群众的利益,才有真正的信用。

这支队伍为保卫人民的金融资产,付出了生命代价。他们爬雪山、过草地、战严寒,在最艰苦恶劣的环境中行进。队伍出发时有14位银行工作人员,可抵达陕北时仅留下8位,有6位同志壮烈牺牲在漫漫长征途中,长眠在雪山草地里。

特别是党的十八大以来,党领导下的我国金融事业发展又迈上了新的台阶。金融系统在以习近平同志为核心的党中央领导下,坚持创新、协调、绿色、开放、共享的新发展理念,有力支撑经济社会发展大局,坚决打好防范化解重大风险攻坚战,稳妥化解重点机构风险,果断接管了包商银行,坚决打破了刚性兑付,同时依法保护老百姓的利益。包商银行成为改革开放以来中国首例银行破产的案例。同时我们也平稳地化解了恒丰银行、锦州银行、辽宁城商银行等中小金融机构的风险。精准拆弹,化解了"明天系"、"安邦系"、"华信系"、海航集团等高风险集团的风险，避免了轰然倒塌的风险，同时也阻断了风险的扩散和传染。这为如期全面建成小康社会、实现第一个百年奋斗目标作出了重要贡献。金融业自身发展的活力和韧性不断增强。历史和实践证明，在历史重大关头，都是党领导我们战胜一个又一个艰难险阻，今天我国在金融领域能够取得瞩目成就，一个根本原因就在于坚持了党对金融工作的领导。

百年征程波澜壮阔，百年初心历久弥坚。站在"两个一百年"奋斗目标的历史交汇点上，坚持和加强党对金融工作的全面领导，促进金融党建与金融业的深度融合，确保党中央的方针政策和决策部署在金融领域的有效贯彻落实，推动金融业高质量发展，是建成金融强国的根本保证。

| 知识链接 |

治理形似而神不至——包商银行风险事件

包商银行的前身为包头市商业银行，成立于1998年12月，2007年更名为包商银行，在内蒙古自治区及北京、成都等地共设立18家一级分行，拥有1万多名员工。2019年5月24日，中国人民银行和银保监会联合宣布，为应对严重的信贷风险，银保监会决定接管包商银行。2020年8月6日，包商银行正式申请破产。包商银行成为改革开放以来中国首例银行破产的案例。

包商银行倒闭的主要原因在于公司治理不善和股东欺诈行为。包商银行最大股东"明天系"持有89%的股份。2005年以来，明天集团通过大量的不正当关联交易、资金担保及资金占用等手段进行利益输送，包商银行被逐渐"掏空"，造成严重的财务与经营风险，直接侵害了其他股东及存款人的利益。清产核资显示，2005年至2019年的15年里，"明天系"通过注册209家空壳公司，以347笔借款的方式套取信贷资金，形成的占款高达1560亿元，且全部成了不良资产，导致包商银行存在2200亿元的资金缺口。

基于此，中国人民银行会同银保监会研究提出了"新设一家银行收购承接业务＋包商银行破产清算"的处置方案，严格落实四方面具体措施，防范系统性风险，历时一年半，顺利完成包商银行金融风险的精准拆弹。

2020年8月，包商银行接管组组长周学东在《中国金融》上撰文详解了接管始末，指出诸多中小银行的风险，其背后的根源在于公司治理失灵，以及与之相关的金融腐败和违法犯罪。在他看来，包商银行公司治理最突出的特点是"形似而神不至"。从表面上看，包商银行有较为完善的公司治理结构，股东大会、董事会、监事会、经营层的"三会一层"组织结构健全，职责明确，各项规章制度一应俱全。实际上这只是形式上的治理模式，党的领导缺失，"大股东控制"和"内部人控制"两大顽症在包商银行同时出现，加上监管不力给各类违法违规舞弊行为提供滋生的土壤和宽松的环境。

2021年9月3日，央行发布《中国金融稳定报告（2021）》，首次以专题形式全面揭露总结了包商银行的风险成因、接管该行面临的挑战及风险处置思路和风险处置工作的实施情况。

二、完善党领导金融工作的体制机制

2023年10月，中央金融工作会议首次提出，要完善党领导金融工作的体制机制，发挥好中央金融委员会、中央金融工作委员会、地方党委金融委员会的作用。在建设金融强国的过程中，明确各级领导机构的设置、职责划分与人员配置等，确保各方协同合作，形成高效的决策和执行体系，是坚持党对金融工作集中统一领导的制度安排。

（一）党领导金融工作体制的内涵

党领导金融工作的体制是指国家金融领导工作的组织结构和权责分配。具体而言，党领导的金融工作体制可以概括为六大部分：一是决策指挥机制，是在整个国家金融系统中用于制定决策和指挥行动的体系和程序，通常包括一系列流程、规则和角色分工，以确保决策的高效性、准确性和协调性。二是运行联动机制，包括信息沟通机制、政策协调机制、风险防范机制等。建立一系列有效的运行机制，能够确保领导工作的科学决策和顺畅执行，以应对金融市场的变化和挑战。三是监管体系机制，包括建立健全的金融监管机构，制定有效的监管政策，确保金融机构的健康运行，防范金融风险。四是法律法规体系，涉及制定和完善相关法规，提高法治水平，以确保金融体系在法治框架内运行。建立完善法律法规体系能够规范金融市场行为，确保金融业健康有序发展。五是创新动力机制，包括对金融科技公司的支持、对新金融产品和服务的监管和推广等，有利于提高金融业的竞争力和创新力。六是国际合作机制，在全球化背景下，金融强国建设要求各国建立和完善国际合作机制，积极参与国际合作，加强与其他国家的经验交流、政策协调。

（二）党领导金融工作体制的机构设置演变

我国金融工作体制机制指的是组成国家金融系统的各种机构组织、规则和程序，以及它们的协同关系。经过多年探索，我国构建了一套适合本国国情的金融领导工作体制机制，主要机构包括中央金融委员会、中央金融工作委员会、国家金融监督管理总局、中国人民银行以及中央政府相关部门和地方党委政府。

1.我国党领导的金融工作机构变迁

早在2017年7月，第五次全国金融工作会议提出设立国务院金融稳定发展委员会，当年11月正式成立，并召开了第一次全体会议，明确了服务实体经济、防控金融风险、深化金融改革三项主要任务。此外，还形成以国务院金融稳定发展委员会、中国人民银行、银监会、证监会、保监会、国家外汇管理局为主的"一委一行三会一局"金融领导体系。

2018年4月8日，中国银行保险监督管理委员会在京揭牌，以国务院金融稳定发展委员会、中国人民银行、银保监会、证监会、国家外汇管理局为主的"一委一行二会一局"的全国金融工作领导体制正式形成。

| 知识链接 |

中国保险监督管理委员会历史沿革

根据《中共中央、国务院关于深化改革，整顿金融秩序，防范金融风险的通知》（中发〔1997〕19号）和《国务院关于成立中国保险监督管理委员会的通知》（国发〔1998〕37号），1998年11月，设置中国保险监督管理委员会。

2018年3月13日，国务院关于提请第十三届全国人民代表大会第一次会议审议国务院机构改革的议案表示，将组建中国银行保险监督管理委员会。同时将中国银行业监督管理委员会和中国保险监督管理委员会的职责整合，作为国务院直属事业单位。这意味着，从1998年11月18日成立的中国保险监督管理委员会，在历经近二十年的发展后画上了句号。

2023年3月，中共中央、国务院印发《党和国家机构改革方案》（以下简称《方案》）。深化党中央机构改革，组建中央金融委员会，不再保留国务院金融稳定发展委员会及其办事机构，将国务院金融稳定发展委员会办公室职责划入中央金融委员会办公室。重新组建中央金融工作委员会，实行"两块牌子，一套人马"的架构。

2023年，《方案》决定在中国银行保险监督管理委员会的基础上组建国家金融监督管理总局。5月18日，国家金融监督管理总局揭牌。《方案》对国务院金融稳定委员会、中央金融工作委员会、中国人民银行的职能权限重新调整整合，强化完善了权威高效的顶层决策指挥系统。自此，新的全国金融领导体制和运作机制形成，中国金融监管体系从"一行两会"迈入"一行一局一会"新格局。

2.目前全国金融工作领导机构及主要职能

目前，全国金融工作领导机构主要包括中央金融委员会、中央金融工作委员会、国家金融监管总局和中国人民银行四个部门。

（1）中央金融委员会，隶属于中共中央，是党中央决策议事协调机构，负责金融稳定和发展的顶层设计、统筹协调、整体推进与督促落实，负责研究审议金融领域重大政策、重大问题等。

（2）中央金融工作委员会作为党中央派出机关，同样隶属于中共中央，同中央金融委员会办公室合署办公，承担统一领导金融系统党的工作，指导金融系统党的政治建设、思想建设、组织建设、作风建设、纪律建设等，将中央和国家机关工作委员会的金融系统党的建设职责划入中央金融工作委员会。

（3）国家金融监管总局是国务院层面新组建的重要国家机构，负责贯彻落实中央关于金融工作的方针政策和决策部署，把坚持和加强党中央对金融工作的集中统一领导落实到履行职责过程中。主要职责包括依法统一负责除证券业之外的金融业监管，包括强化机构监管、行为监管、功能监管、穿透式监管、持续监管，维护金融业合法、稳健运行。对金融业改革和监管有效性相关问题开展系统性研究，参与制定金融业改革发展战略规划等。统筹负责金融消费者权益保护，加强风险管理和防范处置，依法查处违法违规行为等。

（4）中国人民银行是国务院组成部门，对银行业务进行监督、管理和给予指导，担负着发行人民币、管理人民币流通、经理国库与管理征信业等一系列关乎国家经济的重要职责。其具体职能包括制定和执行货币政策、防范和化解金融风险、维护金融稳定等。此外，中国人民银行也需在建立健全、规范完善金融协会和行业协会，加强行业自律和规范发展，推动金融行业健康发展等方面发挥功能。

（三）完善和建设与金融强国相匹配的体制机制

我国金融业在过去几十年的发展中取得了巨大的成绩，金融体系不断完善，金融机构的数量、资产规模和业务范围得到显著扩大。随着金融改革的不断深化以及外部环境的急剧变化，建立更加科学高效的金融工作体制机制以应对各种风险挑战成为金融体系持续发展必须面对的重要任务。而完善党领导的金融工作体制机制意味着要对金融组织结构、决策机制、监管体系、法律法规、创新机制等方面进行系统性的改进和升级，以适应新时代金融业发展的要求，为加快建设金融强国提供有力支持。

1.强化上层协调统一

这是完善党领导金融工作体制机制的重要环节。加强金融领域的顶层设计和整体规划，明确各级领导机构的职责和任务，需要领导层的协调一致和统一指挥。一方面，强化决策指挥核心机构的权威性。建立健全分工负责、协调一致的体制机制，落实各机构责任权利，规范金融顶层决策的范围和程序。完善立法程序，明确各机构的职责、权限和限制，明确决策层级和决策程序，以确保决策合法、透明和负责。设立有效的监督机制，对金融顶层决策系统进行监督和评估以确保决策的合规性和公正性。设立明确的问责制度，对金融顶层决策机构和相关责任人员进行问责，保证制度的严肃性和权威性。另一方面，需要建立健全金融工作领导的协调机制。通过协调会议制度化、完善法律法规支持、建立跨部门工作组、建立信息共享平台、完善危机应对预案、扩大社会参与和监督等措施以实现领导机制高效灵活，确保各相关部门协调配合。此外，要加强中央与地方的沟通和协作，形成金融工作的整体合力，提高金融政策的贯彻力和执行效果，为经济发展提供坚实支持。

2.强化监管能力

这是完善党领导金融工作体制机制的重要保障。金融监管能力是保障金融市场稳定、保护投资者权益、促进金融体系健康发展的重要因素。强化监管能力对于维护金融稳定，完善金融领导工作体制机制具有重要意义。强化金融监管站位要高，必须从党和国家的全局出发，牢固确立政治方向，坚持问题导向，既要有经济思维又要有社会思维，既要有宏观思维又要有微观思维，既需要权威机构与刚性制度又需要高素质专业化的队伍。要总结历史经验，厘清细化"监"和"管"职责权限，确保使其拥有独立性、权威性和专业性的各项资源到位。

3.优化宏观调控

这是完善党领导金融工作体制机制的必要手段。金融市场宏观调控是确保金融系统稳定运行、防范系统性风险、促进经济平稳增长的重要手段。优化宏观调控，需要政府、监管机构、中央银行等多方协同，形成整体的政策框架。具体包括设定明确、可衡量的宏观经济和金融目标，如通货膨胀率、经济增长率、就业率等。建立健全的监管和法律框架，确保金融机构的透明度、合规性，防范潜在的金融风险。引入宏观审慎政策，包括监管金融机构的资本充足率、流动性管理、风险管理等，以防范系统性风险和金融危机的发生。强化市场信息披露制度，确保金融市场参与者能够获取准确和及时的信息。根据经济状况调整税收和支出，制定灵活的财政政策以促进经济增长或抑制通货膨胀。建立完善的金融风险监测和评估体系，及时发现并应对潜在的风险。同时，还要根据经济和金融市场的变化，及时调整宏观调控政策，保持政策的灵活性和适应性，关注社会公平和可持续发展的目标，确保经济增长的红利惠及广大人民群众等。这些方法手段是相互关联、相互支持的。

4.增进信息共享

这是完善党领导金融工作体制机制的重要基础。创新运用大数据、云计算等现代信息技术手段，加强对金融数据的收集和整合，加快统计体系改革与信息共享系统建设，推动信息资源共享，建立全面、准确、及时的金融数据体系，使得相关金融机构的信息均能在同一个平台上存储和获取。同时要制定信息标准和规范，完善相关法律法规，保障数据信息安全。健全的信息共享平台便于领导层全面及时了解金融体系发展状况，有效地监控系统性风险，确保金融政策精准有效，提高金融监管的准确性和前瞻性，推动金融体系健康和可持续发展。

三、发挥好中央与地方金融委员会、金融工作委员会的作用

完善党领导金融工作的体制机制，要发挥好中央金融委员会的作用，做好全国金融稳定和发展的顶层设计、统筹协调把关、整体向前推进；发挥好中央金融工作委员会的作用，切实

第 ⑨ 章 → 加强党的领导是建设金融强国的组织保障

加强金融系统党的建设。同时要发挥好地方党委、金融委员会和金融工作委员会的作用，落实属地责任。

（一）发挥好中央金融委员会与金融工作委员会作用

1.设立中央金融委员会与中央金融工作委员会的战略定位

设立中央金融委员会优化了权威高效的顶层决策指挥协调系统，把金融决策议事协调机构提高到前所未有的层面。一是提升决策层的权威性。通过更高站位的统一规划、引领和协调，全面提高政府机构设置和职能配置的合理性、提高政府运行效率和管理能力，助力现代化的国家治理体系和治理能力的构建。二是增强决策层的协调性。新设立的中央金融委员会负责金融稳定和发展的顶层设计等一系列金融领域重大政策和重大问题的议事协调，金融监管工作从原来的国务院议事协调上升为党中央决策议事，通过更强有力的力量保障，加强金融一体化的协调，防止监管部门条块分割导致的监管真空，杜绝监管套利，保证金融改革发展的正确方向，更高质量地服务实体经济发展。

作为中国金融领域的最高决策机构，中央金融委员会在国际金融交流与合作中发挥着重要作用。在全球化背景下，国际金融市场的波动和变化直接影响着中国金融体系的稳定。中央金融委员会通过制定和调整国内金融政策，更好地应对国际金融环境的挑战，维护国内金融稳定；通过与其他国家和地区的金融监管机构、央行等开展密切合作，协调国际金融政策。同时，中央金融委员会通过积极参与国际金融规则的制定和改革，促进中国金融市场开放，提升金融业竞争力；作为中国在国际金融领域的重要代表，参与并影响着一系列国际金融组织和论坛，如国际货币基金组织、世界银行、金融稳定理事会等。通过这些平台倡导中国的金融理念、政策和经验，共同应对全球性金融挑战，为全球金融治理作出贡献，也为建设金融强国创造条件。

设立中央金融工作委员会则确立了顶层决策指挥系统的方向准则。通过牢牢把握建设金融强国的"八个坚持"，中央金融工作委员会确保了中国能够在金融强国建设中保持定力，并不断在稳定金融市场、服务实体经济、防控金融风险、深化金融改革、扩大金融开放、推动创新发展、加强金融监管和推进绿色金融等关键方面稳步推进，为中国的金融强国建设进行战略指导。

| 知识链接 |

中央金融工作委员会简史

中共中央金融工作委员会，简称中央金融工委，是中共中央下设的金融工作指导机构。1998年6月，为应对亚洲金融危机，党中央成立过中央金融工作委员会，目的是"治理和完善现代金融体系，并负责领导、保证、管理、监督、协调金融机关的运作业务"。其完成历史使命后在2003年3月被撤销。20年后，2023年3月党中央决定重新组建中央金融工作委员会。

2.积极发挥中央金融委员会和中央金融工作委员会的职能

作为中国金融领域的最高决策机构，中央金融委员会和中央金融工作委员会的地位和职能决定了它们承担的使命。在建设金融强国的过程中，要积极发挥中央金融委员会和中央金融工作委员会在制定战略规划与政策、风险防控、监督管理等方

第 ⑨ 章 → 加强党的领导是建设金融强国的组织保障

面的重要作用，保持金融业服务实体经济行稳致远。

第一，确保战略规划的可行性。中央金融委员会的战略规划是指为实现长期目标而制定的决策和行动计划。它涉及对未来环境、资源、目标和行动的分析，以确定组织的方向和发展路径。战略规划内容涵盖：①长远愿景，清晰地定义金融领域所追求的未来状态，包括国家金融体系的角色、影响力、服务水平等；②目标设定，即在愿景基础上，设定具体、可量化的目标，同时注意与国家整体发展目标相契合；③发展方向，通过在金融市场、监管框架、金融产品等方面的创新，确定发展的战略方向，指导金融领域日常的决策与行动；④风险评估，通过考虑潜在的风险和挑战，制定相应的风险管理策略，确保中央金融委员会在实现目标的过程中能够适应变化；⑤资源分配，是指确定实现战略目标所需的人力、财力、技术等资源，需要与制定的战略方向和目标相一致；⑥绩效评估，即制定可衡量的绩效指标，定期评估战略实施效果，并进行调整与优化。战略规划的成功执行需综合考虑外部环境和内部能力，进行深入分析、反复论证，确保能更好地引领国家金融领域的发展，促进金融强国建设。

第二，树立政策制定的权威性。发挥中央金融委员会在金融政策制定的权威作用。一是在制定金融政策方面。通过深入分析国际与国内宏观经济环境、经济发展情况等，确定维护金融稳定、促进经济增长、防范金融风险等方面的具体目标。以此选择货币政策、财政政策、宏观审慎政策等合适的政策工具，并对可能出现的风险进行评估，制定相应的风险防范措施，最终形成适合本国的金融政策。同时，中央金融委员会要与其他政府部门、金融机构等相关部门进行广泛沟通，确保政策的可行性。二是在落实金融政策方面。金融政策确定后，要通过相关渠道将政策传达给各级政府、金融机构和市场参与者。向市场参与者和公众公布相关信息，提升信息透明度，引导市场预期，降低不确定性，促进金融市场的稳定。同时，要随时监测金融政策的执行情况，确保各级政府和金融机构按照政策的要求履行责任。

  第三，遵循风险防控的全局性。防控金融风险主要是指中央金融委员会在履行其职责的过程中，采取一系列措施来预防、化解和应对金融体系内可能出现的信用风险、市场风险、流动性风险、操作风险等各种潜在风险。防控金融风险的目标是保障金融体系的稳定和健康发展，防止潜在风险对整个经济体系的不良影响。中央金融委员会防控金融的方法和手段不同于政府部门，不同于市场化国家，要体现其鲜明的独特优势和较强的操控能力，还要具有更强的全局性、系统性考量。防控金融风险采取的措施方法一般包括宏观审慎政策、监管和监察、宏观经济调控、推动金融科技发展等多个方面。

  第四，提升监督管理的有效性。中央金融工作委员会在金融监督管理中具有非常重要的监督职责，其目标是保护金融系统的稳定，确保金融机构合规运营，防范潜在风险，促进金融市场的健康发展。监管重点包括，加强对金融监管机构的监督和管理，确保监管职能的有效履行；加强关注金融监管的执行情况，及时发现和解决监管中存在的问题和不足；加强对金融机构的监督和评估，推动金融机构的规范发展和风险防控；加强对金融行业的自律和规范，促进金融市场的健康发展；要着

第 ⑨ 章 → 加强党的领导是建设金融强国的组织保障

力形成一个全面而有力的监督管理体系,以确保金融市场的稳定运行、预防金融风险的发生。

第五,发挥好中央金融工作委员会指导金融系统强化党建功能。加强金融系统党的建设是中央金融工作委员会的重要职责。金融系统党建工作的主要目标是确保党始终成为坚强领导核心,保持其先进性和纯洁性。党建工作是确保金融系统坚持正确发展方向的组织保障。在政治上,通过在金融机构内建设党组织,确保金融系统的政治稳定,方向正确,组织可控。在责任担当上,通过强化系统内部党的建设工作,增强金融系统的责任担当,使其更好地为国家的金融稳定和经济发展服务。在金融系统队伍政治作风建设上,加强党建工作,引导金融从业人员坚守社会主义道德风尚,推动金融行业的健康发展,对于形成良好的金融业风气和文化都具有极强的作用。在金融事业发展上,有强有力的党组织的引领,将增强金融机构改革和创新的积极性,提高金融服务的效率和质量,推动整个金融体系朝着更加开放和创新的方向发展。

(二)发挥好地方党委金融委员会与金融工作委员会作用

2017年4月,习近平总书记在维护国家金融安全第四十次集体学习时指出:"地方各级党委和政府要按照党中央决策部署,做好本地区金融发展和稳定工作,做到守土有责,形成全国一盘棋的金融风险防控格局。"

根据2023年10月中央金融工作会议确定的"发挥好地方党委金融委员会和金融工作委员会的作用,落实属地责任"要求,持续不断地完善地方党委金融工作领导体制机制,做到守土有责,形成从中央到地方齐抓共管、全国一盘棋、稳定高效的金融工作新格局,积极推动金融高质量发展,为金融强国建设奠定基础。需要从以下方面着手:一是要强化地方党委对金融工作的领导。主要是结合地方经济金融发展的现状,针对各地方党委金融工作实践中所存在的问题,准确把握党的领导制度建设规律与金融运行特点及规律,促进新时代地方党委金融工作领导制度建设,使党的金融工作领导制度体系更加完备、专业和适用,为地方党委更加科学、有力、高效地开展金融治理提供制度保障。二是要明晰各项制度建设的具体路径与方法。具体地讲,首先要重点完善省级党委的金融工作领导制度,以此来引领、推进省以下各级地方党委金融工作领导体制机制。其次要优化地方党委、政府金融工作领导机构与执行机构的设置与职能定位,防止出现责任缺位、执行乏力等问题。最后要对符合金融运行特点与规律的地方党委金融工作机制进行持续创新。包括深入探索民主集中制的具体有效实现形式;完善定期研究金融发展战略、分析金融形势与发展中存在的问题、决定金融方针政策的决策机制;设计科学合理的激励机制,明确科学用人、考核评价、容错纠错等具体措施,更好地激发干事创业的积极性,增强地方党委领导干部狠抓落实本领和驾驭风险能力,让勇于担当作为、善于攻坚克难的优秀干部脱颖而出,为做好地方金融工作,建设金融强国作出更多贡献。

四、建立高素质专业化金融干部队伍

兴企之要,首在用人。国家发展与民族振兴都要靠人才。

第 9 章 → 加强党的领导是建设金融强国的组织保障

党的干部是党和国家事业的中坚力量。干部队伍的建设关系着国家兴旺发达、长治久安和人民生活的幸福。2021年9月27日，党中央召开了中央人才工作会议，习近平总书记在会议上发表的重要讲话明确指出，当前和今后一个时期实施新时代人才强国战略的总体要求，深刻阐述了新时代人才工作新理念新战略新举措，科学回答了新时代人才工作的一系列重大理论和实践问题，是指导新时代人才工作的纲领性文献。深入实施人才强国战略也是党的二十大作出的一项重要战略部署。人才是全面建设社会主义现代化国家的基础性、战略性支撑，人才队伍建设在以中国式现代化推进强国建设、民族复兴伟业进程中具有不可替代与不容低估的重要作用。

在经济全球化背景下，国际金融市场已经成为没有硝烟的战场，金融战的影响程度深远，在武装冲突和科技之争背后，金融制裁的手段发挥着重要作用。金融是国家核心竞争力的重要组成部分，相应地，金融人才是中国人才体系的重要组成部分，是推动金融高质量发展的关键力量。同样，金融人才队伍建设在推进中国式现代化、民族复兴伟业进程中具有不可替代的重要地位。只有建立一支具备国际金融经营理念和从业经验，熟悉国际惯例、有担当的高素质金融人才队伍，才能使我国金融业在国际金融竞争中处于不败之地，为加快建设金融强国提供智力支撑。

回望中国共产党领导下的红色金融发展史，中国共产党人正是秉承着为中国人民谋幸福，为中华民族谋复兴的初心使命，经过艰苦卓绝的斗争，积极发扬廉洁为公的精神，才从昔日江西瑞金叶坪的简陋农舍"走"到今天的金融大厦。习近平总书记在党的二十大报告中指出，要建设堪当民族复兴重任的高素质干部队伍。在向第二个百年奋斗目标进军之际，传承红色基因，建设一支高素质专业化的金融干部队伍，是新时代推动金融高质量发展、建设金融强国的关键与重要保障。

（一）高素质专业化金融干部标准

金融行业是高度的知识密集型行业，专业性强，复杂程度高。高素质的人才干部队伍是金融业高质量发展的重要生产因素。2023年10月，中央金融工作会议明确指出，做好当前和今后一个时期的金融工作，以金融队伍的纯洁性、专业性、战斗力为重要支撑。会议还指出，要坚持政治过硬、能力过硬、作风过硬的标准，锻造忠诚干净担当的高素质专业化金融干部人才队伍。习近平总书记在2024年1月16日省部级主要领导干部推动金融高质量发展专题研讨班开班式上阐述了金融强国的六大内涵，其中就包括建设强大的金融人才队伍。

金融人才是指具有一定的金融专业知识或专门技能，在金融领域进行创造性劳动并对金融发展作出贡献的人，是金融从业人员中能力素质较高的劳动者，是金融事业发展的第一资源，主要从事银行业、保险业、基金业和证券等行业。

目前，随着以大数据、人工智能等为代表的数字化技术快速发展，科技创新层出不穷，已对现有的金融生态和金融结构竞争格局产生了颠覆式的冲击。而无论是金融科技的应用，还是金融产品和服务的创新都需要由高素质的金融人才来最终完成。那新时代需要建设什么样的高素质金融人才队伍？

高素质专业化金融干部队伍一般具备以下要素：一是秉持

"金融为民"的思想，具备"金融国之大者"的胸怀。二是具备扎实的金融理论功底和专业技能，具有较强的金融创新思维和学习能力，并能够运用现代金融科技手段解决实际金融问题。三是具备广阔而开放的国际视野、敏锐的市场洞察力和良好的应变能力。四是能有效识别、评估和管理金融风险，具有应对国际竞争与各种风险挑战，以及具有把握国际战略机遇的驾驭才能。五是具有高度的责任心与良好的职业道德等。总之，强大的高素质的金融人才队伍是推动中国金融由"大"到"强"的关键所在。

（二）当前形势下对金融干部人才队伍的要求

纵览当今世界形势，大国博弈主要集中在科技与金融领域。地缘政治冲突不断，世界经济复苏步伐减缓，不确定性增加。中国金融领域各种矛盾问题相互交织、相互影响、经济金融风险频发，宏观经济杠杆率偏高，金融服务实体经济的质效有待进一步提升、金融乱象和腐败问题屡禁不止、金融监管和治理能力薄弱的问题依旧比较突出。同时，金融科技的快速发展改变了传统金融服务场景。佩信集团《2023银行业金融科技人才管理趋势》报告指出，"金融科技是一个新兴领域，涉及人工智能、大数据分析、区块链等前沿科技，这些技术需要专业的技术人才去驱动和应用。金融科技结合了金融和技术领域的专业知识和技能，也需要更多综合能力强、跨学科知识丰富的复合型人才。当前许多传统银行的人才储备主要集中在传统金融领域，缺乏新兴的金融科技知识和技能，也缺乏对新兴技术工具的掌握"。这给金融科技创新管理增加了难度，提升了科技创新风险。

因此，金融科技的发展，离不开专业人才的引进。目前各家金融机构积极吸纳金融科技人才以应对金融服务环境的变化。根据零壹智库、数字化讲习所对6家国有大行、10家股份制商业银行和14家中小银行2022年年报的梳理和分析发现：在金融科技战略布局方面，不同类型银行发展侧重点有所不同；绝大部分银行增加了在金融科技方面的投入。在金融科技战略方面，除了邮储银行外，其余5家国有大行都已成立自己的金融科技子公司，并重点在数字平台建设、科技架构布局、智能风控等方面进一步推进科技赋能发展。股份制银行和中小银行也均根据自身的特点积极推进金融科技工作。

在外部宏观环境的变化、金融业自身的发展以及金融科技的大力推动背景下，未来对金融业人才需求将表现为复合型、专业化和创新型三大趋势（如图9-1所示），所以高素质金融人才的培养也要着重从这三方面努力。

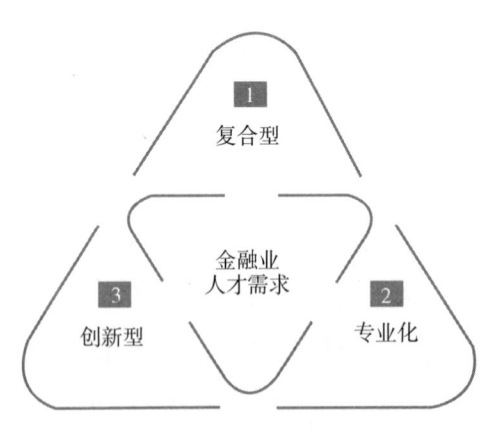

* 图9-1 金融业未来人才需求趋势

一是提高金融干部人才队伍的专业化水平。随着金融市场的不断发展，金融业发展呈现出产品多样化、交易信息化特征，银行、证券和保险混合经营趋势明显，各类金融新业态纷纷涌现，金融的专业性和复杂性程度越来越高，市场的多元化发展需要金融提供多元化多层次的服务，银行、证券、保险、私募、期货等业务需要大量的金融专业人才，对金融干部的专业化水平要求不断提高。

二是培养复合型的金融人才。随着金融科技、ESG的发展，金融企业对干部人才的需要已不再拘泥于传统金融专业背景，而是对更多领域提出需求，需要能利用大数据、人工智能、环境、法律等跨学科知识，在不同领域进行交叉整合与创新的人才。如科技金融的发展需要既懂金融又懂科技的复合型人才，金融机构本身数字化转型又急需金融科技人才，所以近些年很多高校开设了金融科技的相关专业课程。根据上海埃摩森发布的报告，2020年全国共有38所高校的金融科技专业申报成功，2021年全国共有27所高校金融科技专业申报成功，这将为金融行业数字化转型培养输送一批"金融+科技"的复合型人才，也为金融机构做好科技金融大文章的发展提供人才支撑。绿色金融发展要求熟悉绿色金融政策制定的智库人才与精通绿色金融产品设计及运营的运作型人才，养老金融的发展则需要对养老产业未来发展有深入了解的金融人才，等等。因此，未来跨界融合能力将成为金融从业者的核心竞争力。跨学科复合型人才将成为金融领域的宝贵资源，这也对金融人才的传统培养方式提出了挑战。

| 知识链接 |

关于ESG

ESG是环境（Environmental）、社会（Social）和公司治理（Governance）的缩写，ESG指标分别从环境、社会以及公司治理三个维度评价企业经营的可持续性对社会价值观念的影响。与传统的财务指标不同，ESG指标能够更加有效地衡量企业的可持续发展能力和道德影响，帮助投资者更好地判断公司未来的财务与绩效情况。

环境：包括对自然环境的影响，如气候变化、能源消耗、水资源、污染、废物处理等议题。企业应努力减少对环境的负面影响，实现环境保护和可持续发展。

社会：包括对员工、客户、供应商、社区和其他利益相关者的影响。企业应遵守法律法规，尊重人权、劳工权益和消费者权益，积极参与社区和慈善事业。

公司治理：包括公司内部结构、管理和决策过程。企业应该加强内部控制、透明度和问责制，确保合理的决策和财务报告。

践行ESG理念对于推动国家战略，实现可持续发展，具有非常重要的意义。

2022年3月10日，国务院国资委成立科技创新局及社会责任局，指导推动企业积极践行ESG理念，主动适应、引领国际规则标准制定，更好推动可持续发展。

三是要求提升金融干部人才队伍的综合素质与创新驱动能力。金融行业是经营风险的行业，金融干部要具备全面综合的防控风险能力。具体地说，金融干部不但要有驾驭全局的能力，还要有以辩证思维打好转"危"为"机"战略主动战的风险转换能力；要有对风险的预判能力，还要有以创新思维运用现代信息技术防范化解风险的智慧治理能力，同时要具备系统性思维，以推动风险危机跨界治理的统筹协调能力。

习近平总书记在参加十三届全国人大一次会议广东代表团审议时强调："发展是第一要务，人才是第一资源，创新是第一动力。"创新始终是推动一个国家、一个民族向前发展的重要力量。创新也是攻坚克难的重要法宝。在革命战争年代，红色金融发展中，面对极端艰苦的环境，老一辈金融工作者逢山开路、遇水搭桥，展现出了大无畏的革命乐观主义和开拓创新精神。在瑞金，面对国民党的货币战争，为了解决假币严重干扰苏区金融秩序的难题，时任中华苏维埃共和国国家银行行长的毛泽民受羊毛烧焦发出异味的启发，在生产印钞纸的纸浆中掺入少量细羊毛、烂布等纤维。混入羊毛的苏币，燃烧时散发出焦臭味，细密的纤维清晰可见。细微之处，一览无余。既解决了防伪问题，又保证了苏区货币的正常流通，维护了货币的信用。红色金融史就是在解决一个个具体问题、克服一个个实际困难中开拓创新的历史。[1]而创新驱动实质上是人才驱动，创新型人才是推动社会进步与发展的关键力量。加快建设金融强国迫切需要具备创新思维、创新能力的创新型人才，以应对不断变化的经济金融环境。

---

1. 欧阳卫民：《赓续红色金融血脉》，《中国金融》，2021年第13-14期。

建设 金融 ————→ 强国

而如何通过一系列策略和措施，培养和发展一支具备卓越素质和深厚专业知识的综合型金融干部人才队伍，以应对不断变化的金融环境，有效破解金融高质量发展中的难题，防范可能遇到的各类风险是推动金融高质量发展的需要。

（三）建设高素质专业化金融干部人才队伍的举措

习近平总书记强调："要大力培养、选拔、使用政治过硬、作风优良、业务精通的金融人才，特别是要注意培养金融高端人才，努力建设一支宏大的德才兼备的高素质金融人才队伍。"这为建设高素质金融人才队伍，促进中国金融业健康发展指明了方向（如图9-2所示）。

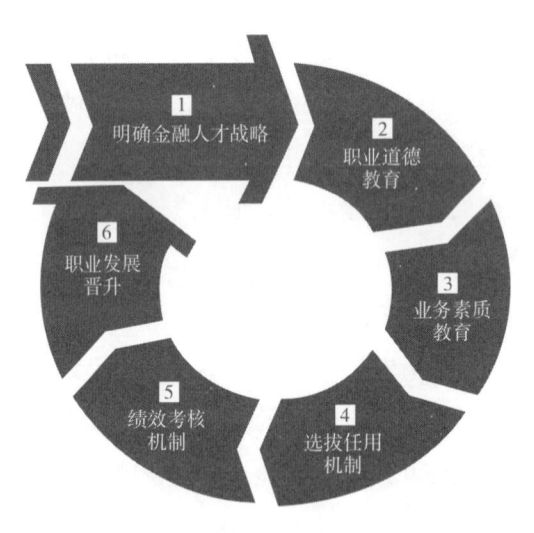

* 图9-2　培养金融人才队伍主要措施

第一，明确金融人才战略，构建金融人才培养体系。中国金融市场的稳定、金融行业的崛起以及金融治理能力的提升，均离不开高素质金融专业人才的培养。根据金融市场需要,加快构建当前急需的新型业务领域人才、金融产品定价人才、国际谈判和法律事务人才、信息科技人才、数据挖掘和处理人才、流程管理人才、国际财税人才、国际金融中心建设急需人才等培养体系,针对金融创新与对外开放过程中可能出现的风险,打造富有战斗力的风险管理、金融监管等方面人才队伍,提高全球治理中的风险应对能力。

第二,加强对金融干部的职业道德教育。金融业是一个典型的知识密集型的特殊行业,职业道德是金融干部应该具备的核心素质之一。职业道德素质如同一个产品的品牌形象,一个产品如果单有技术含量,品牌形象比较差,就无法在市场上畅销,同理,一个技术素质较高但道德素质低的金融干部是不足以担当大任的。职业道德教育是金融干部廉政教育的重要内容。职业道德与职业精神是我国金融人才能否在国际竞争中胜出的关键所在。金融干部职业道德高低直接关系着我国金融体系的稳定性和社会的持续健康发展。通过加强职业道德教育,使金融干部了解和掌握职业道德的基本原则和规范,树立良好正确的道德观念和职业操守,引导他们在金融活动中始终坚持诚信、清廉、公平、透明的原则,做到自觉提高职业道德素质,做到守法、守则、守规、守信与守约以及明辨是非,知荣辱、知廉耻等价值导向。要组织开展形式多样的教育活动,强化敬业爱岗,勤政廉政教育,树立正确的人生观、价值观和世界观。学习先辈艰苦奋斗、白手起家办金融的精神,反对奢侈浪费;坚持实事求是,反对虚假浮夸。以此教育领导干部以身作则,率先垂范,甘当人先,只有这样才能带领广大群众实现金融强国的目标任务。同时，要进行坚决查处以贷谋私，践踏法律的职业犯罪行为，守住廉洁金融的底线。

| 知识链接 |

廉洁奉公的典范

1931年11月，中华苏维埃共和国临时中央政府在江西瑞金成立；1932年2月，"世界上最小的国家银行"——中华苏维埃共和国国家银行在瑞金叶坪成立。毛泽民担任首任行长。当时，毛泽民、曹菊如等老一辈红色金融家深知，兴办银行是党组织的信任，也是人民的重托，再苦再难也要把事业搞上去。他们克服了银行初创资本金少、人手缺、业务水平跟不上等重重困难，抓紧租用一幢民房，弄几张桌椅、搞几把算盘，国家银行就这样很快地运转起来。他们省吃俭用，将自己的大部分工资薪金拿出来支持革命战争，帮助缺钱的人民群众解决燃眉之急。

毛泽民1932年12月担任国家银行行长，在其革命生涯中，经手的钱千千万万，却没有一丝一毫的违规浪费，更没为自己留下一点财富，他为国家紧紧守住"钱袋子"。毛主席到苏区视察金融工作时，他招待兄长的仅是一杯白开水。曹菊如白手起家创办闽西工农银行，协助创建国家银行，创办边区银行，一生革命，两袖清风，被誉为"滴水不进的金刚身"。公生明，廉生威，人到无求品自高，他们是廉洁奉公的典范。

第三，加强金融干部的业务素质教育。人才培养，关键靠教育。业务素质教育的内容主要包括金融工具应用，国家宏观经济和产业发展政策，金融监管，商业银行经营管理，金融法律政策，金融创新和服务，金融风险防控，数字化转型发展以及国际金融谈判等方面知识。在教育方式上，要灵活运用院校教育与短期培训相结合的方式，脱产学习和不脱产学习相结合，全面培训和重点培训相结合等方式。在培训课程设置上，要结合新时代金融发展的特点和要求，不断拓宽视野，积极发掘金融专业与其他专业的交叉点。如随着网络信息技术推动金融智能时代来临，可设置大数据、云计算、人工智能以及区块链等金融科技相关的课程，使干部更好了解科技对金融的影响，为培养复合型高素质金融人才队伍奠定理论基础。"纸上得来终觉浅，绝知此事要躬行"，同时要加强实践能力培养，鼓励和督导领导干部深入基层一线掌握了解情况，解决实际业务问题，在实践中接受锤炼，提高业务水平和解决实际问题能力，更好地指导开展工作。

第四，培养和选拔优秀专业人才，充实到金融干部队伍中。树立鲜明的用人导向，创新体制机制，坚持政治过硬、能力过硬、作风过硬"三个过硬"标准，统筹推进金融干部队伍建设，选优配强金融系统干部队伍。突出培养造就高层次金融人才，大力开发金融业急需紧缺人才，采取内部竞聘、挂职锻炼、轮岗交流等多种形式，统筹推进各类金融人才队伍建设，使金融干部队伍尽快由单一业务操作类型转向综合知识型，提高干部队伍素质。要坚持党的领导，把好选人用人"风向标"。建立公平、公正的金融干部选拔机制，选拔出具备专业知识、扎实业务能力和良好品德的人才进入金融系统。要树立全球视野和战略眼光，实行更加积极、开放与有效的金融人才政策，综合运用组织选拔、竞争上岗、市场化引进等多种方式全方位培养、引进、用好人才。同时要坚持严管就是厚爱，将从严要求贯穿于干部队伍建设全过程，通过提醒函询诫勉、抽查核实个人有关事项报告等有效措施，着重管好关键人、管住关键事，全方位、多渠道考察识别干部的道德品行和人格操守，让广大党员干部在严管中心存敬畏。

第五，建立科学有效的绩效考核机制。要用好绩效考核"指挥棒"。以完善激励约束机制为重点，进一步加强金融干部队伍建设。健全目标考核评价机制，着力提高考核评价工作的科学性，确保绩效考核的客观。通过考核评价进一步引导金融干部践行正确的政绩观，要清晰地亮明有为才有位、有位就有责、有责要尽责的评判标准。加强考核结果运用，切实形成能者上、优者奖、庸者下、劣者汰的良好局面，真正做到激浊扬清。要继续推进干部交流和挂职锻炼工作，逐步形成全方位、多层次的干部交流工作格局。坚持民主、公开、竞争、择优，不断拓展和加大竞争性选拔任用工作的范围和力度，注重实绩能力，提高选人用人科学化水平。

第六，完善金融干部队伍职业发展机制，构建良好的职业成长道路。建立健全晋升机制，通过公开、公正的竞争选拔，选拔出合适的人才担任重要职务。同时，要注重培养和发展年轻干部，提供广阔的发展空间和机会。加强对干部的培训和指导，帮助他们不断提升能力和水平。注重人才流动和交流，鼓励干部在不同的岗位和领域之间进行交流和学习，促进经验的积累和专业能力的提升。要加强职业生涯规划工作，以能力建设为基础，既注重专业型人才的培养，又注重复合型、通用型人才的培养，着力提高金融干部队伍专业化和国际化水平。

党的二十大报告指出："全面建设社会主义现代化国家，必须有一支政治过硬、适应新时代要求、具备领导现代化建设能力的干部队伍。"唯其如此，方能担当起民族复兴的重任。激荡金融干部人才队伍建设的"一池春水"，坚持政治过硬、能力过硬、作风过硬的标准，着力培养忠诚干净担当的高素质专业化金融干部队伍，用高质量的金融干部人才队伍建设带动和保障金融的高质量发展，加快建设金融强国，稳步走向民族复兴。

参考文献

1. 《世界是部金融史》，陈雨露、杨栋（著），北京出版社，2011年版。
2. 《中国金融战略2020》，夏斌、陈道富（著），人民出版社，2011年版。
3. 《威胁中国的隐蔽战争——美国隐蔽经济战与改革陷阱》，杨斌（著），经济管理出版社，2000年版。
4. 《从红色基因到核心竞争力——党领导中国金融事业发展的经验探析》，代洪甫（著），《征信》，2021年第12期。
5. 《伟大的博弈——华尔街金融帝国的崛起》，约翰·S.戈登（著），祁斌（译），中信出版社，2005年版。
6. 《中国系统性金融风险预警与防范》，杨凯生、杨燕青、聂庆平（著），中信出版社，2021年版。
7. 《中国金融史》，姚遂（编著），高等教育出版社，2007年版。
8. 《中国人民银行统计季报》，中国人民银行调查统计司（编），中国金融出版社，2007年版。
9. 《中国金融年鉴》，中国金融年鉴编辑部等（编），中国金融年鉴编辑部，1998—2007年版。

10.《金融生态论——对传统金融理念的挑战》，徐诺金（著），中国金融出版社，2007年版。

11.《中国资本市场：从制度和规则角度的分析》，吴晓求（著），《财贸经济》，2013年第1期。

12.《大国金融中的中国资本市场》，吴晓求（著），《金融论坛》，2015年第5期。

13.《完善现代金融监管体系》，郭树清（著），《中国金融家》，2020年第12期。

14.《金融监管有效性的法律安排》，王华庆、李良松（著），《中国金融》，2019年第17期。

15.《新中国金融监管的历史变迁——党的奋斗成就和历史经验》，张强（著），《税务与经济》，2022年第2期。

16.《更好发挥直接融资服务实体经济的作用》，郭威、杨弘业（著），《理论视野》，2018年第2期。

17.《我国直接融资占比的国际对比及合理区间初探》，顾晓安、荣露（著），《科技与管理》，2019年第4期。

18.《上海国际金融中心新一轮发展战略再定位》，袁志刚（著），《科学发展》，2022年第11期。

19.《人民币国际化与上海国际金融中心建设》，李豫（著），《上海金融》，2011年第1期。

20.《加强新时代金融人才队伍建设的思考》，王丽（著），《河北金融》，2021年第12期。

21.《科技金融人才队伍建设机制研究》，刘培欣、唐五湘（著），《科技管理研究》，2014年第9期。

22.《我国地方政府性债务成因及治理对策浅探》，郭建华（著），《中国财政》，2011年第22期。

23.《我国地方政府隐性债务治理困境分析与对策研究》，包青（著），《重庆科技学院学报（社会科学版）》，2021年第1期。

24.《坚定不移中国特色金融发展之路》，中央金融委员会办公室、中央金融工作委员会（著），《求是》，2023年第23期。

25.《地方政府债务的成因究竟是什么？》，时红秀（著），《银行家》，2021年第3期。

26.《关于规范地方政府债务管理工作情况的调研报告》，全国人大常委会预算工作委员会调研组（著），《中国人大》，2016年第5期。

27.《地方政府债务风险研判及化解路径》，刘哲（著），《国家治理》，2023年第15期。

28.《阿根廷：结构调整和社会脱节》，米格尔·特伊伯尔（著），美国《科学与社会》，2000—2001年冬季号。

29.《韩国金融开放的经验和教训》，曲凤杰（著），《新金融》，2006年第8期。

30.《转型金融的国际进展及启示》，李蕾（著），《金融博览》，2023年第2期。

31.《坚持党的领导 加强党的建设 完善具有中国特色的现代金融企业制度》，易会满（著），《中国银行业》，2018年第7期。

32.《运用"资本市场"分配方式促进共同富裕》，潘越、程恩富（著），《管理学刊》，2022年第4期。

33.《金融中心形成和金融人才聚集》，何宪、熊亮（著），《经济理论与经济管理》，2019年第9期。

34.《金融科技背景下金融人才培养新要求与新思考》，刘莉君、林宗翼（著），《当代教育理论与实践》，2022年第1期。

35.《金融行业多层次人才培养研究》，边瑛（著），《环渤海经济瞭望》，2013年第12期。

36.《英国金融基础设施发展概况及对我国的借鉴意义》，商瑾（著），《财政科学》，2018年第2期。

37.《推动我国金融基础设施高质量发展的建议》，陈宁（著），《重庆理工大学学报（社会科学）》，2021年第1期。

38.《建立效率与公平的金融法制》，穆怀朋（著），《中国金融》，2014年第12期。

39.《金融契约与金融法：互动原理与建构意义》，宣頔（著），《云南财经大学学报》，2015年第2期。

40.《构建和谐社会中的金融法制》，边境、张颖丹（著），《经济研究导刊》，2007年第9期。

41.《人民币国际化进程中金融法律制度构建研究——以日元和德国马克为例》，赵希伟（著），《科学·经济·社会》，2020年第2期。

42.《浅议金融安全与我国金融法体系的完善》，张倩（著），《长春高等金融专科学校学报》，2016年第4期。

43.《改革开放40年中国金融法制的发展》，胡长兵（著），《北方金融》，2019年第1期。

44.《防范化解地方政府债务风险研究文献综述》，霍旭领（著），《财会研究》，2022年第10期。

45.《金融在防范化解地方政府债务风险中的作用》，周景彤、范若滢（著），《清华金融评论》，2019年第7期。

46.《地方政府投融资方式的选择与地方政府债务风险》，李升（著），《中央财经大学学报》，2019年第2期。

47.《防范房地产风险，促进房地产业稳定健康发展》，张永岳、严跃进（著），《上海房地》，2019年第7期。

48.《遏制金融脱实向虚 防范化解金融风险——贾康与埃里克·马斯金教授的对话》，《全球化》，2019年第12期。

49.《完善现代金融体系 防范化解金融风险》，郑新立（著），《财经界》，2008年第1期。

50.《人民币国际化发展历程回顾与展望》，高远、蔡思捷（著），《中国货币市场》，2022年第2期。

51.《英镑、美元国际化对人民币国际化的启示》，郭建国、朱莹（著），《商业经济》，2015年第9期。

52.《人民币国际化的现状分析》，李敏（著），《中国证券期货》，2011年第6期。

53.《新时期如何稳慎推进人民币国际化》，张礼卿（著），《中国外汇》，2021年第19期。

54.《人民币国际化路径的回顾与反思》，王慧、赵亚平（著），《经济问题》，2013年第1期。

55.《中国金融开放的外源性风险评估与预警机制》，傅强、张小波（著），《金融论坛》，2011年第8期。

56.《金融开放加大背景下我国外源性风险状况研究》，陆岷峰、周军煜（著），《天津商业大学学报》，2019年第3期。

57.《金融开放40年：进程、成就与中国经验》，王爱俭、方云龙、王璟怡（著），《现代财经（天津财经大学学报）》，

2019年第3期。

58. 《稳慎推进人民币国际化服务新发展格局》，潘光伟（著），《中国银行业》，2020年第12期。

59. 《稳慎推进人民币国际化：目标定位与策略优化》，沙文兵（著），《国际商务研究》，2022年第4期。

60. 《国际金融治理机制变革及中国的选择》，高杰英、王婉婷（著），《经济学家》，2016年第8期。

61. 《国际金融治理的当前困境、改革取向与中国政策》，宋国友（著），《天津社会科学》，2019年第3期。

62. 《中国参与国际金融治理的战略思考》，艾尚乐（著），《开放导报》，2012年第4期。

63. 《党领导金融工作的历史经验》，赵学军（著），《中国金融》，2024年第1期。

64. 《金融强国：中国的战略选择》，白钦先、刘刚（著），《经济与管理研究》，2006年第6期。

65. 《如何从金融大国到金融强国》，陈志武（著），《新经济导刊》，2009年第12期。

66. 《基于"强银行指数"的中国银行业从"大"到"强"研究》，乔海曙、陈娟妮、徐卯晓（著），《金融论坛》，2011年第12期。

67. 《1999年全国优秀博士学位论文介绍〈经济发展中金融的贡献与效率〉》，王广谦（著），《中国人民大学学报》，1999年第6期。

68. 《党的光辉照进"金融史话"——重读〈中国共产党领导下的金融发展简史〉》，杨其广（著），《中国金融家》，2021

年第3期。

69. 《北海银行"物资本位制"的创建及运行实践研究》，郑录军、高晓改、孙军（著），《华北金融》，2023年第5期。

70. 《金融渗透与国家能力：北海银行的经验》，魏建（著），《中国经济史研究》，2023年第2期。

71. 《抗战时期陕甘宁边区汇率制度选择——基于"不可能三角理论"》，刘树德（著），《河北金融》，2023年第6期。

72. 《中国共产党领导下的百年金融史》，张留禄（著），《金融科技时代》，2021年第8期。

73. 《中国共产党百年历程中的金融发展》，王国刚、罗煜（著），《学术研究》，2022年第1期。

74. 《金融服务实体经济发展问题研究》，刘磊（著），《中国市场》，2023年第28期。

75. 《绿色金融的源起、发展和展望》，石懿、陈毅晰、陈煌鑫（著），《西部金融》，2021年第12期。

76. 《新货币政策环境下的中国货币政策框架完善》，李方、段福印（著），《经济学家》，2013年第10期。

77. 《经济转型升级、供给侧改革背景下我国货币金融环境研究》，徐伟川（著），《改革与战略》，2017年第7期。

78. 《绿色金融服务经济高质量发展的机理与路径研究》，蔡宗朝、夏征（著），《环境保护与循环经济》，2019年第4期。

79. 《科技金融内涵探讨及政策建议》，李喜梅、邹克（著），《金融理论与实践》，2018年第3期。

80. 《金融供给侧改革的现实意义及改革路径分析》，胡姜（著），《区域金融研究》，2019年第7期。

81.《深化金融供给侧改革的着力点》，王勇（著），《中国金融》，2021年第5期。

82.《绿色金融与经济高质量发展研究》，荣获（著），《产业创新研究》，2023年第9期。

83.《绿色金融对经济高质量发展的影响》，李成刚（著），《中南财经政法大学学报》，2023年第2期。

84.《绿色金融、绿色创新与经济高质量发展》，文书洋、刘浩、王慧（著），《金融研究》，2022年第8期。

85.《绿色金融：可持续发展的一个新话题》，程宇航、陈宁（著），《老区建设》，2018年第23期。

86.《外部冲击下的中国房地产市场发展格局演变及启示》，彭旭辉、倪鹏飞、徐海东（著），《当代经济管理》，2022年第6期。

87.《货币政策环境、监管约束与商业银行风险承担》，董雅洁、王伟涛（著），《南方金融》，2018年第11期。

88.《房地产泡沫成因的国际比较》，母庆旺、徐杰（著），《甘肃金融》，2013年第11期。

89.《英国金融行为监管局"监管沙箱"主要内容及对互联网金融的启示》，徐文德、殷文哲（著），《海南金融》，2016年第11期。

90.《金融科技助推普惠金融创新发展研究》，林颖婷（著），《产业创新研究》，2023年第13期。

91.《中国特色普惠金融发展：特色、障碍及路径选择》，叶谢康、张志文（著），《福建金融》，2023年第4期。

92.《推动共同富裕视角下普惠金融发展路径研究》，刘丽娟、宋立温（著），《潍坊学院学报》，2021年第2期。

93.《普惠金融发展的演进历程、理论逻辑与中国实践》，李爱喜（著），《中州学刊》，2023年第5期。

94.《普惠金融发展促进共同富裕的路径与异质性研究》，齐红倩、张佳馨（著），《现代经济探讨》，2023年第6期。

95.《中国金融改革历程及展望》，王韵嘉（著），《中外企业家》，2020年第7期。

96.《习近平供给侧结构性改革理论研究》，张雷声（著），《毛泽东研究》，2019年第6期。

97.《国际养老金融发展对我国的经验借鉴》，董鑫（著），《吉林金融研究》，2022年第2期。

98.《中国参与国际金融治理的策略选择》，刘翔峰（著），《开放导报》，2022年第2期。

99.《中国参与国际金融治理的路径研究》，易波（著），《贵州社会科学》，2016年第12期。

100.《地方政府债务风险对金融系统的空间外溢效应》，伏润民、缪小林、高跃光（著），《财贸经济》，2017年第9期。

101.《金融监管体系演进轨迹：国际经验及启示》，孔萌萌（著），《改革》，2011年第12期。

102.《现代金融体系的制度逻辑：结构演进、效率变革与要素协同》，徐义国（著），《中国社会科学院研究生院学报》，2018年第2期。

103.《中国资本市场：第三种模式》，吴晓求、何青、方明浩（著），《财贸经济》，2022年第5期。

104.《深化资本市场中枢作用研究》，蒋健蓉、袁宇泽（著），

《证券市场导报》，2021年第1期。

105.《中国特色资本市场的制度选择及构建》，陈道富、于涛（著），《开放性金融研究》，2022年第3期。

106.《建设现代中央银行制度》，易纲（著），《人民日报》，2020年12月24日。

107.《新市民金融服务如何保障：以客户为中心提供适配性、长期性金融支持》，《金融时报》，2022年11月17日。

108.《新时期下金融支持实体经济存在的问题及对策》，《信息日报》，2023年9月22日。

109.《长牙带刺严执法、提升监管整体性、推进金融支持乡村振兴 多地金融监管局最新发声！》，新浪财经，2024年1月12日。

110.《防范化解金融风险监管必须"长牙带刺"》，《证券日报》，2024年1月19日。

111.《加强法治建设为金融业发展保驾护航》，新华社，2023年11月10日。

112.《新时代新思想孕育新法治新法学》，《法治日报》，2021年8月18日。

113.《地方政府视角下的地方债务风险"化债策略"》，周道许等（著），IMI财经观察，2024年1月9日。

114.《金融开放的国际经验和启示》，张威（著），新华财经，2022年7月29日。

115.《以"五个始终坚持"谱写高质量发展新篇章》，缪建民（著），《中国银行保险报》，2022年7月27日。

116.《以金融高质量发展全面推进金融强国建设》，光明网，

2023年11月22日。

117.《建设金融强国要加快建立现代金融体系》，吴晓求（著），中国财富网，2023年11月22日。

118.《加强和完善现代金融监管》，郭树清（著），《人民日报》，2022年12月14日。

119.《从金融大国到金融强国》，吴晓求（著），《学习时报》，2023年12月15日。

120.《要高度重视金融风险反转性、隐蔽性和破坏性》，尚福林（著），《新京报》，2023年12月23日。

121.《金融全面强化"五大监管"》，《经济日报》，2024年1月16日。

122.《如何看待地方政府债务风险？》，尹恒（著），《工信财经科技》，2022年第3期。

123.《客观评价我国房地产的二十年历史成就》，任泽平（著），新浪财经，2019年10月18日。

124.《从十七世纪荷兰金融强国的历史经验说开去》，任寿根（著），证券时报网，2024年1月12日。

125.《强国金融的内涵及路径选择》，黄志凌（著），《金融论坛》，2015年第12期。

126.《金融的谜题：德国金融体系比较研究》，张晓朴、朱鸿鸣等（著），中信出版社，2021年版。

127.《加大金融对外开放，布局金融强国战略》，王文（著），人大重阳网，2020年1月2日。

后　记

　　走中国特色金融发展之路，加快建设金融强国是一个长期目标，也是一个系统工程，需要坚持市场化、法治化、国际化的基本逻辑，更需要我们付出艰苦的努力。本书在梳理中国金融业发展历程，借鉴世界金融强国的做法和经验，推动我国加快建设金融强国方面做了一些总结和探索，旨在让读者更多地了解中国金融的发展，激发广大青年参与建设金融强国的热情。

　　在本书写作过程中，顾保国、陈章乐等给予了大力指导、帮助，使2024年这个炎热的夏季难忘而深刻。北京师范大学的王华春教授对本书的架构、初稿的形成以及后续的修改均提出了宝贵的意见，并做了有益的工作。徐甜为初稿提供了部分参考资料，周伟达、王瑞田分别提供了第四章、第三章的部分参考资料。

　　同时，本书参考和吸取了国内专家学者以及其他官方渠道的研究成果和学术观点，借此也对原作者致以最诚挚的谢意。

希望本书能起到"抛砖引玉"的作用，笔者愿与广大青年一道，积极投身金融强国建设中，以金融之"水"润泽大河青山，为我国经济社会高质量发展贡献力量。

建设金融强国任重道远，为充分体现通俗性，客观反映我国金融发展现状，笔者几易其稿。写作此书也是笔者不断学习的过程，受时间与研究水平所限，加之写稿正值岁末年初，数据采集和处理在时间上未能统一，所述内容可能存在纰漏和需要商榷的地方，希望大家批评指正。

沈雅琴

2024年6月28日，北京

图书在版编目（CIP）数据

建设金融强国 / 沈雅琴著. --北京：中国青年出版社，2024.11. -- ISBN 978-7-5153-7374-4

Ⅰ.F832

中国国家版本馆CIP数据核字第2024PF5016号

"问道·强国之路"丛书

《建设金融强国》

沈雅琴　著

责任编辑	侯群雄　岳超
出版发行	中国青年出版社
社　　址	北京市东城区东四十二条21号（邮政编码 100708）
网　　址	www.cyp.com.cn
编辑中心	010-57350401
营销中心	010-57350370
经　　销	新华书店
印　　刷	北京中科印刷有限公司
规　　格	710mm×1000mm　1/16
印　　张	24.25
字　　数	260千字
版　　次	2024年11月北京第1版
印　　次	2024年11月北京第1次印刷
定　　价	58.00元

本图书如有印装质量问题，请凭购书发票与质检部联系调换。电话：010-57350337